この本を
同じように生きていた
あの日の料理人父喜行
に捧ぐ

政行

日本再生のレシピ

地方再生のレシピ２

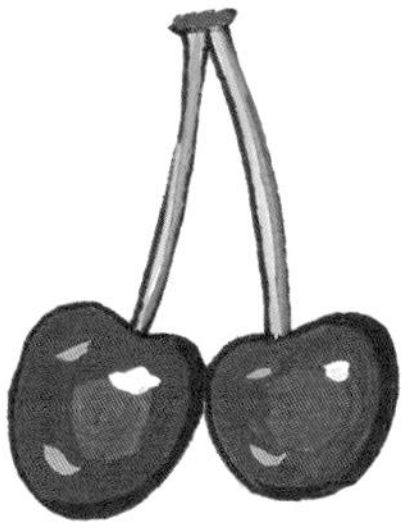

アル・ケッチァーノ
奥田政行

東京で修業をした後、生まれ落ちた鶴岡に25歳で帰ってきた、あの日の光景が忘れられません。

街は高校時代より暗くなっていて、店は閉じ歩く人もまばら、たまに見かけても下を向いて歩いています。実家の借金問題と曇り空の寂しい風景が重なり、心が重くなりました。

そのとき、この街を食の力で、人が上を向いて歩く元気な街にしたいという思いが心の底から湧いてきました。

まず始めたのは自分改造です。

ここを食の聖地にと言うならば、その大前提の地質、海、気候、歴史をまず勉強。するとそれまで知らなかった地域の食習慣が見えてきて、地球の摂理が分かり、全てがつながっていることがわかりました。

そして話ベタの私でしたが、人に説明する努力をしました。

するといろんな地元紙に連載が始まり、地方ブームも重なり、あれよあれよという間に、庄内は多くの方が来てくださる街になりました。

そこから地域が一丸となって動き始め、庄内地方の行政が「食の都庄内」宣言をし、空港が「おいしい庄内空港」になり、鶴岡市が「ユネスコ食文化創造都市」に認定され、鶴岡市は山形県で観光客数1位の自治体になりました。

そこからインバウンドが5倍、それもほぼヨーロッパからのお客様。田舎暮らしを薦める本では、住みたい東北の街で三冠。

すると不思議なもので、自殺する人が三分の一に減りました。

あのうら寂しい街がいつの間にか、暮らしている人たちが食べ物に誇りを持つ街に変わっていました。

自分を変え、行動を変えたら、街が変わった。信じられない気持ちです。

かつて、私の父が人の保証人になった際、その人の借金の肩代わりに実家のドライブインがなくなると、波が引くように人も去っていきました。

必要がなくなったときに人は捨てられることを若い私は目の当たりにしました。父はそのとき言ったのです。

「政行、人は信じるんじゃないぞ」

その言葉は私の心に悲しく深く刺さりました。

ただ、それ以前の、多くの人に囲まれている、親分肌だった父は本当にかっこよかった。だから私は思いました。

「俺は、人を好きな自分でいてやる」

二十一歳の私のその決意が、いまも私を動かしています。

庄内でしたことを同時に、日本中に、時代に合わせて変えながらやってきました。それはどんなときも、たった一つのレシピから始まっています。

庄内のように劇的な変化にならなかったところもありますが、一方で見事に変わった街もあります。

そんな中で思うのは、本当の幸せとは、足元にある幸せに自分が気づくところから始まるということです。

そんな、いろいろとしてきたことが誰かの役に立つかもしれないと、記録に残すつもりで書きました。どうぞゆっくりとお読みください。

コロナ禍で気づいた地球のしくみ
地球はバランスをとり和をつくり 未来へ生きのびようとする 一つの生命体
一つの種類が多くなるとそれを減らす生き物が増える
地球を構成する 土 水 大気 光 物質 地球は光以外をあやつって混乱を起こすが、後に鎮まる
全ては地球がバランスをとるためにしていること だから地球を応援する それがコロナ解決の一番の近道
地球に感謝したくなる気持ちを多く作っていく
私が形にできるのは料理 だから地球に感謝したくなる料理を作る
生命力のある料理
水を与える
料理で素材が再生し 命の味がよみがえる 完全体の味に人は感動し気持ちは生まれ変わる
友達を裏切らない 胸に手を当てたときの 心の声を大事にする 道徳心 地球に迷惑をかけない
一人一人が自分自身を健やかに穏やかにし バランスを良くする
気持ち芽生える
人間社会に必要とされる人・物・地域を推測し
自分で"そうなる"と思い込み 覚悟し
未来像が見えたときには 実は実現している
そうなるために みんなの賛同を得ながら仲間を作り
みんなで一緒に未来像に向かって進む
たとえ自分が滅びようとも その物事は進み結果はついてくる
0〜80%までは進むが80%〜100%への残りの20%が勝負!
それをやり遂げたら タネは残る
意思 種 物体 本

もくじ

第3章　味の組み立て方のレシピ …… 50

第1章

日本再生のパスタ

パスタは食材の仲人
どんな食材同士も
手をつながせてくれる

町おこしも
生産者支援も
食材余りも

解決の糸口を見つけられる

しょっぱいお湯でゆでて
ただのお湯でゆすぐ

つるっとした舌触り
プリッとする弾力
噛むとポンとはじける

新感覚パスタが
あなたの町を応援します

イタリアンに見いだした地方レストランの生きる道

私は和食の父に料理の基本を習い、東京での修業時代はイタリア料理店で基礎を学び、フランス菓子店で洋菓子のレシピを習得し、その後フレンチのシェフによる高級ステーキ店で料理の体系を学び、さらに湘南にある一軒家のフレンチレストランで応用編を経験して修業の総仕上げをしました。

特に高級ステーキ店では、フレンチのソースをいち早くマスターし、大箱のレストランでしたが全てのセクションを任されました。

その後、地元の山形県鶴岡市に戻ることになるのですが、最初に勤めたのは鶴岡駅前のホテルです。

宿泊者の食事のほかに、結婚式の披露宴や宴会もあり、1週間の半分以上は、一度に数百人の料理をお出しする仕事をしました。

私はその厨房で、東京で習ってきた調理法やレシピを最大限駆使しましたが、中でも結婚式や祝賀会などの宴会料理では、得意なフォンやソースを毎日仕込み、フレンチの調理法でいろんなメニューに挑戦しました。

得意なソースで大量調理をこなすうちに、料理長に任命されました。当時まだ25歳でしたので、宴会料理をはじめ、やってみたいと思うことを全て体験させてもらいました。

こうして、フレンチで経験を積んだ私でしたが、イタリアンの道に進んだのには、あるきっかけがありました。

ホテルの料理長は責任ある立場でやりがいもありましたが、事務仕事が多くあり、自分はまだ未熟なので食材に触る経験をもっと積むために厨房に立ちたかったので、ホテルを退職し、地元の小さな店に再就職を決めたのです。

これが運命の舵切りでした。

そのお店は、田んぼの中にあるランチ営業だけの農家レストランでした。

隣には店のオーナーの畑があり日々使う野菜やハーブなどが植えられていました。新鮮な食材が30秒で手に入るという絶好の条件だったのです。

私は、当初から店の看板メニューだったカレーももちろん作りましたが、せっかく新鮮な野菜が真横にあるので、それを使って東京で修業してきたイタリアンの腕をふるいたいと思いました。

手頃な値段のランチを提供するお店ですから、旬の食材と畑の新鮮な野菜を使ったパスタを主力メニューにしました。

私が料理長になって間もなく、お客様の数がだんだんと増えていきました。しかもほとんどのお客様がパスタを注文してくださいます。

初めは市内のお客様がいらしていましたが、隣の市町村や隣の県からも来られるようになりました。

私の地元の鶴岡市は、小規模な地方都市でありながらも郊外は広大な農村地帯ですから、種類豊富な地元の食材を使った四季折々の郷土料理や和食の料理が、暮らしの中に根付いています。

そんな中で、パスタ中心の店がはやるということを体験し、こういう地方都市では、洋食を外食で食べたい人がある一定数いる、ということがわかったのです。

しかもこうした食材の産地で暮らしている人たちは、旬の食材の持ち味や鮮度に伴うおいしさをよくご存知で、舌が肥えています。

素材の持ち味を生かす料理といえば、イタリアンがベストじゃないか!

私はこの店での経験から、この地で

地方のレストランはこの二本柱で営業する

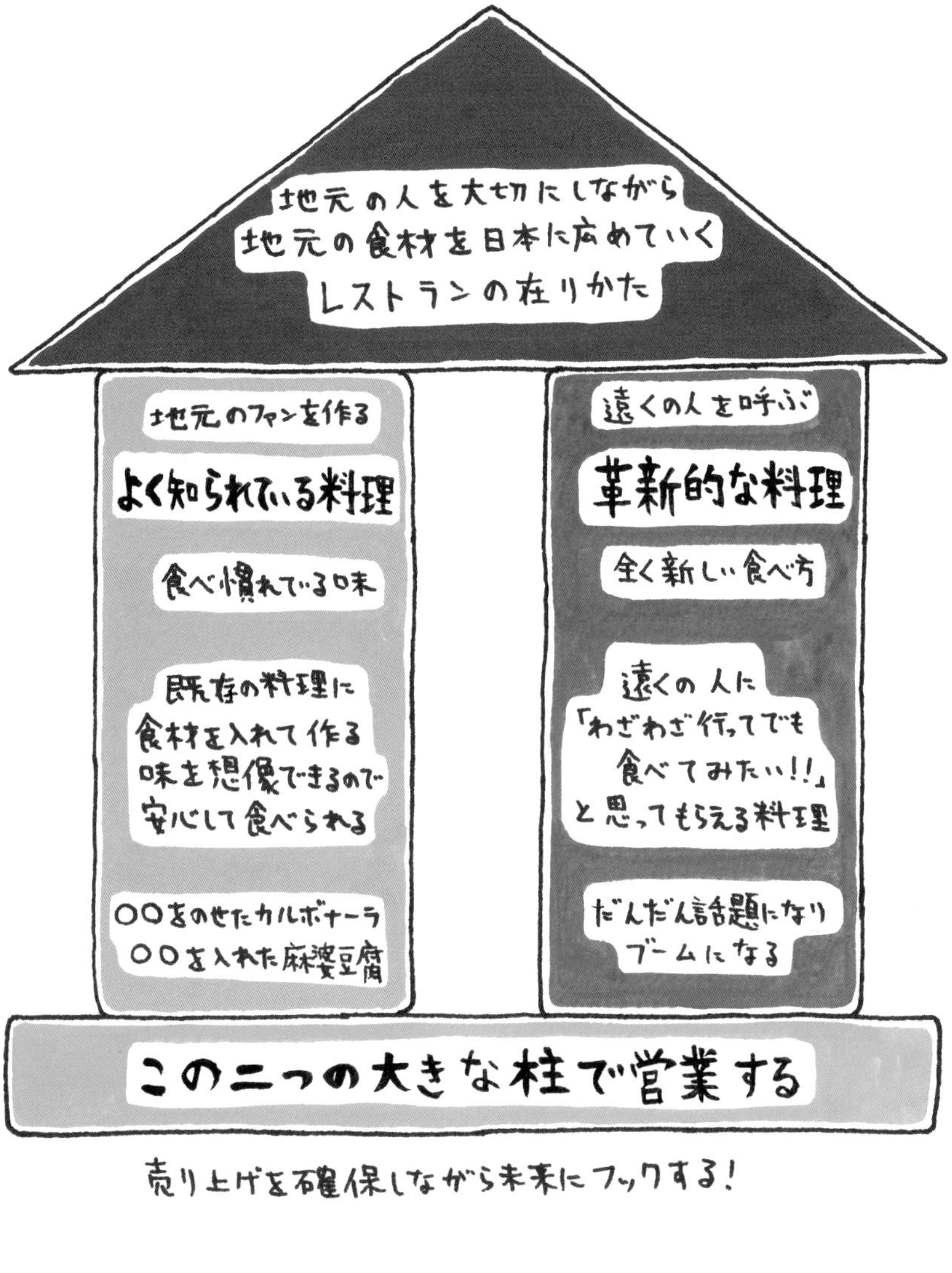
地元の人を大切にしながら
地元の食材を日本に広めていく
レストランの在りかた
地元のファンを作る
よく知られている料理
食べ慣れてる味
既存の料理に
食材を入れて作る
味を想像できるので
安心して食べられる
○○をのせたカルボナーラ
○○を入れた麻婆豆腐
遠くの人を呼ぶ
革新的な料理
全く新しい食べ方
遠くの人に
「わざわざ行ってでも
食べてみたい!!」
と思ってもらえる料理
だんだん話題になり
ブームになる
この二つの大きな柱で営業する
売り上げを確保しながら未来にフックする！

自分の店を開くならば、食材の持ち味を最大限表現できるイタリアンはウケる、という確信を得たのでした。

そして独立。アル・ケッチァーノを開業して気づいたのは、地方のレストランには、メニューに2本の柱が必要ということでした。

柱の一つは、わざわざ行ってでも食べてみたいと思ってもらえる看板メニューを作ることです。

この店に来ないと食べることができない革新的な料理で、遠くからでも食べにきてくださるお客様を呼び込みます。

もう一つの柱は、ザ・イタリアンというような、イタリアを感じられるメニューです。

食べたときに、憧れの国へ行ったような気持ちになれる、非日常なんだけれど安心して食べられる定番メニューを作り、地元にイタリア料理ファンを作ることです。

アル・ケッチァーノでは、この二本柱でこの20年あまりの間、お店を続けてきました。

地方レストランの役割の一つは、食べ慣れた食材の表情を変えて、発見を提供することなのです。

料理によって違う食材の仲介役

イタリア料理が素材の持ち味を主張させる料理ならば、他の料理はどうでしょう？

料理には、食材に対して「仲介役」が存在します。

一皿の中で、食材と食材をつなぐ役割を何が担うのかが、国や文化、その料理が築かれた歴史の背景によって違うのです。

フランス料理は、かつて王族が晩餐会で大勢の人をもてなす中で発展してきました。そこには哲学がありました。

食材をどう加熱し、どの付け合わせを添え、どんなソースをかけて料理をパワーアップさせるかを理論と信念に基づいて考え、皿の上でチームプレーで組み立てます。

大量調理のレシピが確立しており、昔は皿に肉を並べるだけでも時間がかかりましたので、冷めてしまった肉に、熱いソースをかけて客に出す。こうしてソースが仲介役の料理で、ソースが

イタリアンは素材を味わう料理

1. 素材第一主義である
素材の味を中心に料理を組み立てていく

2. 合理的・楽天的な考え方
皿の中の食材が何かが分かりやすく楽しく食べられるおおらかな味の料理

3. 新鮮なものをシンプルに
素材の鮮度がよければできるだけ手をかけずに作る

4. 保存する料理
戦いにあけ暮れた時代があり、持ち歩ける保存食のチーズやすぐにお腹を満たしてくれるパスタが発展した

5. フライパンの中で組み立てる
加熱しながらフライパンに食材を次々入れていき味を組み立てる

味の仲介役 ＝主にオリーブオイル・パスタ

フレンチは哲学を食べる料理

1. 素材への適切な火の入れ方が大切
素材に対する適切な加熱温度と時間を選ぶ

2. 素材の組み立て方も大切
レシピに組み立て方のテクニックと哲学が埋め込まれている

3. ソースが主役
緻密で合理的なレシピのソースが、調理で変化した食材に合っているかが勝負

4. テクニックが際立つ
基本の柱が決まっているのでそこにどうオリジナリティーを入れるか

5. お皿の上で完成させる
食材、ソース、付け合わせ、飾りがお皿の上で融合し完成

味の仲介役 ＝主にソース

シェフの代名詞になりました。

中華は火の料理と言われますが、熱媒体はほとんどが油です。いろんな香りの油を使い分けるほか、油に対する塩味・甘味・酸味・辛味・コクのバランスを味わう料理。

高温の油による加熱で食材の香りを爆発的に出し、醤（ジャン）で料理の方向性を付けながら、料理の味を完成させていきます。

和食は水の料理です。仲介役のだしに食材を入れて料理したり、酸味と塩味のあるしょうゆで食べ、ご飯を甘く感じさせたりします。

野菜や穀物の淡い味に対し、海藻のグルタミン酸や魚介のイノシン酸の旨味で味を補います。煮物やあんかけはだしの味を楽しむ料理です。

こうして見渡すと、それぞれにおいしさがあり、それぞれの楽しみ方があります。

地域の特産品をわかりやすく料理で人に伝えることを主眼に置いたときには、最もわかりやすく素材の味をストレートに伝えることができる料理は、イタリアンと言えるのは確かです。作る際の制約もありません。

このイタリアンにおける食材の仲介役は、実はパスタなのです。

中華は油を食べる料理

1. **高温の油で素材を加熱し香りを高める**
   火で油を上手に使いこなす料理
2. **醤の使い方**
   醤の使い方で料理の個性を際立たせる
3. **油に対する味のバランスの取り方**
   油に対し塩味・甘味・酸味・辛味・コクのバランスが重要
4. **乾物の使い方**
   海から遠い大陸の奥まで輸送できる乾物が豊富。フカヒレ、干し貝柱、干し鮑、干しなまこ

味の仲介役　＝主に油・あんかけ・醤

和食は水を食べる料理

1. **だしを丁寧に取る**
   野菜に旨みを付けるのがだし
2. **食材の手当てと下処理を大切にする**
   下ごしらえで食感と喉越しに心地よさを加える
3. **素材の切り方が重要**
   野菜の繊維、魚・肉の筋肉の方向を見極める
4. **しょうゆを基本とした味付けの種類**
   味が単調にならないような工夫

味の仲介役　＝主にだし・しょうゆ

食材の仲介をしてくれるパスタ その究極の調理法「ゆで論」

パスタ料理は、世界中で愛されている料理です。

日本でも多くの人に親しまれていますから、もし地方でレストランやカフェを開くならば、パスタをメニューに入れることは、訪れたお客様に対して、選びやすい選択肢を作ることになります。

パスタはルールなしなので、具材の特徴に合わせて煮たり焼いたりと、自由に調理法を選択できます。

また、お客様にとっても自由。パスタと具材を食べたり、具材だけを食べたりできるので、お客様自身で思った通りに口に運んで食べられます。

それに加えて、私が偶然から発見した、ある特別なゆで方でパスタをゆでると、具材の味をびっくりするくらいはっきり主張させることができるので、土地の特産品をお客様に伝えるには、うってつけのメニューになります。

こうしたことから、地方の特色を表現するレシピの筆頭として、私はパスタをお薦めします。

私はこの特別なパスタのゆで方を偶然発見したのですが、端的に言うと「かなりしょっぱいお湯でゆでて、何も入っていないお湯でゆすぐ」と言う調理法です。私は「ゆで論」と名付け、数年かけてレシピを確立しました。

ゆで論でゆでたパスタは、いわば「食材の仲人」をしてくれる、地方レストランの強力な味方です。

例えば、水菜とイクラ、アユとミョウガなど、一見すると、その組み合わせでは料理を成立させるのは難しいのでは？と思うような食材同士でも、パスタを介すると、一つの料理として成立させることができます。

しかも値の張る食材でも、この季節お客様に食べてもらいたい！と思えば、パスタの具材としてならば組み合わせる食材を工夫することと、味をソースに移すことで分量を2人前、4人前と調節できます。

ゆで論は、実は私がホテルの後に勤めた、あの農家レストランの小さな厨房で生まれました。

それまではホテルの広い厨房で、調理器具などの設備が整っていた中で料理を作っていたので、料理人としては恵まれた環境にいました。

しかし、農家レストランの厨房は狭く、最低限の洗い場と調理台しかありません。しかもコンロは、火口が3つの家庭用のガスコンロが1台だけ。

火口の上に乗せることができる鍋の大きさには限度がありますし、火力も強くありません。そんな中でも私は、弘法筆を選ばずの気持ちで、小さな寸胴でパスタをゆでていました。

店が繁盛し始めるに従い、私の忙しさは目まぐるしさを増していきました。

勤め始めた当初のレストランの席数は、6テーブル24席。そこから店の人気が上がるにつれ席数がどんどん増え、2階席や離れの個室もできて、最終的には全体で72席までになりました。

席が増えても、厨房はそのままです。小さな寸胴には限界があり、パスタをゆでる寸胴の中のゆで湯が、40人前を超えると、とたんにヌメり始めました。

パスタの表面がぬるぬるの状態にゆで上がり、お湯は通常の沸騰状態を保てなくなるのです。

お客様は連日100人を超えるようになり、最初と最後では、パスタの仕上がりに差が出ることが避けられなく

ゆで論は家庭用のガスコンロの上で生まれました。プロでもアマチュアでも、家庭でもアウトドアでも、老若男女どなたでも実践することができます。

なっていきました。

困り果てた私は、沸騰したお湯に塩をたくさん入れると沸点が上がると聞いたことがあったので、ヌメり始めたお湯に、試しに塩を入れてみました。

するとお湯が再度ボコボコと泡立ち、ゆでたパスタも、ヌメりが収まったのです。

お！これはいいぞ！

私は、ヌメりが強くなるたびに塩を追加しました。

しかし何度も塩を入れるため、今度はパスタがしょっぱくゆで上がり始めました。

塩を足すわけですから無理もありません。ですが塩の追加をやめるとお湯はまたヌメるので、やめるわけにもいきません。そうこうしているうちに、オーダーは次々入ります。

ヌメりとしょっぱさの板挟みで、私はノイローゼ気味になり、思考も追いつかなくなっていきました。

そんなある日、半ばやけっぱちな気分になっていた私は、

「しょっぱいなら、ゆすいでしまえ」

と、別の鍋にお湯を沸かして、しょっぱくゆであがったパスタをテボに入れたまま浸しました。

塩味を薄められるに違いないという予測からでしたが、ゆでたパスタをゆすぐなんて、それまで、聞いたことも食べたこともありません。

何か不具合が起きるに違いないし、まずくなってしまってお客様に出せないかもしれない。

背徳感を持ちながら、失敗覚悟で、恐る恐る、ゆすいだパスタを食べてみました。すると、

あらら？どうなってるの？

塩味が薄まったのは想像通りでしたが、それ以上に驚いたのが、小麦の風味がしっかりと感じられ、麺そのものがおいしいのです。噛み続けると、小麦の香りが鼻に抜けていきます。

思いのほか、いつもよりパスタの風味が上がって、まるでキツネにつままれたような感覚です。

結果的に、しょっぱかったパスタをお湯でゆすいだら、麺だけでおいしいパスタになったのでした。

うわ！すごいこと発見しちゃった。

私は胸が高鳴り、小躍りしたい気持ちになりました。

しかしこのときはまだ、世界一のパスタメーカーでこのゆで方を披露する日が来るなんて思いもしませんでした。

「しょっぱいお湯でゆでて、ただのお湯でゆすぐ」

「しょっぱいお湯でゆでて、ただのお湯でゆすぐ」

このゆで方は、今、全国に展開するアル・ケッチァーノの系列店の全てで実践しています。

ゆで論でパスタをゆでる際の塩の量は、ゆで湯の量の2.5%が基本です。1リットルにつき25グラム。

塩の量は、実は店舗によって割合を若干変えています。これは経験からわかったことですが、標高が高いと沸騰しにくいとか、水の硬度が地域によって違うとか、ゆで湯の条件が地域によって違うので、ゆで上がりが最適になるように塩の分量を調整しているのです。実際には2.3%から2.7%の幅があります。

塩は3%を超えても弾力に差は出なくなることも実験してわかりましたので、塩分量はこれがベストです。

このゆで方でゆでると、パスタそのものに塩味が付き、表面が締まってなめらかになり、コシが生まれます。

ただし、しょっぱすぎる。実際にこの塩水を舐(な)めてみるとわかりますが、だいぶ塩辛くて、当然そのままでは食べられないしょっぱさです。

それを解決するのがゆすぎで、ソースとあえる直前にただのお湯でゆすぐと、中心がしょっぱく、外側は塩味が抜けて小麦の持ち味が感じられるパスタが出来上がります。

もう20年以上、このゆで方でパスタをお出ししていますが、この間に、たくさんの方がこのゆで方に関心を寄せてくださいました。

あるテレビの人気科学番組は、実際に普通のゆで方とゆで論のゆで方でパスタの表面や弾力がどう違うかの検証をしてくれました。

ゆで論でゆでたパスタの方が表面が滑らかであることが拡大写真の比較でわかり、弾力の実験では噛み切るときの跳ね返る力が大きいことが実証されました。

大手ガス会社さんが主催したプロ向けの料理教室では、マイクロスコープを使ってパスタの断面の比較をしてくださいました。ゆで論パスタの方が表面が滑らかなのが一目瞭然でした。

またあるときは、イタリアのパスタメーカーから呼ばれて、世界中の支店の幹部が集まる大会場で、ゆで論パスタの実演をする機会をいただきました。

400人ほどの幹部を前にキッチンステージで発表すると、翌日また呼ばれて、今度は社屋の開発室で再度実演するように求められました。

わかりやすいようにと、一般的なパスタとゆで論パスタを両方作って並べると、食べた方たちは一瞬押し黙った後、みな気難しい表情で意見を述べ合い始めました。

どうも、イタリア人が築いてきたパスタとは違うというような話をしていたようなのですが、それもそのはず、私は日本人が好きな麺の食感を念頭に置いて、ゆで上がり具合を追及してきましたから、当然といえば当然です。

日本の麺文化には、そば、うどん、そうめんなどがありますが、そのどれにも共通して大切にされているのが「麺の風味」と「喉越し」です。

ゆで論パスタは、ソースの中でアルデンテにしてソースで包み込むイタリアの食べ方と違い、四季折々の食材の持ち味を楽しむ和食文化を融合したパスタの作り方なのです。

こうした経験から、ゆで論は日本人

ゆで論のポイント

❶ ゆで湯は塩分 2.5%

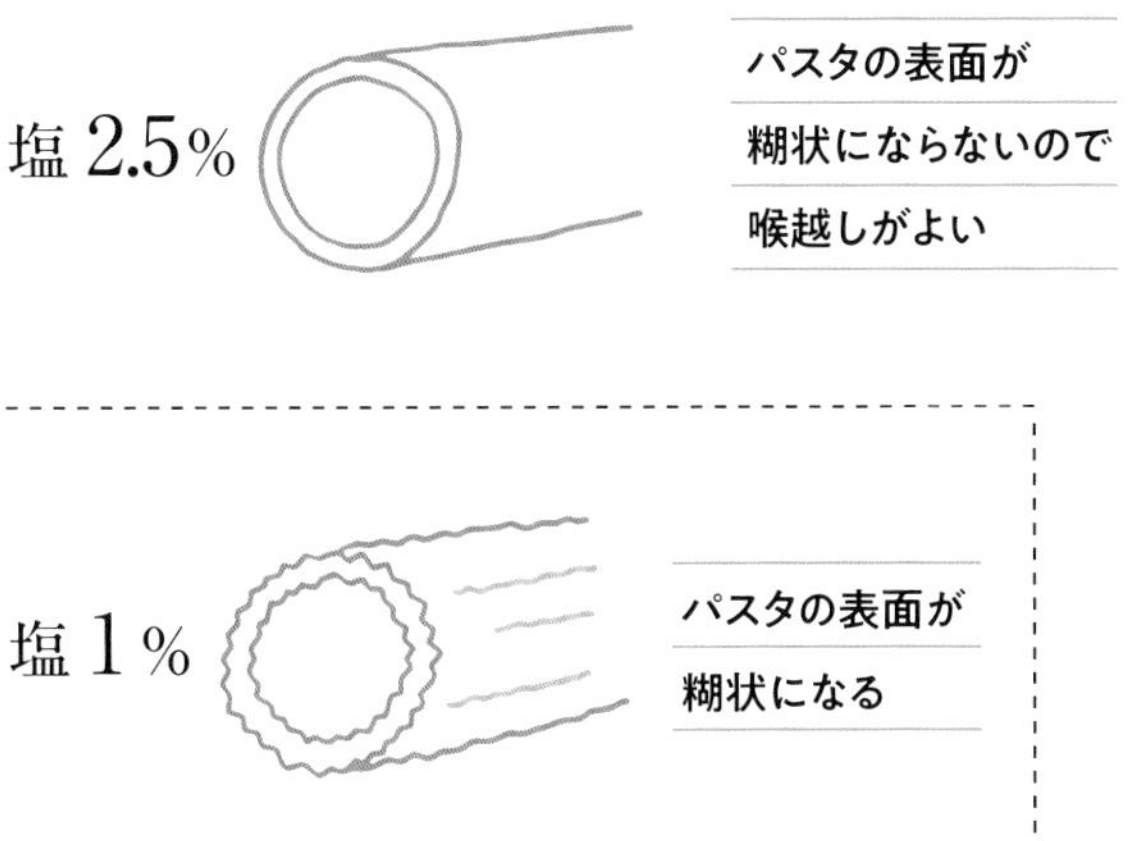
塩 2.5%
パスタの表面が
糊状にならないので
喉越しがよい
塩 1%
パスタの表面が
糊状になる

メリット

- パスタに塩味が付く
- パスタの表面がしまる
- コシが出る
- たくさんゆでてもお湯が沸騰し続ける

デメリット

- しょっぱくなる

パスタをゆすぐ

❷ ゆで上がる直前にゆすぐ

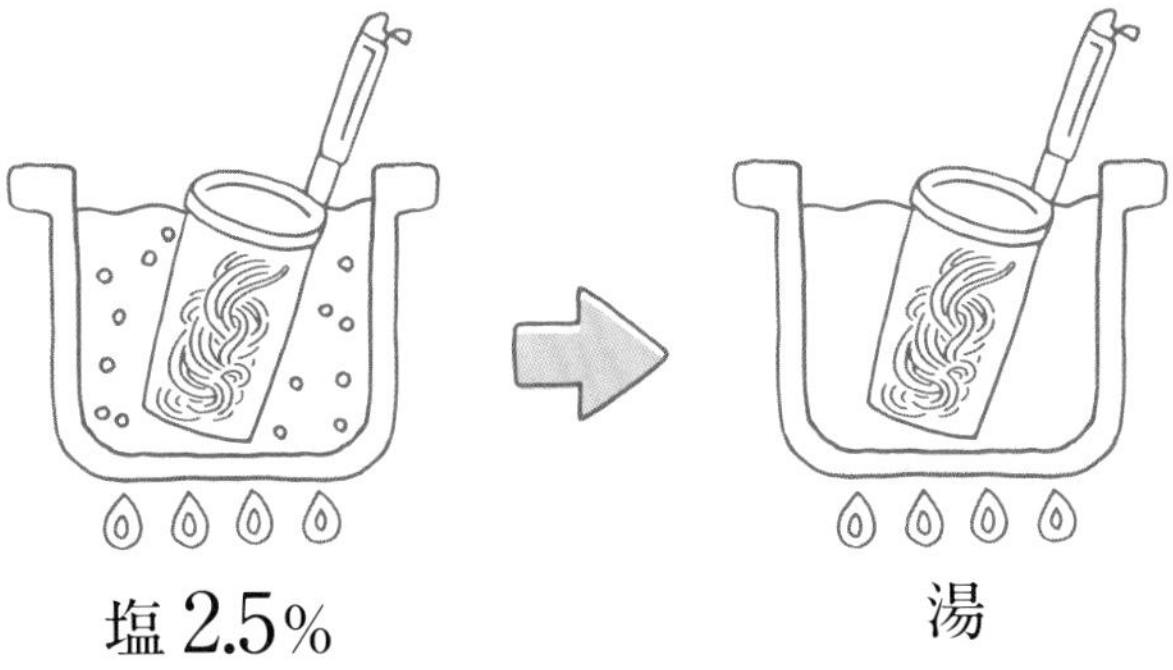
塩 2.5%
湯

ゆで時間は、理想の湯で時間からあらかじめゆすぎ時間を引いておく。
7分ゆでるパスタでゆすぎが10秒ならば、ゆで時間は6分50秒。

のみに好まれる調理法なのかなと思っていたら、先日思わぬ評価を得ました。

２０２２年6月、ゆで論をまとめた私の一冊の書籍が、料理本のアカデミー賞と言われている「グルマン世界料理本大賞」の２つの部門で受賞しました。

一つのことに特化したという意味のシングルサブジェクト部門でグランプリ、革新的という意味のイノベーティブ部門では2位を頂いたのです。

授賞式でのコメントで驚いたのが、フランス人の審査員が、審査にあたり実際にゆで論にトライしたと言うのです。

さらに彼は友人のフレンチのシェフたちにもレシピを伝え、彼らに実際に作ってもらい議論したそうなのですが、その誰もが感銘を受けたと話してくださいました。

いま世界は和食に注目し、だし文化や発酵文化が洋食に取り入れられています。

和食の要素を盛り込んだゆで論パスタも、そのヘルシーな点を評価され、外国人に好まれる日が来るかもしれません。

厨房オペレーションの効率化もはかれるゆで論

パスタをゆでる際の「塩加減」と同時に試行錯誤したのは「ゆすぐ時間」です。この二つは連動します。

パスタ料理には、トマトソースもあれば、クリームソースもあります。ペペロンチーノのようにオイルだけのソースもあります。

これらの様々なソースは、それぞれソースの作られるプロセスの違いによって、ソースそのものに含まれる塩の量が違います。

オイルソースの場合、油に塩は溶けませんから、オリーブオイルそのものに塩味はつきません。

一方でひき肉が主体のラグーソースは、肉の旨味を引き出すために最初に塩を揉み込みますから、最終的に比較的濃い塩味がついたソースが出来上がります。

そこで私は、これらソースの塩の含有量の違いから逆算し、ソースに合わせてゆすぐ時間を変える、ということを思いつきました。

しょっぱくゆで上がったパスタをただのお湯でゆすぐ際、浸透圧の作用で、塩と水が均衡を保とうとする力で塩がパスタから抜けていきます。

塩分2・5％でゆでたパスタは、沸騰するお湯に0・5秒ほど浸すだけで、ちょうどいい塩味のパスタになります。

ですからオイルソースでは、パスタに染み込んだ塩で塩味を完成させます。

そのため、ゆすぐ秒数は0・5秒。

トマトソースは、フレッシュなトマトの場合は、ゆすぐ時間は1〜2秒と短め。

一方、煮込むタイプのトマトソースでは、予めしっかり塩味がつくため、ゆすぐ時間は3〜4秒です。

クリームソースは、ウニや白子など柔らかい具材を使うときは塩味をパスタに残して具材は持ち味だけにしたいので1秒くらい。

対して、ベシャメルソースやカルボナーラなどソースが濃厚でソースそのものが主役という場合は、ソースに塩を入れるので7秒です。

ラグーソースは、肉の仕込みから塩を加えて調理するため、あらかじめ塩が多めに入ります。その分、パスタは長めにゆすいで塩味を抜くので、ゆすぐ時間は4〜10秒です。

このように、ソースに合わせてゆすぐ時間を調節しますが、ひと皿の中の塩の量は一定になります。

感覚的に慣れてくると、味を〝決める〟段階で躊躇（ちゅうちょ）がなくなります。すると調理する人は営業時間中に頭が疲れない。

結果的にパスタ場の作業効率が上がります。

営業のオペレーションの中でゆすぐ際に気をつけることは、必ず大きめの鍋を使い、お湯は沸騰させることです。

鍋底から上に向かう湯の対流の力を利用してゆすぎますので、ゆすぐ鍋の火は止めないこと。

ゆすぎ湯は次第にしょっぱくなっていきますので、40人前をゆすいだらお湯を交換するとよいです。コンロ周りに塩湯がかかるのは避けられませんので、掃除はしっかりしてください。

厨房機器メーカーのマルゼンさんは、このゆで論のために、ゆでとゆすぎが一体型になったゆで麺機「ユデロン」を製造してくださいました。私の厨房では順次こちらに切り替えています。

ゆすぎ時間とソースの関係

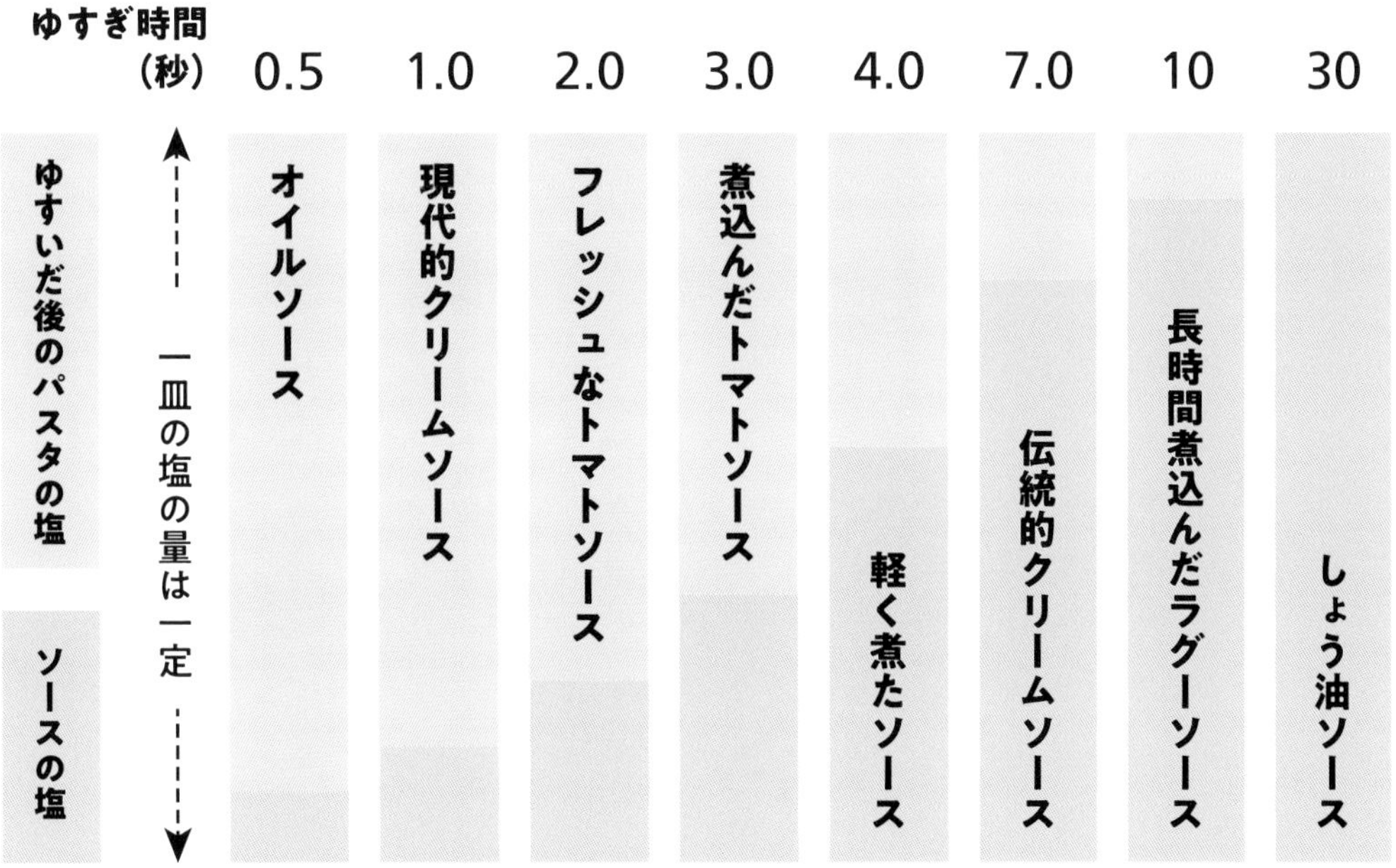
ゆすぎ時間（秒）
0.5
1.0
2.0
3.0
4.0
7.0
10
30
ゆすいだ後のパスタの塩
一皿の塩の量は一定
ソースの塩
オイルソース
現代的クリームソース
フレッシュなトマトソース
煮込んだトマトソース
軽く煮たソース
伝統的クリームソース
長時間煮込んだラグーソース
しょう油ソース

この本に書いてあるパスタのゆすぎの秒数は、業務用の鍋の湯量で割り出したものです。
家庭の２～３リットルの鍋で試す場合は、ゆすぎ時間を長めにしてください。

ゆで麺機「ユデロン」

右に塩を入れてパスタをゆで、左でゆすぐ。（撮影用に加温を止めた状態）左に随時お湯を追加できるようになっていて、熱湯が仕切りの真ん中の溝からゆで湯側に流れ込むようになっており、ゆで湯が絶えずヌメらないように管理できる。

問い合わせ
株式会社マルゼン
東京都台東区根岸２丁目19-18
電話03- 5603- 7788

乳化させない
アーリオ・オーリオ・ペペロンチーノ

パスタの中で最もシンプルでありながら、最も難しいのがアーリオ・オーリオ・ペペロンチーノ（以下ペペロンチーノ）だと一般的には言われています。

アーリオのニンニクと、オーリオのオリーブオイル、ペペロンチーノの赤唐辛子という、極めてシンプルな具材だけのパスタ。

しかし皆、失敗します。

というのも、一般的なレシピでは、オイルソースの乳化という関門があって、オリーブオイルにパスタのゆで汁を加えてフライパンを激しく振りなさいと言われる。

それは加熱しながら激しく攪拌しないと油と水は混じらないからです。

ところが重いフライパンを振り続けるのは力のない人には難しく、フライパンの扱い方にもコツがあって、皆どうやってこの乳化の関所を乗り越えるかをあれこれ議論しています。

さて、ゆで論パスタでは、この乳化をしません。

しかもレシピの中で最も簡単なのが、このペペロンチーノだと断言します。

一般的なパスタはどれも、塩を1％入れてゆでなさいとパッケージに書いてあるので、普通はそれに従って1％しか塩を入れません。

1％の塩水をなめてみるとわかりますが、味としてはだいぶ薄い。

乳化は、オイルにこのゆで汁をなじませるためにしますが、その薄い塩味の汁をオイルに加えて、人間が食べてちょうどいいと感じる味にするには、かなり水分を抜かないといけません。だから強火で加熱しながら激しく攪拌する必要があるのです。

ところが、油と小麦が溶け出ている水を加熱しながら混ぜると、それはルーと同じで、味のピントがぼやけたとろみのある液体が出来上がります。

攪拌が少ないと、蒸発がうまくいかないので味がいつまでも決まらない。

しかも味見をすると「薄い」と感じるので、さらにゆで汁を足し、味がますます薄くなる。

これがペペロンチーノの失敗の原因です。

これに対してゆで論では、パスタの中に塩が染み込んでいますから、レシピに乳化のプロセスが必要ありません。

塩味は、ゆすぐ段階で確定します。

さらにペペロンチーノの場合の仕上げはフライパンではなく、ボウルです。加熱がありませんから、慌てず落ち着いて完成させることができます。

ペペロンチーノの仕上げにフライパンを使わず加熱もしないのは、パスタソースの温度が重要だからです。

パスタは90度を境に、表面にある水分を出し入れする穴が閉じたり開いたりします。

ペペロンチーノでは、パスタと具材をあえる前に、具材の加熱は済んでいますから、オイルソースを90度以下にして、ゆで上がったパスタをそこに投入して表面の穴を閉じ、パスタ内に含まれる水分を外に出さないようにします。

こうすることで、オイルに溶け込ませたニンニクの香り、パセリの香り、赤唐辛子の香りを薄めることなく、香りの最大値を保った状態で完成に持ち込むことができるのです。

ゆで論によるペペロンチーノは、味のピントがくっきりしています。

奥田政行の乳化させない
アーリオ・オーリオ・ペペロンチーノ

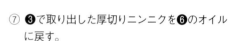

材料（1人分）

パスタ（フェデリーニ）……………… 100g
オリーブオイル（癖のないもの）…… 30mℓ
ニンニク（6ミリスライス）…………1片分
ニンニク（極薄スライス）…………1/2片分
赤唐辛子（種を取る）…………………1/2本
パセリ（粗みじん）………………… 大さじ1
EXヴァージンオリーブオイル ……… 10mℓ
食塩　湯量に対して2.5%重量

作り方

① 2つの鍋に湯を沸かし、片方の鍋にお湯の分量の2.5%重量（湯量×0.025＝1リットルに対し25g）の食塩（＊）を入れる。
② 沸騰したら、塩の入っている方の鍋にパスタを投入し、ゆでる。このとき、テボまたは深型のザルがあればそれを使う。
③ アルミパンにオリーブオイルと6ミリの厚切りスライスのニンニクを入れ、中火で加熱する。ニンニクの表面がキツネ色になったら弱火にし、オイルにニンニクの香りが移ったらニンニクを取り出す。
④ 極薄スライスのニンニクを❸のオイルに入れて中火にする。ニンニクが色づいてきたらニンニクを素早く取り出し、キッチンペーパーの上に置いて油分を切る。（余熱でキツネ色になるように、色が濃くなる手前で取り出すこと）
⑤ ❹のオイルに赤唐辛子を入れ、色が鮮やかになったら素早くパセリを入れてオイルの温度を下げ、火を止める。
⑥ ❺のオイルをボウルに移し、味見をしてニンニクの香りと赤唐辛子の辛味を確かめ、EXヴァージンオリーブオイルを入れて味を調える。
⑦ ❸で取り出した厚切りニンニクを❻のオイルに戻す。
⑧ ボウルの中のオイルが、90度以下になっていることを確認する。
⑨ ゆでたパスタをゆすぐ。ゆすぎ方は、パスタをザルで引き上げ、軽く湯を切り、塩の入っていない方の沸騰状態のお湯に、パスタをザルに入れたまま0.5秒浸す。引き上げたら必ず味見をしてパスタだけで食べてもおいしい硬さと塩味にする。（しょっぱければもう一度お湯に浸し、味が薄すぎたら塩湯に浸す。）
⑩ パスタを❽のボウルに入れ、トングで2～3回返しながらオイルを全体に行き渡らせる。
⑪ 網でこして余計なオイルを落とし、皿に盛り、❹のニンニクチップをのせる。

＊ 公益社団法人塩事業センターの塩化ナトリウム99%の「食塩」を使用する。
＊ パスタをゆすぐ鍋が家庭用の2～3リットルサイズの場合は、ゆすぐ時間を長めにする。（沸騰によって起こる湯の対流の勢いでパスタ表面の塩を抜くので、鍋が小さいと対流が弱い）

ゆで論のおいしさの秘密を解体

乳化させないアーリオ・オーリオ・ペペロンチーノの場合

パスタ

ゆでる際の塩によって小麦の香りが引き立てられ、それだけでおいしいパスタ。さらに中心が塩味が一番濃く、表面が薄いので、噛めば噛むほどうま味を感じる。弾力があるので噛みごごちよく、噛む回数が増える。すると唾液に含まれるアミラーゼの作用でデンプンが糖に変わり、ますます甘みを感じて「おいしい」という印象が強まる。

赤唐辛子

赤い色が鮮やかになった瞬間にパセリ投入によりオイルの温度を下げるので、焦げた味にならない。辛味のおいしさが程よくソースに移行した状態で食べることができる。

ニンニク（6ミリ厚）

オリーブオイルに香りを最大限移すために表面積を最大にしたいが、みじん切りにすると焦げやすい。ニンニクの香りを強く引き出す中火でも焦げにくく、かつニンニクの表面積を最大値とするのが6ミリカット。

ニンニク（極薄スライス）

最後は予熱で完成させるので程よい香ばしさをキープする。

パセリ

熱いオイルで瞬間的に揚げて火を止めるので、絶対に焦げることがない。最高においしいパセリの味のまま仕上げに向かう。

EX ヴァージンオリーブオイル

青草の香りのするビアンコリッラ種を使うことでパセリの香りを引き立てる。

ゆで論によるレシピ

ボウルでまぜるので
パスタの表面温度が90度以下

90度以下なのでパスタの表面は締まって滑らか。パスタの中には既に塩味が付いている。

パスタ表面に、ニンニクと赤唐辛子の味と香りのしっかり付いたオイルが薄い膜を張る。

乳化させるレシピ

フライパンで加熱するので
パスタの表面温度が90度以上

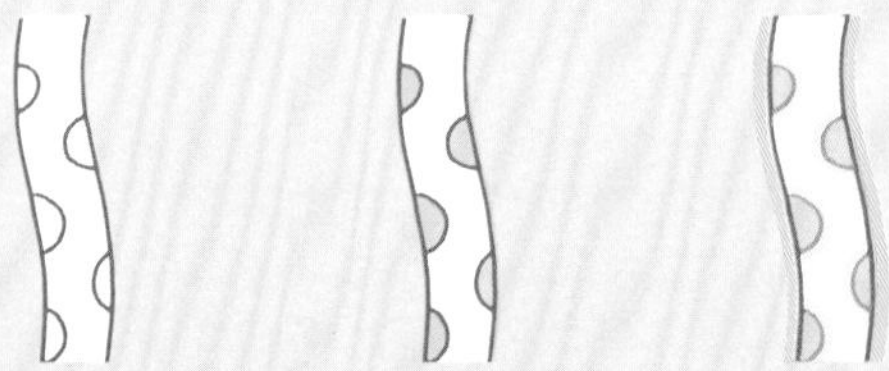

90度以上になるのでパスタの表面に水を吸い込む穴が開く。

パスタの穴から塩湯とオイルが中に吸われる。塩湯を数量が一定ではないので味が不安定。

パスタが水分で膨らみ凸凹になり、そこに油がまとわりついて焼きうどんのようになる。

ゆで論パスタとかけて縁日の焼きそばと解く

ゆで論で作ったパスタは、パスタの表面がつるっとしていて舌触りがよく、弾力がありプリッとして、噛み切れるとき断面がポンと弾ける感覚があります。

このようにパスタそのものの食感が新感覚であることに加えて、もうひとつ大きな特徴があります。

それは、食べた印象が、

「具材の味をはっきりと感じ取ることができる」

ということです。ここが地域を活性化に導くポイントです。

実はこの印象は、縁日の焼きそばと味の仕組みが全く同じです。

縁日の屋台で作られている焼きそばは、麺にかかっているソースが大抵の場合しょっぱい。

具材は豚肉とキャベツで、キャベツを余すところなく使い切りますので、葉脈の軸の硬い部分が割と大きなサイズで紛れ込んでいます。

そんなキャベツの軸は、往々にして完全に火が通っておらず、ときには半生の状態のものまであります。

このしょっぱいソース味の麺と、硬くて半生のキャベツの軸が、一緒に口の中に入ったときのことを想像してみてください。

まず舌に当たるのはソースの塩味で、そのしょっぱさから自然と唾液が出ます。

同時にゴリっと軸を噛んだときの歯応えがあり、味のない、青っぽいキャベツのもわっとした香りを感じます。

しかし噛んでいくうちに、しょっぱい麺と、たくさん出てきた唾液と、キャベツが口の中でまじり合って、キャベツがだんだん甘く感じられるように変化します。

すると最初の印象と変わり、「なんだ、キャベツおいしいじゃないか」となる。

ゆで論パスタでも、これと同じことが口の中で起こります。

パスタと具材をフォークにくるくる巻いて口の中に入れると、具材とパスタの表面の塩味の少ない部分が舌に最初に当たるので、舌はしょっぱさを感じながらも、具材の味の方に意識が向きます。

噛んでいくと、パスタの中心部のやや濃い塩味の部分が、具材の塩味の薄い部分を補います。

ゆで論パスタでは、この縁日の焼きそばの原理をいろんな食材に当てはめることができます。

あるとき、ニンジンが余って困っているという生産者が私を尋ねてきました。詳しく聞くと、行き場のないニンジンが1トンあるとのこと。

ニンジンは、普通は脇役の食材です。これを主役にするには、と頭を巡らし、パスタを選びました。ゆで論ならば、ニンジンを主役にすることができます。

まずニンジンをスライサーで細切りにし、生で使うことにします。

組み合わせる食材は、ベーコン。フライパンで加熱して、ここに普通ならば入れるタマネギをあえて入れません。ちょっと脂っぽいベーコンに、ニンジンの細切りを山のようにのせます。アクセントはオレンジピールとクミン。土の香りのするニンジンをチャーミングに変えます。

食べた人はヘルシーなパスタを食べたという満足感があり、一方でニンジン1トンを使い切り、生産者の悩みも解消できました。

仕上げのまぜ方で ソースのコクを調整する

ゆでてゆすいだパスタをフライパンの中で仕上げるとき、ソースごとにまぜ方を工夫することで、パスタのおいしさをワンランクアップさせることができます。

オイルソースで具材が少なくオイルの香りをそのまま残したいパスタの場合は、前出のペペロンチーノのようにボウルを使ってまぜます。

加熱の済んだオイルソースをボウルに入れ、ゆでてゆすいだパスタを入れて、トングを使って2、3回、上下を返すようにします。

パスタ同士がこすれ合わないように気をつけて、オイルがパスタの表面全体に行き渡ったら完成です。

具材のあるオイルソースは、ソースが出来たら火を止めて、ソースの温度を90度以下にします。

パスタを入れ、少ない回数で小さくあおり、パスタに摩擦が起こらないようにし、オイルをパスタの表面にまとわりつかせるのみで、乳化はしません。

温度が下がりすぎたら火を付けて、90度を超えないように加熱します。

この方法はパスタの表面の小麦が溶け出ないようにするやり方です。パスタそのものが口の中でベタつきませんからさっぱりと食べられます。

トマトソースは、ソース自体がに旨味があるので、空気を含ませることで、コクがあるのに軽く感じさせることができます。

フライパンの先の方を使って空気を抱き込むようにふわっとあおり、ソースをパスタにまとわりつかせます。

トマトソースはあおる回数によって、味の印象を変えることもできます。

トマトの酸味のキレ味を生かしてさっぱりと食べさせたいなら、あおる回数を少なくして酸味を残します。

トマトの旨味でコクを感じさせたいなら、あおる回数を多くして、とろみをつけて酸味を丸くします。

クリームソースは、トングでパスタをつかんでフライパンの中でくるくる回します。

こうすることでパスタとパスタがこすれ合い、パスタ表面の小麦が溶け出してクリームと混じり合い、クリームソースの膜になってパスタに絡みます。

具材の持ち味を際立たせたいときは、まぜる回数は10～20回程度で、生クリームのフレッシュ感が心地いい、さらさらしたクリームソースにします。

反対にコクを感じさせたいときは、パスタとソースを合わせる際に、別鍋にクリームだけを少量とパスタを入れて、とろみが付くまでくるくると20回程度まぜ、粘度が高まったところで残りの具材入りのクリームソースと合わせて全体を均一にまぜて仕上げます。

クリームソースにおける、トングによるくるくるまぜは、実は働き方改革レシピでもあります。

クリームパスタは、一般的にはベシャメルソースをあらかじめ用意することが求められますが、これはクリームをパスタに絡めるための、一つの手段です。つまりソースに粘度が欲しいのです。

トングによるくるくるまぜは、ベシャメルソースをあらかじめ仕込まなくても、フライパンの中でとろみの付いたクリームソースを作ることができます。

ゆで論パスタの「まぜ論」

オイルソース

オイルの薄い膜で
パスタが覆われている

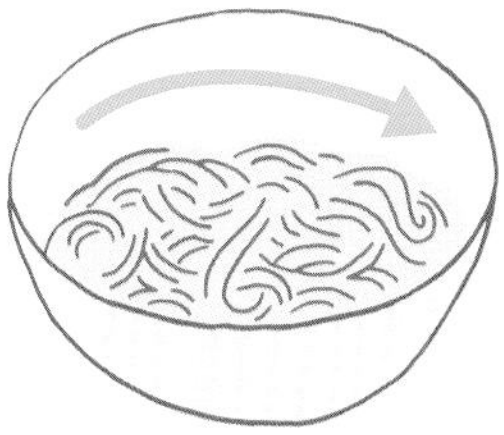

90度以下

オイルをまとわり付かせる

少ない回数で小さくあおり
オイルをまとわり付かせる

トマトソース

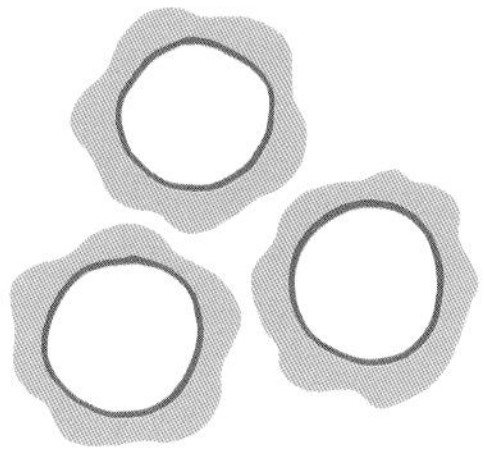

トマトソースの間に
空気が含まれている

空気を抱き込むように
アルミパンの先であおる

クリームソース

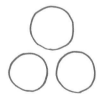

クリームのとろみで
パスタに一体感が生まれる

トングでパスタをつかみ
空気を含まないように
くるくる回して摩擦でとろみ

同じ食材でもターゲットに合わせてレシピを変える

遠くの人を呼ぶ

キノコの季節になるとアル・ケッチァーノには、地域のキノコ取り名人の皆さまから、キノコが続々と届きます。その時にお作りするのがこちら。普段は滅多に食べられない天然キノコが5種類も入った、キノコファンのハートを射抜くパスタです。キノコの味がそれぞれわかるようにキノコのだしだけでシンプルな味付けにします。

5種の天然キノコのフェデリーニ

材料（1人分）

パスタ（フェデリーニ）…………………80g
ハツ茸……………………………………1.5本
塩……………………………………ひとつまみ
水………………………………………300mℓ
ムキ茸……………………………………1.5本
クリ茸……………………………………1.5本
ヌメリイグチ ……………………………0.5本
天然シメジ ……………………………… 3本
EXヴァージンオリーブオイル ……… 45mℓ
ディル（粗みじん）………………… 小さじ2

作り方

① 2.5%の塩湯でパスタをゆでる。
② ハツ茸を4ミリの厚さに手で裂き、塩を振ってフッ素樹脂加工のフライパンで空煎りし、水分が飛んだら、浸るくらいの水を入れる。
③ かなり硬めの状態のパスタをお湯で0.5秒ゆすぎ、❷に入れて煮る。
④ 残りのムキ茸、クリ茸、ヌメリイグチ、天然シメジを手で裂いて❸に入れる。このときフライパンの中のキノコの温度が70度以下を保つように、煮ているパスタの上に少しずつ置いていきながら加えていく。
⑤ パスタがアルデンテになったら、アルミパンの中の余分な煮汁を捨てる。
⑥ EXヴァージンオリーブオイルとディルを入れて12回あおり、皿に盛る。

＊ キノコは、旨味のキノコ、ぬめりのキノコ、苦みのキノコ、食感のキノコ、香りのキノコに分けられる。
そのうち苦みのキノコ以外のキノコを5種類まぜ合わせると、独特の香りと旨味が出てきて、他のだしがいらなくなる。

上記以外の天然キノコ、または栽培キノコを使って5種類にするときも、旨味、ぬめり、食感、香りの4つのタイプのキノコをそろえること。
＊ 調理前にキノコについた泥をあらかじめ落としておく。
＊ ハツ茸やナラ茸を空焼きしてストックしておくとよい。
＊ ❺の汁はもったいないけれど、イタリアンの顔つきにしたいのでこの料理では使わない（他の料理に使う）。

地元のファンを作る

地元の皆さんは、地物のキノコは季節が来ると親戚からもらったり直売所で買い求めたりして、キノコ汁やあえもので食べている、食べ慣れた味。ですからお店ではトマトソースとチーズを加えて、普段のキノコとは違う洋服を着せてあげて、キノコの新たな魅力を伝えます。イタリアで食べるのと同じ味、いつもの和風と違う味のアプローチをします。

ボスカイオーラ

材料（1人分）

パスタ（スパゲッティーニ）………… 100g
シイタケ ……………………………1個
マッシュルーム …………………………1個
エリンギ ……………………………1/2本
無塩バター …………………………20g
塩…………………………………… 適量
黒こしょう ………………………… 適量
ピュアオリーブオイル ………………… 5mℓ
ニンニク（みじん切り）…………… 小さじ1
赤唐辛子（種を取り2ミリ輪切り）…1/8本
アンチョビ（2ミリ切り） …………1/8枚
ツナ…………………………………30g
白ワイン …………………………… 15mℓ
トマトソース ……………………… 70mℓ
水…………………………………… 50mℓ
タイム ………………………………1/2枝
パルミジャーノ・レッジャーノ ……… 適量
イタリアンパセリ（粗みじん） …… 小さじ1

＊ キノコの切り方を変えることで、いろんな食感が楽しめる。
＊ 椎茸は「味のキノコ」なので、ひだを上にして弱火で水分を蒸発させながら火を通し、マッシュルームとエリンギは食感のキノコなので水分を残して焼き色を付ける。

作り方

① シイタケは軸を取り食べやすい大きさに斜めにそぎ切り、マッシュルームは食べやすい大きさに縦にくし切り、エリンギは上の傘のところは縦にくし切り、軸の部分は縦に3ミリスライス、下から1センチは縦に半割りして5ミリ幅の半月切りにする。
② 鉄のフライパンに無塩バター1/3量を溶かし、少し焦がしてからシイタケを入れ、弱火でゆっくり火を通す。途中で塩と黒こしょうを軽く振ってバットに取る。マッシュルーム、エリンギも残りのバターとそれぞれ同様に焦がし、中火で短時間でキツネ色になるまで炒める。
③ 2.5%の塩湯でパスタをゆでる。
④ アルミパンにピュアオリーブオイルとニンニクを入れて中火で加熱する。ニンニクが白くなったら赤唐辛子、細かく切ったアンチョビの順に入れる。ニンニクがキツネ色になったらツナ、❷のキノコを入れ、白ワインを加え煮詰める。
⑤ ❹にトマトソースと水を加えさらに煮詰め、タイムを入れる。
⑥ ゆでたパスタをお湯で3.5秒ゆすぎ、❺に入れて12回あおり、塩と黒こしょうで味を調える。パルミジャーノ・レッジャーノとイタリアンパセリを入れてさらに8回あおり、皿に盛る。
⑦上からパルミジャーノ・レッジャーノをかける。

「ごちそう感」を2通りの切り口で

地元のファンを作る

庄内地方は、日本海に面していますから、四季折々に旬の魚介が数多くあがり、地元の人たちは日常の食卓によりどりみどりの中から魚を選びます。けれど、いろんな種類をいっぺんに食べることは滅多にありません。ですから地元の皆さんにはいろんな魚介を一気に楽しめますよというメニューを作ります。

一方で、同じ材料で作るのは魚介のフレーグラ。

地元の粉で手打ちパスタにすることでワンランクアップを図り、フレーグラという珍しいパスタでより特別感を演出します。

食感が面白くなるよう切り方を工夫しているので、忘れられない、もう一度食べたいパスタになります。

ペスカトーレ ロザート

材料（1人分）

パスタ（スパゲッティーニ）……………80g
ニンニクオイル ………………………… 40mℓ
小さなカニ ……………………………1/2 匹
小エビ（殻なし）……………………… 3尾
ツブ貝（ワタを取り、5ミリ幅にスライス）
…………………………………………… 2個
イカの身（皮をむき隠し包丁を入れ1センチの短冊切り） …………………1/4 パイ分
イカの足 ……………………………… 2本
タコ（4ミリに切る）…………………4切れ
ムール貝 ……………………………… 2個
アサリ（砂抜き済み）………………… 6個
水 ………………………………………150mℓ
ドライトマト ……………………………6切れ
ミニトマト（半割り）…………………6切れ
EX ヴァージンオリーブオイル ……… 15mℓ
パセリ（粗みじん）………………… 大さじ1
バジルの葉 …………………………… 2枚
赤唐辛子（種を取り2ミリ輪切り）…4切れ

作り方

① アルミパンにニンニクオイルを入れ中火で加熱し、カニを入れてオイルが赤くなったら小エビを入れ、香りがオイルに移ったらカニと小エビを取り出す。（カニと小エビには火が入りきらなくてよい）
② ツブ貝を入れ、表面にオイルがまわりオイルにもツブ貝の香りが移ったら取り出し、イカ、タコも同じ事を繰り返し、魚介の味をオイルに移していき、それぞれ取り出す。
③ 2.5%の塩湯でパスタをゆでる。
④ 別のアルミパンにムール貝とアサリを入れ、浸るくらいの水を入れて蓋（ふた）をして中火で加熱し、貝の口が開いた順に取り出していく。
⑤ 硬めにゆでたパスタをお湯でゆすぎ❹に入れ、カニ、小エビ、ツブ貝、イカの足、タコ、ムール貝、アサリ、イカの身の順で火の通りにくいものからアルミパンに戻し、ドライトマトとミニトマトを入れてパスタをアルデンテにする。
⑥ 魚介に火が通ったら、❷の魚介の香りが移ったオイルと EX ヴァージンオリーブオイル、パセリ、ちぎったバジルを加え、8回あおって乳化させ、赤唐辛子を入れて皿に盛る。

＊魚介はその時にあるものでよい。
＊魚介はオイルに包まれると縮みにくくなる。
＊イカ1パイで4人前作る（エンペラは使わない）。
＊味が足りないときはトマトジュースを少し入れてもよい。
＊赤唐辛子を最後に入れるのは、魚介の甘味とバランスを取るため。

魚介のフレーグラ

作り方

① アルミパンにアサリと水を入れて中火で加熱し、口が開いたら火を止め、アサリを取り出す。
② そこにムール貝を入れて中火で加熱し、口が開いたら火を止め、ムール貝を取り出す。
③ 2.5%の塩湯でフレーグラをゆでる。
④ 別のアルミパンにニンニクオイル20mℓを入れ、初めにエビを入れて火が通ったら取り出し、イカを入れて同様に取り出し、タコとツブ貝も同様に入れて取り出し、オイルに魚介の味を移す。
⑤ ❷の煮汁を適量取り出してもう1つのアルミパンで温め、ゆでたフレーグラをお湯で3秒ゆすいで投入し、ちょうどよい硬さまで煮る。
⑥ ❺を網で越してフレーグラと煮汁に分け（煮汁は使わない）、フレーグラをアルミパンに戻す。
⑦ ❻のフレーグラに❹の魚介の香りの付いたオイルを入れ、7回あおってなじませる。
⑧ そこに❹で取り出した魚介を戻しトマトジュースを入れて、味見をしながら赤唐辛子を入れ魚介の甘味が引き立つようにする。
⑨ ルッコラを入れて7回あおり、残りのニンニクオイルとあたためたアサリとムール貝を入れて軽くまぜ、皿に盛る。

＊ ツブ貝の代わりにホッキ貝でもよい。
＊ 魚介の甘味を赤唐辛子の辛味で締めるイメージで。
＊ トマトソースは魚貝の旨味を引き立てるためにまとわりつかせる程度。
＊ 魚介の香りが少ないときは、エビのだし汁を入れる。
＊ 素材感を大切にする。
＊ 感染症の流行で店の営業ができなくなったとき、デリバリーのメニューに入れたレシピ。アルデンテが持続する。

材料（1人分）

パスタ（フレーグラ）	100g
アサリ	6個
水	100mℓ
ムール貝	2個
ニンニクオイル	25mℓ
エビ（7ミリ筒切り）	10g
イカ（6ミリ角切り）	20g
タコ（6ミリ角切り）	10g
ツブ貝（6ミリ角切り）	10g
トマトジュース	5mℓ
赤唐辛子（1ミリみじん切り）	少々
ルッコラ（5ミリ切り）	2本

フレーグラの作り方

材料（作りやすい分量）

A	地粉（中力粉）	200g
	塩	3g
	セモリナ粉	100g
B	卵白	60g
	オリーブオイル	15mℓ
	水	50mℓ
C	卵白	120g
	水	100mℓ
D	薄力粉	約300g
E	セモリナ粉	約150g

作り方

① Aの材料を全てボウルに入れる。
② Bの卵白とオリーブオイルを水で溶いて1に入れ、ボウルの中で手を軽く開いた形でくるくる回し、小さなつぶつぶにする。
③ Cの卵白を水で溶いて指先につけ、2のボウルにDの薄力粉を少し振り入れて、ボウルの中で手をくるくる回し、最初のつぶつぶをだんだん大きくしていく。Dの薄力粉を2回振り入れたらEのセモリナ粉を1回、の割合で粉を追加しながらフレーグラを少しずつ大きくしていく。粉を追加しながらフレーグラを少しずつ大きくしていく。
④ 好みの大きさと硬さになるまで、C→D→くるくる→C→D→くるくる→C→E→くるくる、のように薄力粉2回、セモリナ粉1回を繰り返す。

＊ ボウルの中で粉をまぜるときの手は、テニスボールをつかむときの形。＊ 薄力粉が多ければもちもちになり、セモリナ粉が多ければ硬くなる。
＊ 具材の大きさに合わせてフレーグラの大きさを決める。　＊ 大きい粒、小さい粒があると、口の中でおもしろい食感が生まれるので、均一の大きさにしようとしなくてよい。

圧倒的においしい食材は全ての人を呼ぶ

地元のファンを作る

遠くの人を呼ぶ

庄内の在来作物の王様とも言えるだだちゃ豆を一番おいしく食べるパスタを作りたいと思ってできたメニュー。だだちゃ豆を餌として食べている地元の羊とだだちゃ豆、羊のチーズとだだちゃ豆、羊の肉に羊のチーズ、とどれをとっても、どう考えてもおいしさ満点のパスタです。

羽黒の羊とだだちゃ豆のラグーソース スパゲッティーニ

材料（1人分）

パスタ（スパゲッティーニ）……………80g
枝豆……………………………………………30g
ローズマリー …………………………… 適量
羊もも肉（6ミリ角切り）…………………60g
塩 ………………………………………… 適量
黒こしょう ……………………………… 適量
ニンニクオイル ……………………… 30mℓ
ニンニク（みじん切り）…………小さじ1強
赤唐辛子（種を取り2ミリ輪切り）…1/8本
タマネギ（4ミリ角切り）…………………25g
セロリ（4ミリ角切り）……………………25g
白ワイン ……………………………… 40mℓ
水 ……………………………………… 30mℓ
ペコリーノ・ロマーノ …………………20g

＊豚肉、鶏もも肉、鶏レバー、牛肉でもよい。
＊鶏レバー、牛肉の場合は赤ワインを使う。
＊ペコリーノ・ロマーノの代わりにパルミジャーノ・レッジャーノでもよい。
＊枝豆を飾ってもよい。

作り方

① 枝豆は塩ゆでしてサヤを外し、薄皮を取る。
② ローズマリーを2センチに切り、葉と茎に分ける。
③ 2.5%の塩湯でパスタをゆでる。
④ 羊肉に塩、黒こしょうを振る。
⑤ フッ素樹脂加工のフライパンにニンニクオイルを入れて中火で加熱する。羊肉を入れて強火で炒め、肉を取り出す。
⑥ ❺にニンニクを入れ、白くなったら赤唐辛子、タマネギ、セロリの順に入れ、羊肉を戻し入れる。白ワインを入れて軽く煮つめ、水とローズマリーの茎の部分を入れさらに少し煮つめる。
⑦ ゆでたパスタをお湯で4秒ゆすぎ、❻に入れて枝豆を加え軽く火を通す。
⑧ ❼にペコリーノ・ロマーノ半量をすりおろして入れ、塩、黒こしょうで味を調え、6回あおって皿に盛る。
⑨ 上から残りのペコリーノ・ロマーノをすりおろしてかけ、ローズマリーの葉を散らす。

パスタが可能にする食材の組み合わせ

鮎とミョウガも、水菜とイクラも、それだけでは一品の料理にはなりませんが、パスタにすることで新しい扉が開きました。こんな新発見ができるのは料理人冥利（みょうり）に尽きます。みなさんもぜひ新たな出会いものパスタを発見してください。

水菜とイクラのフェデリーニ

材料（1人分）

パスタ（フェデリーニ）……………… 100g
水菜…………………………………………25g
ピュアオリーブオイル ……………… 30mℓ
イクラ（塩漬け）……………………大さじ 4
ゆずの皮（みじん切り）…………小さじ 1/3

作り方

① 水菜の茎を３センチに切る。葉先のかたいところは粗みじん切りにする。
② 2.5%の塩湯でパスタをゆでる。
③ アルミパンにピュアオリーブオイルを入れて中火で加熱する。オイルがふつふつと湧いてきたら、水菜の茎半量を入れて火を止める。
④ ゆでたパスタをお湯で1.5 秒ゆすぎ、❸に入れて３回あおり、皿に盛る。
⑤ イクラをのせ、残りの水菜の茎と葉を上に盛り、ゆずの皮を散らす。

鮎とミョウガの アーリオ・オーリオ・フェデリーニ

材料（1人分）

パスタ（フェデリーニ）………………… 80g
皮の茶色の強い鮎（10 センチくらい）… 2 匹
塩 ……………………………………… 適量
ニンニクオイル ………………………… 15mℓ
ミョウガ（縦に 1.5 ミリスライス） … 1 個分
EX ヴァージンオリーブオイル………… 5mℓ

作り方

① 鮎に塩を少し振り、魚焼きグリルで両面を中火で焼く。表面がうっすらキツネ色になったら取り出し、内臓をはずす。
② 2.5%の塩湯でパスタをゆでる。
③ フッ素樹脂加工のフライパンにニンニクオイルを入れて中火で加熱し、鮎の内臓（大きい鮎のときは頭と骨も）を入れオイルに溶かし込み、ミョウガ 1/3 量を入れる。
④ ゆでたパスタをお湯で１秒ゆすぎ、❸に入れて 5 回あおり、皿に盛る。
⑤ 鮎の身をのせて塩を振り、ミョウガのスライスを飾り、EX ヴァージンオリーブオイルを回しかける。

一番人気のメニューを地元食材にする

地元のファンを作る

遠くの人を呼ぶ

マッシュルームのクリームソーススパゲッティーニ

材料（1人分）

パスタ（スパゲッティーニ）……………90g
生クリーム ………………………………100mℓ
マッシュルームペースト ………………40g
マッシュルーム A（5ミリスライス）1.5個
マッシュルームのだし ……………… 適量
塩 ……………………………………… 適量
グラナ・パダーノ …………………… 適量
マッシュルーム B（極薄スライス）1.5個分
生ハム……………………………………… 5g
シブレット …………………………… 少々

作り方

① 2.5%の塩湯でパスタをゆでる。
② アルミパンに生クリーム60mℓを入れて温める。
③ ゆでたパスタをお湯で2秒ゆすぎ、❷に入れて回すように20回ほどまぜる。とろみが出てきたらマッシュルームペーストとマッシュルームAを入れる。
④ ❸に残りの生クリームを入れ、マッシュルームのだしでとろみを調節しながら回すように8回まぜて、塩とすりおろしたグラナ・パダーノで味を調え皿に盛る。
⑤ 上からマッシュルームBと生ハムをのせ、シブレットを散らし、再度グラナ・パダーノをすりおろしてかける。

＊ マッシュルームのだしは、仕込みのマッシュルームペーストを作ったときに残る、マッシュルームを煮たコンソメ。
＊ クリームにパスタを入れてよくまぜてとろみを出し、そこにマッシュルームを投入することで香りが飛ぶのを防ぐ。
上からかけるマッシュルームで食感を出す。
＊ 大人数の料理のときは、仕込みのキノコのクリームソース（左ページ）の中にマッシュペーストを入れて作ることができる。

それまでのアルケッチァーノの一番人気パスタは、「ウニと明太子のスパゲッティーニ」でした。こちらの「マッシュルームのクリームソーススパゲッティーニ」は二番手。

ウニと明太子は、店の売り上げにも貢献してくれていたのですが、常に2位だった地元のマッシュルーム生産者さんをスターにしたいと思い、ウニパスタを禁じ手にしました。

すると、それまでマッシュルームパスタを食べたことがなかったお客様も注文してくださるようになり、口コミで評判がさらに広がり、今ではアルケッチァーノを代表する、超大人気パスタになりました。

食材は地元山形県舟形町の高品質なマッシュルーム。このパスタの人気が上昇するのと競うように品質が向上し、いまや品質日本一とまで言われるようになり、日本有数のマッシュルームの生産地になりました。

大得意なパスタを封印してでも地元食材、地元生産者さんをヒーローにする。その気概が結果的に、多くの人を呼び込むメニューになりました。

仕込みレシピ

マッシュルームペースト

材料（作りやすい分量）

マッシュルーム ……………………… 500g
塩 ………………………………………20g
コンソメスープ ……………… 600㎖

作り方

① マッシュルームを手で半分くらいにつぶし、浅いバットに広げる。
② ❶に塩をふってよくまぜ合わせ、ラップをかけて1日置く（翌日には黒くなっている）。
③ コンソメスープを温めて❷を入れ、沸騰させてアクを取り除いたらポットに入れ、しっかりラップで覆い、容器ごと約40分湯煎する。
④ ❸からマッシュルームを取り出してミキサーに入れ、マッシュルームがミキサーの中で回る適量のコンソメスープを加えて回し、ペースト状にする。
⑤ ❹で使わなかったコンソメスープの残りは、マッシュルームのだしとして使う。

＊ コンソメスープの代わりに、クリアなブイヨンにしょう油を少し足してもよい。

キノコのクリームソース

材料（作りやすい分量）

シイタケ ……………20個
エリンギ ……………10本
マッシュルーム ………20個
無塩バター …………… 70g
塩 …………………… 適量
黒こしょう …………… 適量
ピュアオリーブオイル … 少々
ニンニク（みじん切り） …………………… 大さじ1
ツナ ……………………… 150g
白ワイン ……………… 40㎖
ベシャメルソース …… 1.2kg
牛乳 ………………… 600㎖
鶏のブロード …………100㎖
生クリーム ………… 200㎖

作り方

① シイタケは4等分のそぎ切り、エリンギは長さを半分にしてから縦3ミリ幅に薄切り、マッシュルームは縦4等分に切る。
② フライパンを加熱し無塩バターを溶かして❶を炒め、茶色く色づいたら、塩と黒こしょうを少し振る。
③ アルミパンに少量のピュアオリーブオイルとニンニクを入れて炒める。オイルにニンニクの香りが移ったらツナと❷のキノコを加え炒める。白ワインを入れ、煮つめる。
④ ❸にベシャメルソースを少しずつ加えてよくまぜる。
⑤ 牛乳を少しずつ❹に入れて滑らかにする。アルミパンの中がふつふつとしてきたらまた牛乳を入れ、再びふつふつしてきたら残りの牛乳と鶏のブロードと生クリームを加える。
⑥ 最後に塩と黒こしょうで味を調える。

＊ キノコを香ばしく炒めるのがポイント。
＊ このソースにマッシュルームペーストを入れると、マッシュルームのクリームペーストになる。

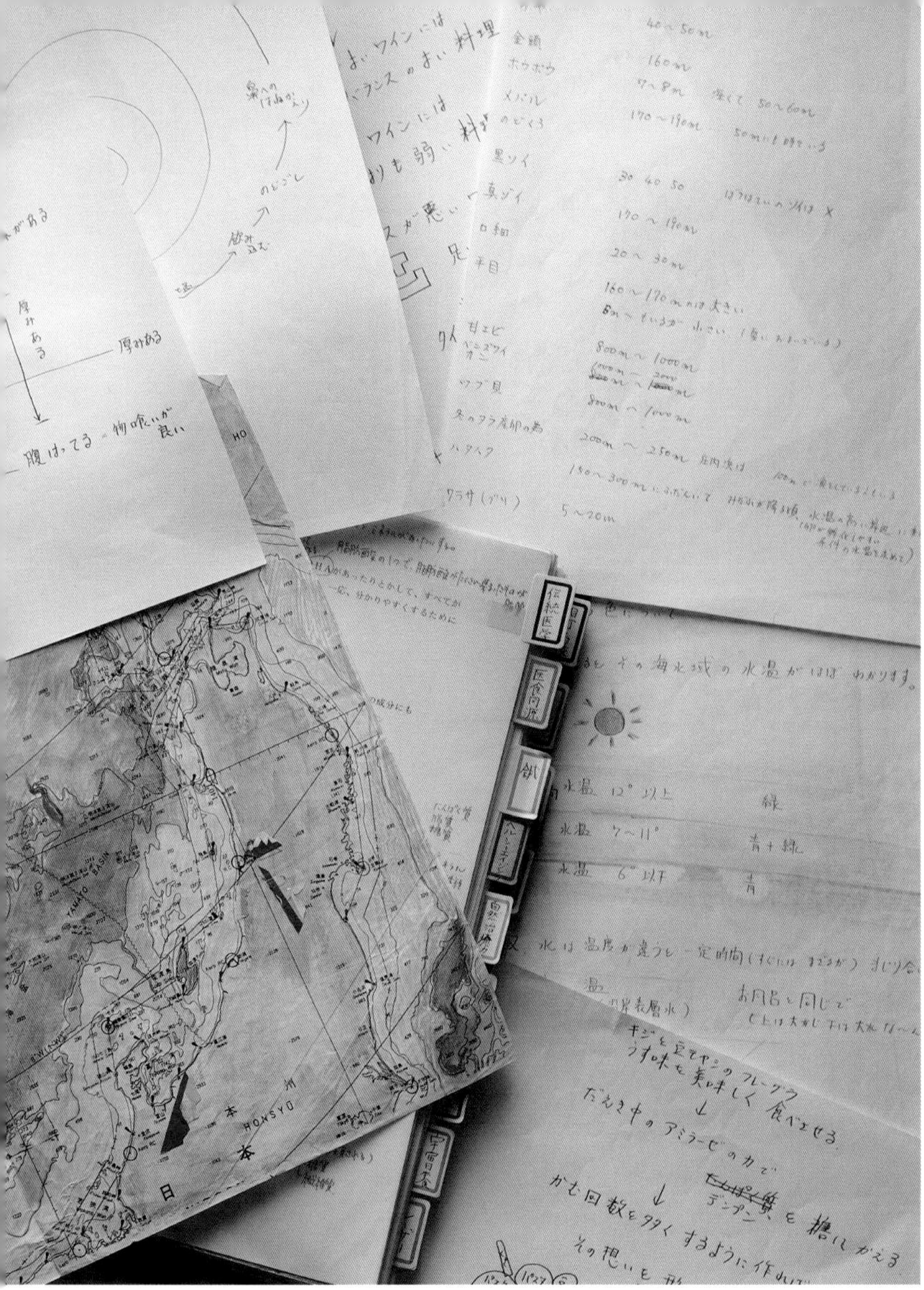

第2章

食材との対話のレシピ

食材は
塩とミネラル以外は
全てが生き物

牛も
ワラサも
小松菜も
サクランボも

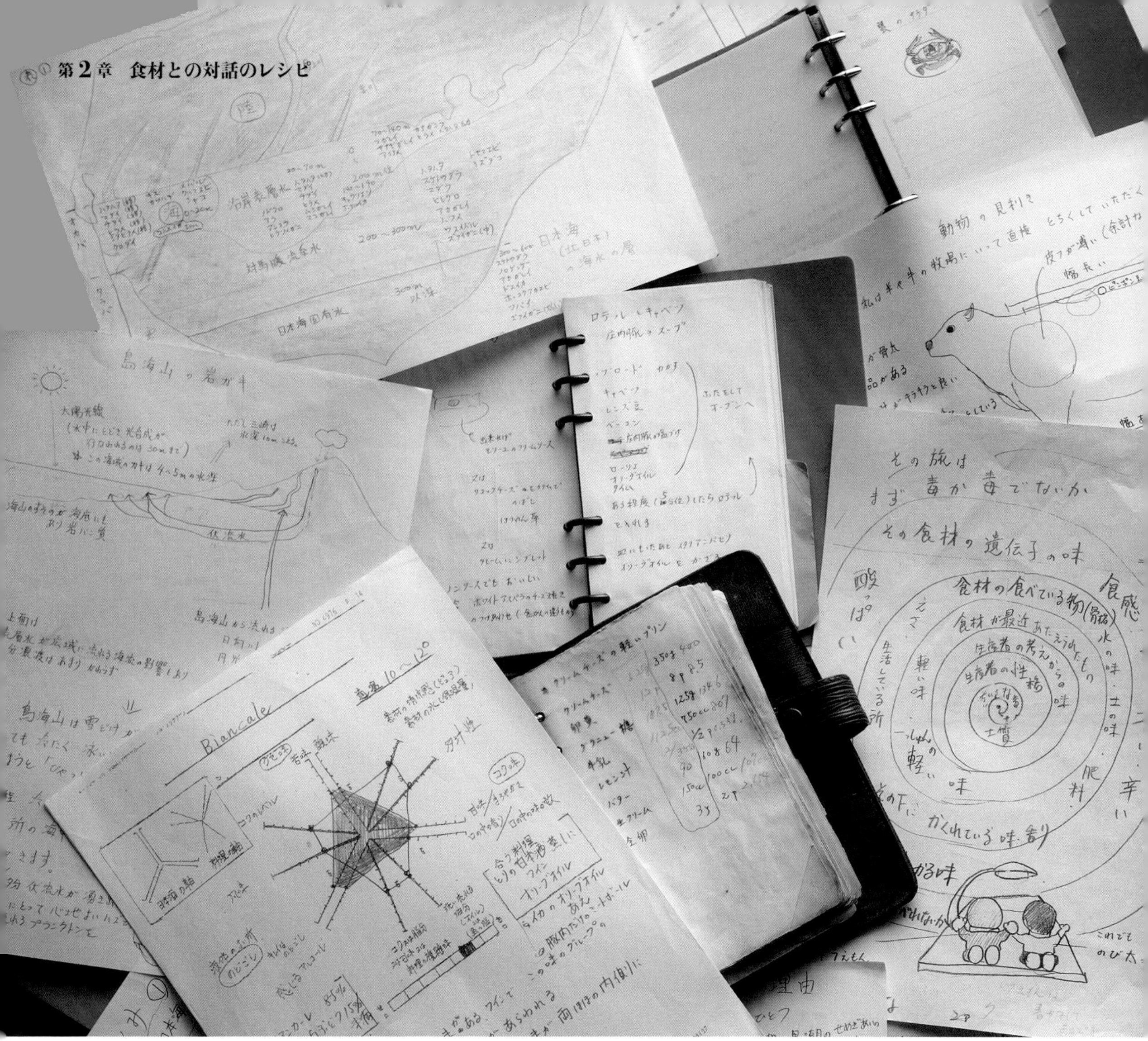
鳥海山の岩ガキ
その旅は
まず毒が毒でないか
その食材の遺伝子の味
動物の見利き
日本海

お茶やコーヒーだって
みんな生きていた

その
生きていた時間と空間と
遺伝情報は
味に現れる

味は
命の履歴書

地球に感謝したくなる料理を目指して

「食べる」ということは、この世の誰しもが関わることです。

生きているものの命をいただいて、自分の命を生きる。地球上の生きとし生けるものたちの宿命です。

この宿命の下に、食べ物で人を喜ばせる使命を負った料理人にとって、この何年かは試練でした。

コロナ禍で、人間はそれまでの行動を制限されました。特に人が密集する都市部の変容ぶりは想像を超えました。

レストランはどこも静まり返り、追い打ちをかけられるように、営業制限まで課されました。

混乱が起きるということは、変化を求められているということです。

密集した所ほど壊されたので、次は分散していくに違いない、これは地方回帰を暗示しているのではないかと思ったら、本当にその流れがいま来ています。

「人も料理も、変わる時が来た」と私は思いました。

店の営業が思うようにできないというジレンマを抱える中で考えていたのは、地球のことでした。

思えば人間は、自分たちの都合に合わせてだいぶ好き勝手に壊したり汚したりして、地球にダメージを与えてきました。

感染症の混乱を経て、私はここでいったん立ち止まり、地球が良い方向に発展できるように舵を切るべきじゃないかと思ったのです。

私の根底にある「食べることは、生きることの本質であり、暮らしそのものである」という考え方は、私の生まれ育ちに由来します。

料理人の子に生まれ、食堂を営む家で育ち、料理人の道に入った私は、幼少期から今に至るまで、食べ物の「味の魅力」のとりこです。

私の地元の山形県庄内地方は、緑豊かな月山と鳥海山が水を作り、赤川と最上川を伝って潤いがもたらされた庄内平野では、米や野菜などの作物が豊富に実り、多種多様な魚介が棲む日本海に囲まれた地域です。

庄内の自然に育まれた、たくさんの種類の食べ物が、素材の持ち味そのままでおいしい。

この豊かな大地と海で育まれる第一次産業を守り、発展させ、未来につなげること、それが私の考える地方再生です。

生活や社会の中に、「食文化」が根差す暮らしは、人の気持ちを豊かにし、心を穏やかにし、社会に活力をもたらします。

四季のある日本の、暮らしの豊かさの本質とは、季節折々の食文化の豊かさだと私は思うのです。

季節が巡るごとに時期ものの野菜や魚介が変わる。山菜や野草やキノコが季節を運んでくれる。それを心待ちにし、料理をし、食卓に並べ、食べ、おいしいと微笑む。

それを毎年繰り返しながら、あぁ、今年もこの食べ物の時期がやってきたと思える喜び。

毎年季節がめぐるたびにやってくる「味」に出会えるたびに、私はいつも心の底から感謝の気持ちが湧いてくるのです。

日本人の八百万の神への信仰は、そうした自然への感謝の気持ちから、自然に心に湧き上がってきた観念だと思います。

「いただきます」「ごちそうさま」の言葉。豊作や大漁を願う伝統の祭り。

だだちゃ豆のプラリネをかけたカニとロメインレタス

そうした暮らしの中に染み込んでいる、日常にある自然との対話が連綿と続いている日本。そんな日本人の生き方を私は誇りに思います。

日本を見渡すと、大都市部を除くほとんどの地域には、庄内と同じように田んぼや畑があり、漁港があります。酪農も全国各地で盛んです。

庄内でこれまでしてきた「食で地域を復興する取り組み」を全国で展開すれば、日本はもっと元気な国になれるはず。

そう思い、いろんな地域から呼ばれて料理をする仕事をお役目として請け負ってきました。

料理人だからこそ伝えられることがあると思うのです。

コロナ禍を経て、私の料理に対する考え方は変わりました。

いま私が作りたいのは、食べた人が、地球に感謝したくなるような料理です。

自然に感謝しながら料理する。

食材に感謝しながら味を作る。

調理機器を使って高速でかき混ぜたり、高圧をかけたりするような、食材に無理をさせない料理。

人の血となり肉となる料理。

人の心と体のためになる料理。

食べ物の持ち味とは、その生き物の「命の履歴書」です。

どんな遺伝子を受け継ぎ、どんな環境で育ったか、どんな餌を食べていたか。それらが全て味に現れる。

ですから味は、その命が生きてきた物語そのもの。それを覆い隠したり、かき消したりしないように料理して、食べていただく。

料理を食べて、

「おいしかったよ、作ってくれた生産者さん、ありがとう」

もしそこまで思いを馳（は）せてくれたなら、それは生産者を元気づけてくれるでしょう。

さらに食材そのものに対して、

「君はこんな味だったんだね。こんな味でいてくれてありがとう」

と思ってもらえたなら、食材の持ち味をそのまま伝えることができ、料理人冥利につきます。

さらにその先の、

「こんな味を育んでくれた地球、ありがとう」

と思っていただけたなら。これがこれからの私の目標です。

料理を食べて、その食材の物語や、育まれた風景にまで想像が及んでいただけるような料理を作りたい。私もまだ道半ばです。

味のタイムトラベル

食材がどんな遺伝子を受け継いで、どんな環境で育ったか、味から探ることができます。

味を緻密（ちみつ）に分析できることで、

1. 絶対的相性の食材を探すときに役に立つ
2. 組み合わせる食材との比率を考えるときに役に立つ
3. 香りを立ち上がらせる手法を探すときに役に立つ

この能力は自分の中で養っておくとよいです。

私は漫画の「ドラえもん」を読んで育った世代なのですが、タイムマシンに乗って時間をさかのぼるドラえもんとのび太くんのイメージで、味から、食材の時間をさかのぼっていきます。

トマトの味の時間をさかのぼってみましょう。

まずは、それがトマトだという認識と、味の先入観を捨てます。

そして、これは人間にとって毒か毒ではないか、という感覚で注意深く、最初のひと口をかじります。

もしそれが毒ならば、薬のような嫌な苦味や未熟な果実が放つ渋味といったような、体が拒絶する味がするでしょう。

毒ではない、という関門をくぐったら、次に感じ取るのは甘い、適度に酸っぱいというような、遺伝子が引き継いだトマトの主たる味です。

食材が生まれ持つ味で、トマトが進化の過程で自ら身にまとった味なので、私は遺伝子の味と呼んでいます。

次にトマトが抱き込んでいる水に注目します。

細胞の中に閉じ込められている水にはトマトが育った環境の味が溶け込んでいます。トマトの成長過程で、外側から与えられたものの味です。

水に注目するのは、水に溶け込んでいるミネラルの割合によって食材の味が変わるからです。

私はひと皿の中で組み合わせる食材はできるだけ同じ川沿いのものを使いますが、それは含まれる水の味のバランスが同じなので、味が共鳴しやすいからです。

次に感じ取るのは、トマトが植えられていた土です。土の性質と微生物の生息具合や肥料によっても、トマトの味は大きく左右されます。

良質の動物性堆肥が与えられていると、香りに甘さとモワンとした膨らみが出ます。自然農法など植物堆肥で育ったトマトは、甘さが少なくあっさりとした味で香りが弱い。痩せた土や強風地帯のトマトは味が野生的です。

また、ツンとした嫌な苦味を感じたら、農薬など化学的なものが与えられた可能性があります。

ここまでは味覚で判別できる味です。もっと味を深く探るために舌と心を磨くと、口の中に広がる香り、食感、味の一粒一粒からさらに多くの情報を読み取ることができます。

例えば野菜を収穫した後に付着したものが、トマトの表面に小さな点として残っていることがあります。

ゴム手袋や段ボールの匂いがするとか、物置の古いホコリの香りが移っているなど、もし香りに違和感があるならばこれらの要因かもしれません。

味の全体のバランスから探ることができるのは、生産者の人柄です。実直で真面目な性格の持ち主だとか、朗らかで明るいとか、生産者の性格を感じ取ることができます。

味のタイムトラベルができるように

味のタイムトラベル

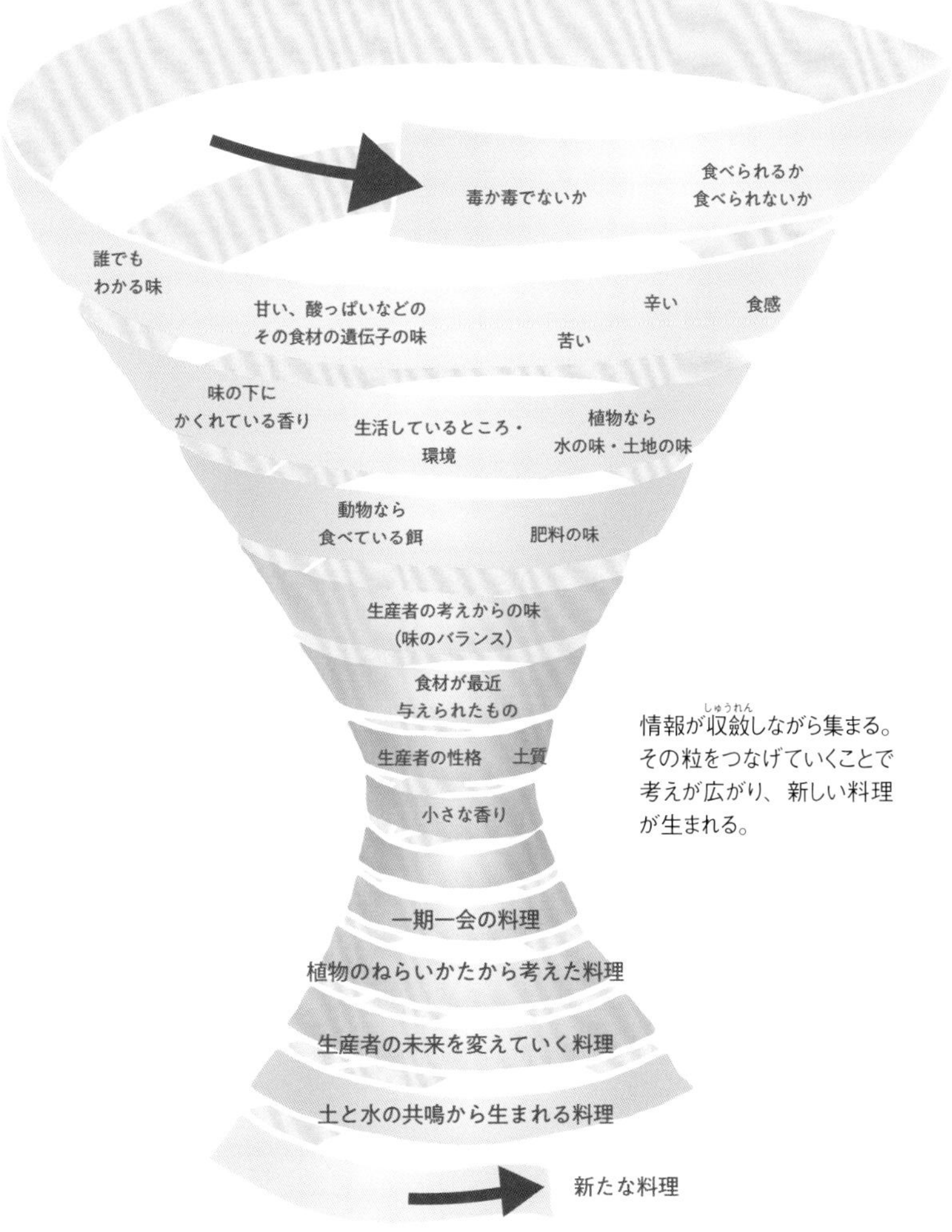
毒か毒でないか
食べられるか
食べられないか
誰でも
わかる味
甘い、酸っぱいなどの
その食材の遺伝子の味
辛い
食感
苦い
味の下に
かくれている香り
生活しているところ・
環境
植物なら
水の味・土地の味
動物なら
食べている餌
肥料の味
生産者の考えからの味
（味のバランス）
食材が最近
与えられたもの
生産者の性格　土質
小さな香り
一期一会の料理
植物のねらいかたから考えた料理
生産者の未来を変えていく料理
土と水の共鳴から生まれる料理
新たな料理

情報が収斂（しゅうれん）しながら集まる。
その粒をつなげていくことで
考えが広がり、新しい料理
が生まれる。

なると、味から、野菜の育った場所の風景を思い起こすことができるようになります。

これが、その食材を主役にした料理を考える際の手掛かりになります。

どんな景色のどんな風の吹く所で育まれた食材かがイメージできると、そこから料理の発想が湧いてきたり、組み合わせる食材を思いついたりします。

この感覚を磨いているうちに、私は手の匂いから、その人が食べたものを言い当てられるようになりました。

人間が食べたものは、消化されると血管を通って全身をめぐります。最初に左脇の下を通って、左手の甲の血管に達するのが、食べてからおよそ6時間後です。

このとき手の甲の表皮に近い血管を通して香りが揮発する感じがあります。ここを過ぎると香りは失われるので、右手の同じ箇所からは香りません。

左手の甲の匂いを嗅いだとき、鼻の内側に匂いの粒がくっつきます。白い食べ物の香りがするな、とかしょうゆの焦がしたような茶色い香り、というように香りの特徴があるのです。

その香りが醸す雰囲気から、ヨーグルトだなとか、牛丼だというように食べたものが想起されます。

料理の香りの三段階

香りは、食べ物を食べるとき、味と同等かそれ以上に重要な要素です。

香りの効果を最大限に高めると、料理は、ソースを使わなくてもおいしく食べることができます。

香りがどんな効果をもたらすか、コーヒーで説明します。

入れたばかりのコーヒーは、カップを口に近づけると、最初に酸味を含んだ香ばしい香りが鼻の中に入ってきます。（①）

ひと口飲むと、苦味と酸味が程よく絡み合って舌を覆い、同時に口に含まれたコーヒーから立ちのぼるコーヒー豆の甘い香りが、口の奥を通って鼻の奥に届きます。（②）

口の中では、苦味と酸味と香りが混じりながら喉へと運ばれていき、通過していく舌ではコーヒー豆の心地よい苦味と甘味を感じ、飲み込む際には香ばしくふくよかなコーヒー豆の香りが喉の奥から鼻に抜けていきます。（③）

これが、冷めたコーヒーを温め直したものならばどうでしょう。

コーヒーカップを鼻に近づけると、湯気から温かさは感じますがコーヒーの香りはほとんどしません。

ひと口飲むと、嫌な酸っぱさと、豆の味から分離して一層際立った苦味が、別々に舌を刺激します。

口の中では、コーヒー豆の味が小さく主張しながら喉へと向かいますが、すぐに消え、飲み込む頃には酸味だけが残ります。

入れたてのコーヒーにあって、温め直したコーヒーにないもの。

それは、次々に立ちのぼってくる香りです。

香りのあるコーヒーは、香りが酸味と苦味とコーヒー豆の味を一つにまとめてくれます。

香りがそれらをひとまとめにして包み込んで喉に運んでくれるので、人間はその複雑な味を重層的に感じるのです。

この重層感を人間は「コク」と錯覚します。この、香りのもたらす錯覚が重要なポイントです。

一方の、香りの立ちのぼらないコーヒーは、バランスの悪い酸味と苦味とコーヒー豆の味が、バラバラなまま舌を通過していくので、味のまとまりがありません。当然重層感もありません。

コーヒーの例から分かるように、香りは、飲むまたは食べる行為において、とても重要な役割を果たしているのです。

左の図に示したように、香りは3つの段階に分けることができます。

第一段階は①の鼻から入ってくる香りです。

鼻先で感じる香りは、人間が本来、食べ物かどうかを判断するために使われていた箇所なので、鋭敏です。これを「香りの第一アタック」と呼んでいます。

第二段階は②の「口の中で立ちのぼる香り」です。①とは感じる箇所が違い、嗅ぎとる香りも違います。①よりも甘い香りを嗅ぎ分けます。

第三段階は③の、飲み込むときの「喉から鼻に抜ける香り」です。

食べたものをごくんと飲み込むとき、人間は口を閉じます。口内では、蓋が閉じられた状態で喉は食べ物を喉の奥へと引っ張りますので、口の中が瞬間的に真空のようになります。

そして飲み込んだ瞬間、喉は食べ物を下に送り込むために閉まって持ち上がり、残った食材の香りが、唯一の空

香りの三段階

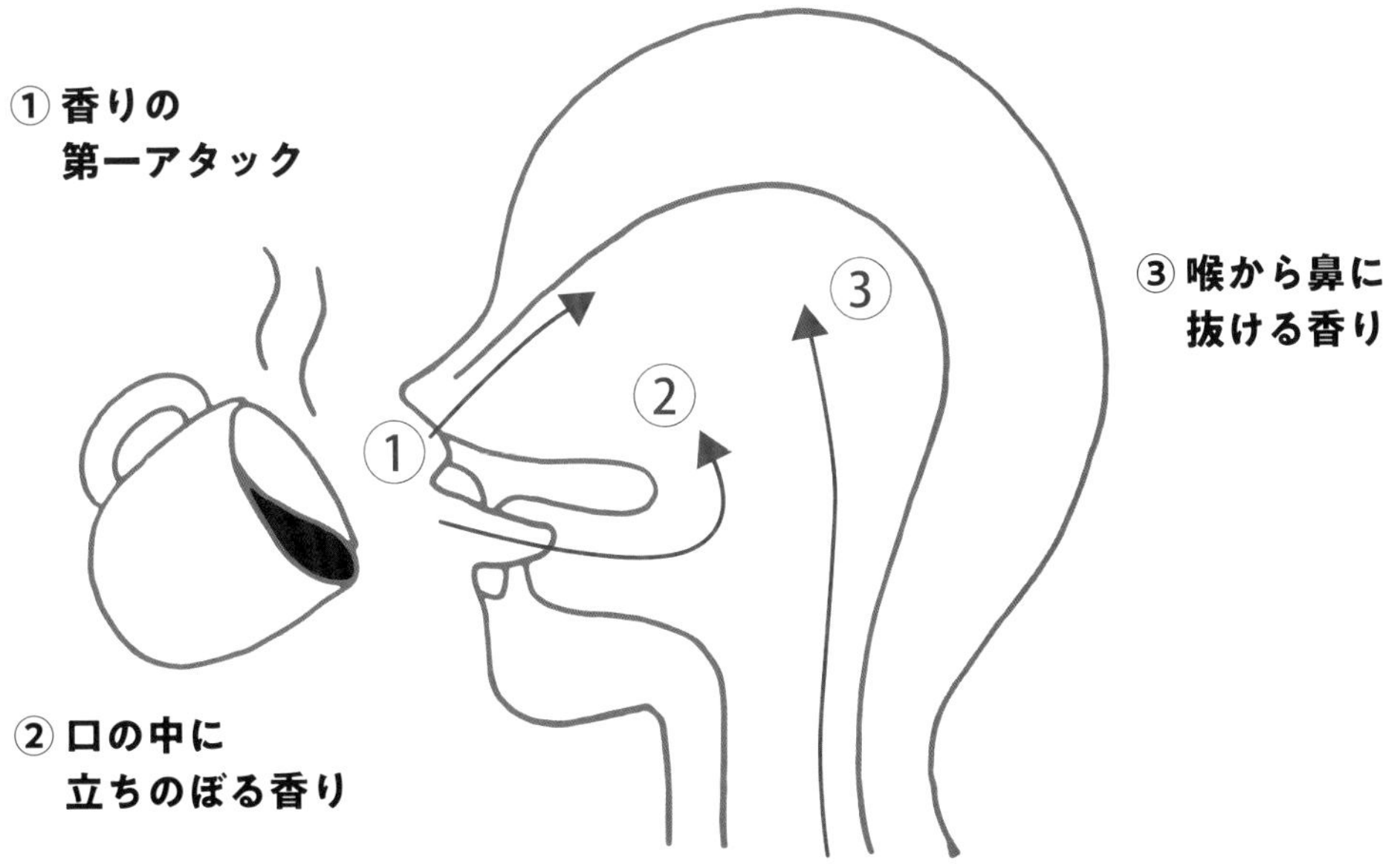

① 香りの
第一アタック
② 口の中に
立ちのぼる香り
③ 喉から鼻に
抜ける香り

気孔である鼻穴に向けて移動します。

これが飲み込む際の鼻に抜ける香りで、鼻の一番奥で感じます。食べるという行為の中で、一番香りを楽しめる瞬間です。

喉にも味をキャッチするセンサーがあり平面的な味をとらえていますので、飲み込むという一連の動作のタイミングが、「舌で感じた味の余韻」「鼻に抜けていく香り」「喉で感じる味」を一度に味わい、さらに「お腹が満たされる安堵感」が加わり、満足感が一番高まる瞬間です。

このことから私は、食材の組み合わせで口の中に香りの重層感を生み出すことができれば、人間はそれをコクと錯覚し満足するので、「香り＝コク＝ソース」となり、香りがあればソースは要らないと考えました。

香りがソースの役割を果たしてくれるとすると、料理の完成は口の中です。つまりお皿の上の料理は完成形ではまだない。

口の中で、噛むことによって最後の調理が行われるという前提で、お皿までの調理をしなければなりません。

ソースを使わずに香りを重層的に立ちのぼらせるには、口に入った食材から香りを発生させることが必要です。

そして、発生させる香りがどの段階で一番高まるかも逆算します。

香りの三段階を食材を口に入れてからの経過時間で分割すると次のようになります。

①口に入る瞬間の「アタック」
②3回噛んだときの「5秒後」
③飲み込む瞬間の「10秒後」

③の10秒後に最も香りが出てきて味の重層感が感じられるようにするには、お皿の上ではまだ細胞を壊さないでおく必要があります。

噛むことで食材の細胞が壊れて、違う食材と混じり合ったときに生まれる新たな香りが、③のタイミングで寄せる波のように次々に立ちのぼることを目指して、料理において食材をカットし、加熱をします。さらに噛む回数も計算に入れます。

香りの持続時間が長い食材は、③を10秒後ではなくそれ以上に長引かせて、口の中で感じる時間を延ばして楽しませてから③に移る、ということも食材の調理の仕方を工夫し噛む回数をコントロールすることでできます。

口の中で噛むことで料理が完成する料理は、お皿の上では一見するとシンプルですが、緻密な食材の組み合わせの設計があるのです。

食材に感謝したくなる味の作り方

「おいしさ」とは何でしょう？

おいしい料理を作ろうというときに、おいしさをどう捉えているかによって、料理の方向性は大きく違ってきます。

あなたは、自分の中でおいしさの軸をきちんと持っていますか。

私の考えるおいしさは、「命まるごとそのままの味」です。

一つの生命体をまるごと全部食べる。これが本物のおいしさだと思います。

カキならば、殻のまま焼いてそのまま頬張る、このときの味が本物のおいしさ。完全体の味。

お店で焼きガキを注文すると、レモンが添えてあり、ポン酢醤油や柚子胡椒などの調味料と一緒に出されるのは、カキが水揚げされてから時間が経ち、体の分解が始まって香りに生臭みが混じってくるので、それをかき消すためです。

自然を生き抜いてきた野生の生き物は、体のバランスが取れているので、味のバランスも良い。よって新鮮なうちに食べるならば調味料は要りません。

では、生き物の一部だけを切り取って食べる場合はどうでしょう。

牛を例に考えます。牛は一頭をまるごと食べることはできませんので、必然的に一部を切り取って食べることになります。

牛肉のフィレ肉をそのままフライパンで焼いて口に入れると、味に物足りなさを感じます。塩気が欲しいとか、ソースをかけたいなどと思うでしょう。

食材の一部分だけを食べると、何かを補いたいと感じます。つまり一部分が欠けた味です。

完全体の味を目指すならば、まずは体のバランスの取れた個体の動物を探します。

例えば良質の牧草を食べて育った健全な牛を選び、フィレ肉を切り出し、その牛の骨からフォン・ド・ボーをとってソースを作り、肉とソースを一緒に食べると、その料理は一体感のある味になります。

牛肉の欠けた味に対し、同じ牛の骨の旨味と、その牛の脂肪比率と同等になるようにバターなどの油脂分を加えることで、完全体の味に近づけることができます。

しかし現代の流通事情を考えると、肉片と同じ個体の骨を調達することは難しくなっています。厨房の注文で届く肉は大抵は個体が別だからです。

では別の個体の牛の骨から取ったフォン・ド・ボーでソースを作った場合はどうでしょう。

欠けた部分は、ある程度は補われますが、完全体の味にはなりません。

肉片とは別の個体の牛は、違う環境、違う餌で育っていますので、完全に調和せずにどこかに違和感が残るかまたは、味が物足りないと感じる。その料理の味からの感動がないのです。

これを解決するために一般的に取られている方法が、ソースの味を強くするというやり方です。

フォン・ド・ボーに対して、甘味、酸味、辛味、ハーブ類など味を足していき、味の数を多くします。

ソースの味の数が多いと、肉の味にフックする確率が高くなりますので肉の欠けた味の部分はごまかせますが、牛肉の味はソースの味に覆い隠され、ソースの味が前面に出てきてしまいます。

この料理を食べたときには、舌がソースの味に魅了されますので、ソースの味しか記憶に残りません。

おいしさとは完全体の味である

殻付きカキ

自然そのままの
神々しい味

海水を含んだカキをまるごと焼く

↓

自然を生き抜いた命を
環境ごと全部食べるからおいしい

＝

一生命体として
バランスの取れた味

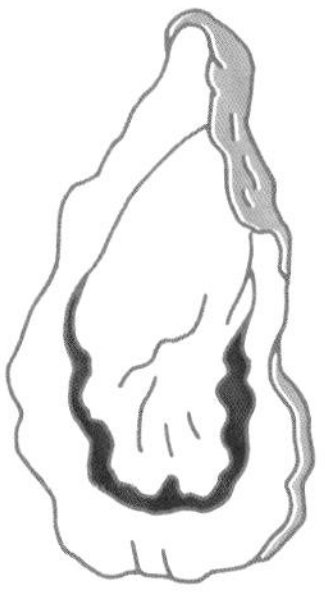

フィレステーキ

動物を解体して一部を食べる

↓

そのままでは味が足りない

＝

生命体として一部が欠けた味

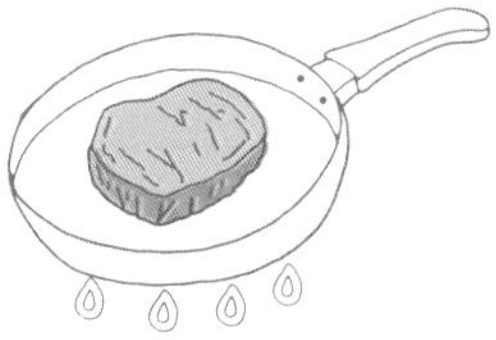

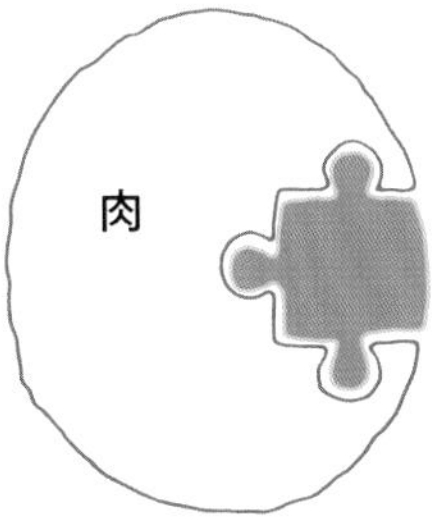
肉

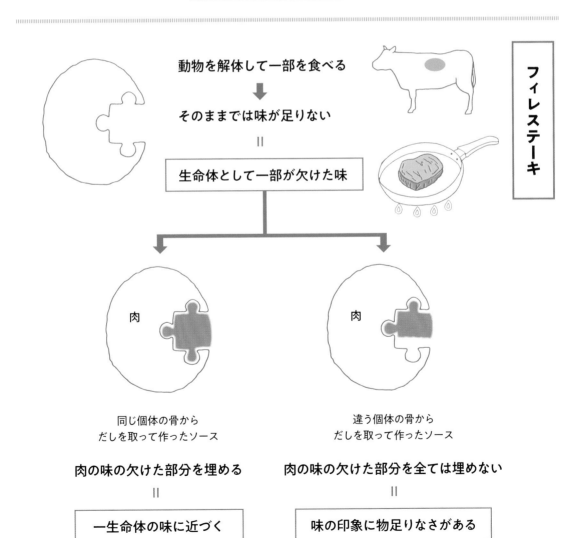

同じ個体の骨から
だしを取って作ったソース

肉の味の欠けた部分を埋める

＝

一生命体の味に近づく

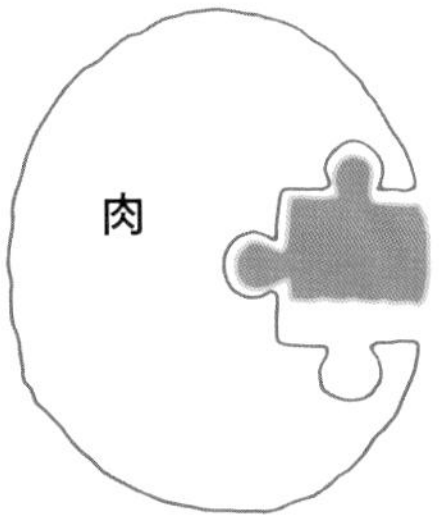
肉

違う個体の骨から
だしを取って作ったソース

肉の味の欠けた部分を全ては埋めない

＝

味の印象に物足りなさがある

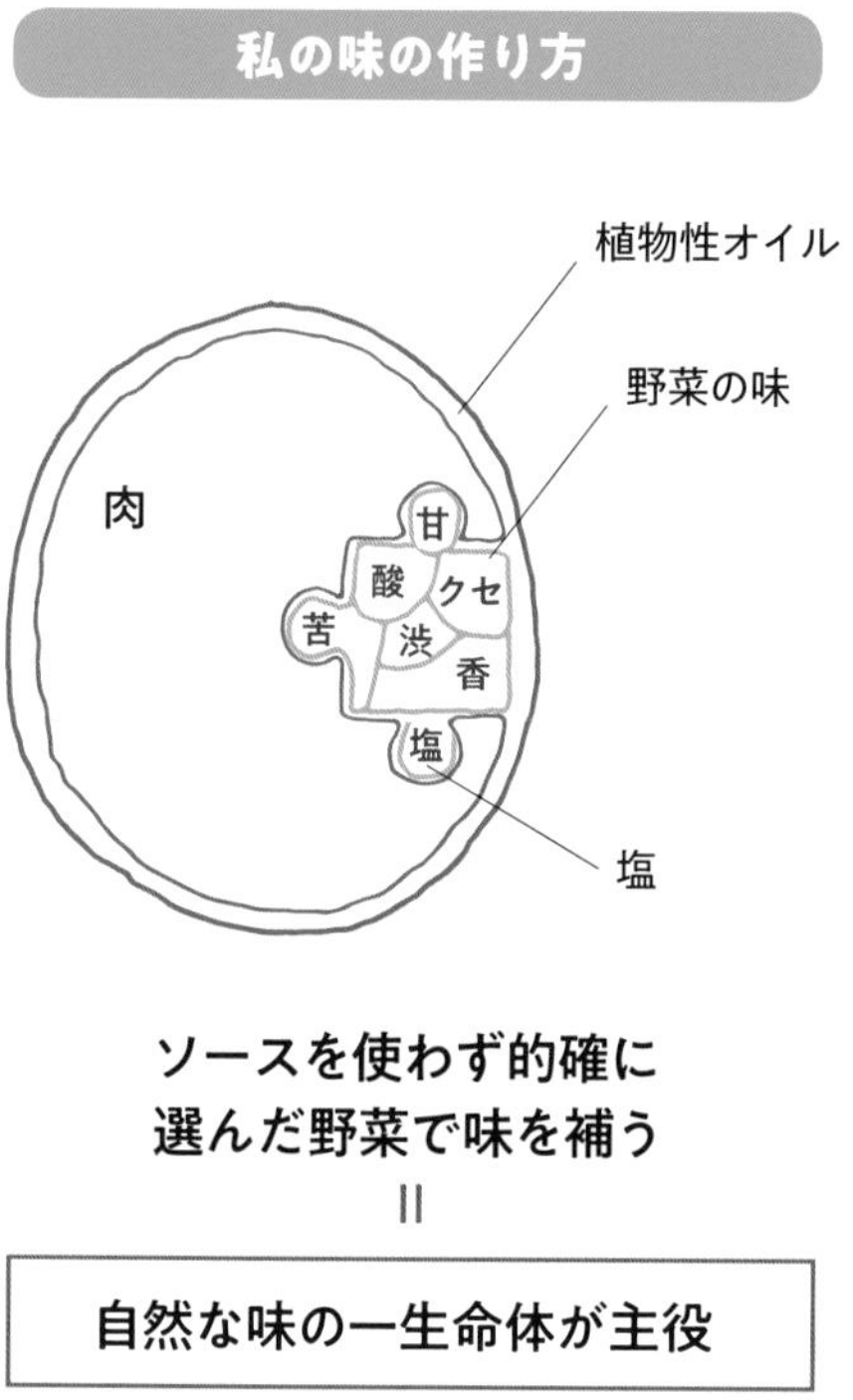
私の味の作り方
植物性オイル
野菜の味
肉
甘
酸
クセ
苦
渋
香
塩
塩
ソースを使わず的確に
選んだ野菜で味を補う
＝
自然な味の一生命体が主役

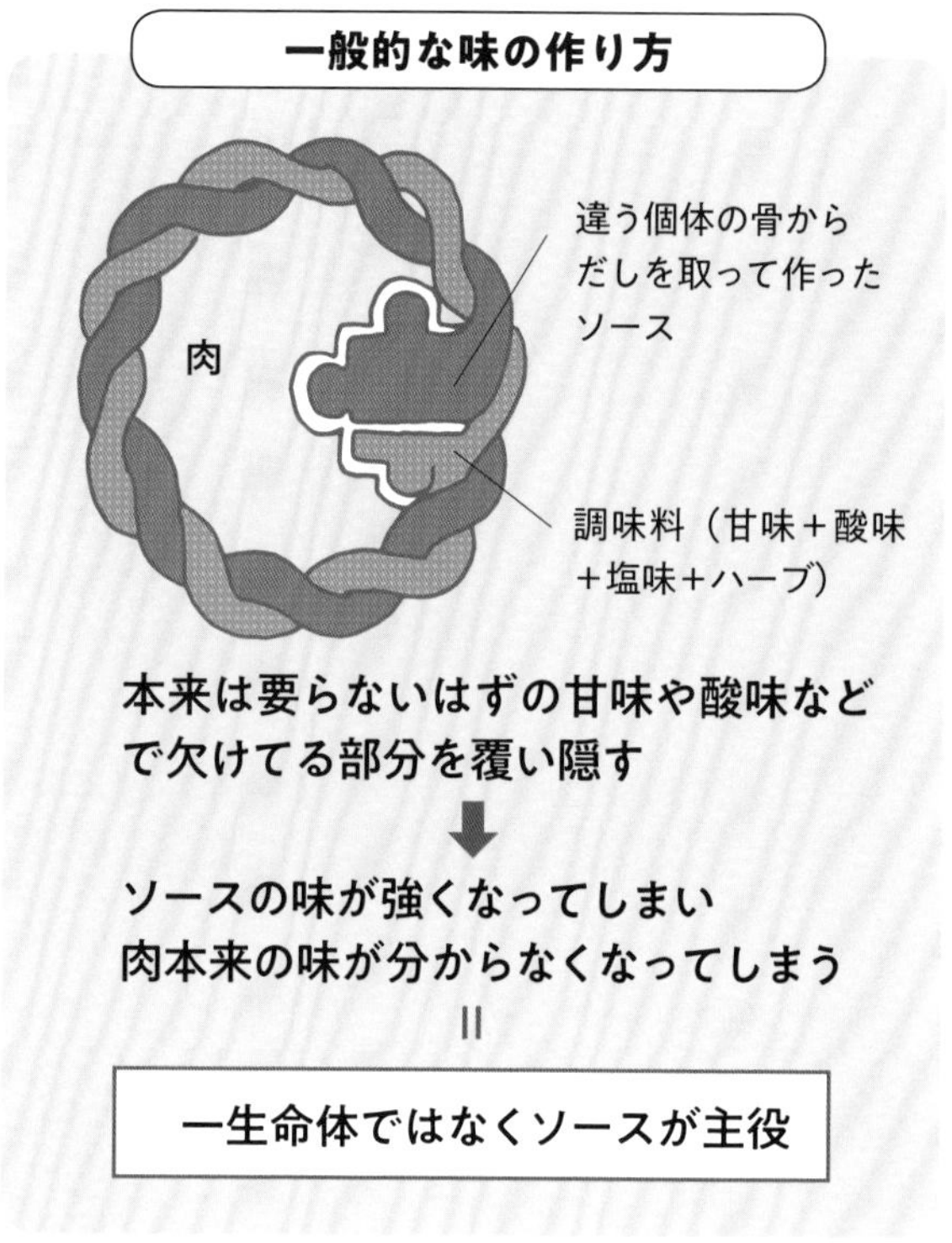
一般的な味の作り方
肉
違う個体の骨から
だしを取って作った
ソース
調味料（甘味＋酸味
＋塩味＋ハーブ）
本来は要らないはずの甘味や酸味など
で欠けてる部分を覆い隠す
ソースの味が強くなってしまい
肉本来の味が分からなくなってしまう
＝
一生命体ではなくソースが主役

この料理を作った料理人は、あなたのソースがすばらしいと評価されるでしょう。するとこの牛肉の料理は、食材ではなく、ソースを調合した料理人が主役になります。

私は、食材を主役にした料理を作りたかったので、パスタなど一部を除いて、素材の味を覆い隠すソースを封印しました。

ソースを使わずに、どのように牛肉の欠けている味を埋めるのか。

私なら、野菜で味を補いながら、野菜で口当たりをさっぱりとさせ、野菜の力で肉の香りを上げていきます。

野菜には、その特性として、「動物性タンパク質または動物性脂質と出会ったときに香りが高まる」という作用があるのです。

こうなりますと、料理の成功は組み合わせる野菜の選択にかかっています。

どの野菜を使って、どのように味のバランスを取るかが重要なので、肉の断片を味見して、肉の中に潜んでいる香りから、共鳴する野菜を探します。

一種類で見つかるとベストですが、現代の野菜は甘味のあるもの、苦味や渋み、酸味の少ないものが多く、パズルをピッタリ埋めるためには数種類の野菜を組み合わせたりハーブを多用したりする必要があります。

しかしこれを一種類の野菜でうまく合致できたのが、庄内の個性豊かな在来作物の数々でした。

一般的な野菜を使うにしても、生産者さんごとに野菜の味の傾向が違うので、それを把握しておくとよいです。

野菜を選ぶ際には、その動物が生きているときに生息していた川の流域で生産されたものを組み合わせると、味がなじみやすくなります。

さらに、同じ季節に命を落とした者同士を組み合わせることもします。

夏に命を落とした肉には、夏野菜を合わせると、熱くなった体を夏野菜が冷やすという作用が働き、香りに膨らみが生まれます。

塩の選択も重要です。自然塩は塩化ナトリウムのしょっぱみの他に、カルシウムやマグネシウムなどのミネラルを含んでいて、産地によって比率が千差万別ですので、肉に合う塩を選びます。選択を誤ると完全体の味は作れないばかりか、料理をまずくしてしまうので、必ず合う塩を選ぶこと。

パズルの欠けた部分を埋める野菜と塩を探すにあたり、肉に合うソースの味から推測すると、探し出しやすくなります。

ホクホクしたそら豆とトリュフをかけた牛フィレ

材料（1人分）

牛フィレ肉 ……………………………… 100g
そら豆（皮付き）……………………… 10 個
塩……………………………………… 適量
ニンニクオイル ………………………… 8mℓ
トリュフの皮（みじん切り） ………1/2 個分
黒トリュフ（中身）……………………… 10g
＊白トリュフでもよい

作り方

① フライパンにオリーブオイルを入れ塩を振った牛フィレ肉をミディアムレアで焼き、休ませる。
② そら豆をフッ素樹脂加工のフライパンで乾煎(い)りし、火が通って焦げ目が付いたら塩を振る。
③ フライパンにニンニクオイルを入れて、傾けて熱し、トリュフの皮を入れて香りを出す。
④ 皿に温め直した牛フィレ肉を盛り、そら豆を置き、上から黒トリュフをスライスしながらかけ、❸のトリュフオイルを振りかける。

食材は生きている

食材に対して料理人がまずするべきことは、食材のポテンシャルを最大値にして料理をすることです。

野菜は、土から掘り起こしたり、軸からもぎ取ったりした瞬間から、鮮度は刻一刻と落ちていきます。

魚も同様に水から引き上げた時点から弱り死んでいきますし、肉も命を絶った時から鮮度は落ちます。

ですがその瞬間に細胞が全て死んでしまうわけではありません。

ジャガイモから芽が出たり、ネギの芯が伸びたりするのはその野菜が生きているからですし、イカの吸盤が指に吸い付いたりホタテ貝が殻を閉じようとするのは、命が残っているからです。

まだ生きている細胞をいかに生命があったときに近づけるか。料理をする前に、まずは食材の命を呼び覚ますのです。

くたっとしなびた野菜を水につけてシャキッとさせるのもその一つです。

弱ったホタテは、調理する前にホタテが暮らしていた海の温度の海水を再現して入れてあげると、ホタテがビクンと動いて目が覚めたようにエネルギーが戻ってきます。

タラの白子は鮮度が命の食材です。白子は淡白でクリーミーな食材ですが、クリーミーさを引き立てているのが白子の周りを覆っているヌルヌルです。

このヌルヌルが、口の中で白子を踊らせ、皮がプチンと弾けたとき、クリーミーさが口に広がる。白子の食べたときの幸せ感はここにあります。

しかしこのヌルヌルがなくなると、白子のおいしさが一気に半減してしまいます。

その場合に助けてくれるのが野菜のヌルヌル族です。オクラ、長芋、自然薯、メカブなどを使ってヌルヌルを補うと、白子はよみがえります。

例えばオクラを刻んで手で少し揉むことでオクラのヌルヌルを引き出し、白子に混ぜると、不思議と白子の香りが立ち上ってきます。

この現象は、ヌルヌル族同士でも起こります。みずみずしさが失われたオクラに、長芋を刻んで混ぜると、オクラの香りがよみがえります。

すりおろしたワサビはそれだけで辛いですが、箸の先でつつき刺激を与えることで、揮発性の辛さを倍増させることができます。

ワサビの地下茎は、春に花を咲かせるためのエネルギーの貯蔵庫です。冬に虫やネズミなどの外敵に食べられないように、皮のすぐ下の部分に、ワサビの武器とも言える酵素を配備します。

この酵素はミロシナーゼと言って、ワサビの細胞が外敵にかじられて壊れたときに動き出します。ネズミの体温でミロシナーゼは活性が最高になるようにできており、酵素が動き出すと、くっついていた甘味成分と辛味成分が離れて辛さが鼻にツーンときます。

このネズミになりきって、ガジガジかじるイメージで、すりおろしたワサビを箸でトントントンとつつくことで、ワサビの自己防衛本能が目覚めたというわけです。

このように、食材を「生きている命」と捉えて向き合うと、食材の扱い方が変わってきます。

料理が私と食材の生き物同士の共同作業になって、料理そのものが生きてきます。

食材に対しても、命をいただくありがたさが湧いてきます。その感謝の気持ちを込めて料理をします。

生き物に隠れている味と香りの探し方

香りを頼りに、その生き物が何を食べていたかを探り出すことは、その生き物と組み合わせる食材を見つける際の大きなヒントになります。

イカをたくさん食べて大きくなったマグロは、イカの香りがします。マグロの身の味と香りの中にイカの香りが潜んでいるので、イカと相性のよい野菜やハーブを一皿の中で組み合わせると、マグロの味が抜群に引き立ちます。

海藻が豊富な岩場に棲んでいる魚には、海藻と同じ香りのする野菜や塩と組み合わせると、香りの相乗効果でふくよかな香りの料理に仕上がります。

大切なのは、食材からその手がかりを探り当てることです。

魚の香りの探り方です。

できるだけ新鮮な魚を手に入れます。そのときに、水で洗ってはいけません。

まず初めに鼻先だけで皮面のウロコの香りを嗅いでみます。

香りを嗅ぐときには、気持ちを鎮めて、スッと瞬間的に空気を吸い込み、鼻先に香りの粒を付けるという意識で嗅ぎます。

ウロコから、潮の香りやさわやかなよい香りがしたらその魚は新鮮です。

次に鼻の奥まで深く香りを嗅いで、その魚の育った環境を探ります。

鼻の粘膜に香りの粒を感じながら、それが何の香りであるかを記憶と想像力のデータベースから分析します。

この磯の香りは○○漁港で嗅いだのと同じ香りがするな、とか、緑が鮮やかな海藻の香りがする、といったことが見えてきます。

今度は魚の口を開けて、魚の喉の奥から立ち上ってくる香りを嗅ぎます。

すると、エビの香りがするなとか、イワシばかり食べていたなと、餌が何かが分かります。

分かりにくければ、頭を落として、胃袋を割って香りを嗅ぎます。

最後に生の切り身を口に入れて、味と香りを確かめます。

舌を平らにして力を抜いて、切り身を平たく舌の上に置きます。そのまま口を動かさずに自分の体温で切り身が温まっていくのを感じます。

10度、12度、15度と自分の体温にだんだんなじんできます。そのときに、10度で感じる香りと、15度で感じる香りは違います。

そしてその魚が泳いでいた海の温度になったときに味も香りも一番心地よく感じるはずです。

この温度変化を感じる中で、香りが最も出てくる温度を突き止めます。これが調理するときの加熱の手掛かりになります。

もし扱う魚介の漁港が限定されているなら、海に足を運び海の中の地形や海藻の分布などを漁師さんから確かめると、組み合わせる食材の手がかりがさらに増えるでしょう。

肉は、火を通して、同じように舌の上に置いて赤身部分の味の傾向や、脂の香りからどんな餌を食べているかを探ります。

肉の場合は、脂の味と香りから餌の味を分析して、同じ香りがする食材を組み合わせると肉のおいしさが高まります。

私は自分が使う食材は必ず生産現場を訪ねますが、それは何を餌として食べているかを確かめるためです。

そして飲んでいる水はどこからきているか、風はどんな吹き方をしているか、放牧か牛舎かでも筋肉の発達が違うので食感に現れます。

野菜の声を言葉に変換する

「肉は部位ごとに切り方や加熱の仕方が違うのに、なぜ野菜は全ての部位を同じ大きさに切るのだろう」

私が修業中から独立するまでずっと抱えていたのが、この疑問でした。

例えばキュウリは、ツルの付け根側と花の咲いた先の方では、水分量や甘味、苦味のバランス、食感が違います。

もしこれらの部位ごとの味に合わせて料理するならば、キュウリの部位別に最適な切り方や加熱の仕方があります。その方がそれぞれのポテンシャルを最大限に引き出すことができるわけです。

修業中に習った料理にはどれも「型」があって、そのレシピを覚え、レシピに従って料理を作りましたが、自身が厨房を仕切るようになってからは、この固定観念を捨てました。

そんな中で出会ったのが、庄内の個性豊かな在来作物の数々でした。

在来作物とは、昔から生産者が自家採取を行いながら生産を続けてきた野菜で、味が個性的すぎる、形や大きさが不ぞろい、収穫量が少ないなどの理由で市場の流通に乗らない野菜です。

一般に出回らないので食べ方も漬物や煮物などしかなく、ごく一部のニーズの中で再生産が繰り返されてきた作物です。

これが当時30歳だった私のところに、次々に「料理して」とやってきたわけですが、非常に手強(ごわ)かった。個性が突出しすぎていて、それまで私が習った料理には合わないのです。

苦すぎる、渋い、硬いが火を通すとすぐにやわらかくなって崩れるなど、まるで難解ななぞなぞを出されたかのようです。

当然ですが、それまで漬物でしか食べられて来なかった野菜に対し、既存のレシピはありません。

試しにトマトソースのパスタに入れたらどうだろうと思って作ってみても、味がどうやってもなじまない。サラダにしようとするとドレッシングをどんなにかけても味が目立ってしまっておいしいと思えない、そんな野菜たちばかりです。

そんなやんちゃな野菜に出会ったことで、私の食材に対する考え方が間違っていなかったと分かりました。

それは「味に忠実になる」ということでした。

自分の味覚を信じて、その食材の味の印象を覆い隠そうとせずに料理するというものです。

そのときに見つけた、味を生かすための方法があります。

それは、感じた味を言葉に置き換えていくというものです。

野菜を上から、横からまずはかじってみます。目を閉じて、先入観を捨てて味と対面する。

次に、感じた味を言葉に変換します。

「辛味と苦味とみずみずしさの中に土の香りがする」　（藤沢カブ）

「心地よい歯応えの後に幾重にも押し寄せてくる香りのオーケストラ」　（だだちゃ豆）

「青い香りと苦味が弾けた後に口いっぱいに広がる夏の水」（外内島(とのじま)キュウリ）

「ほろ苦さと辛味の中にウドの香り、雪解け水のような鮮烈なみずみずしさ」　（雪菜）

このように言葉を連ねて表すことで、その野菜の味の印象がくっきりとしてきます。

この言葉を手掛かりにすることで、新しい料理は生まれていったのでした。

外内島キュウリのおしゃべりなペペロンチーノ

材料（1人分）

パスタ……………………………………80g
外内島キュウリ ………………… 1.5本分
塩……………………………………… 適量
ニンニクオイル ……………………… 30mℓ
青唐辛子（2ミリ輪切り）……… 1/3本分
EXヴァージンオリーブオイル ……… 10mℓ

作り方

① 外内島キュウリの皮をむき、皮は2ミリ×4センチの千切りにする。
② キュウリの中身のツルに近い方2/3と水分の多い先の方1/3に分けて4ミリ角に切る。ツルに近い方をボウルに入れて、重さの2%の塩を振り、まぜて味見をし、キュウリのキムチの塩分と同じになるように微調整する。
③ アルミパンにニンニクオイルを入れて中火で加熱し、青唐辛子を入れ、辛味がオイルに移ったらキュウリの皮を入れて火を止めて冷ます。
④ 2.5%の塩湯でパスタをゆでる。
⑤ ゆでたパスタをお湯で0.8秒ゆすぎ、❸のアルミパンに入れて5回あおり、❷のキュウリの塩もみと残りのキュウリの角切りをのせる。
⑥ EXヴァージンオリーブオイルを回しかける。

第3章

味の組み立て方のレシピ

命を解体し
食材が生き物だったときに
経験したことのない熱を
最適な熱媒体を選んで与え

ドロンパと食べ物に化けたら

相性の良い食材を見つけ出し
長所を引き出す塩を選び

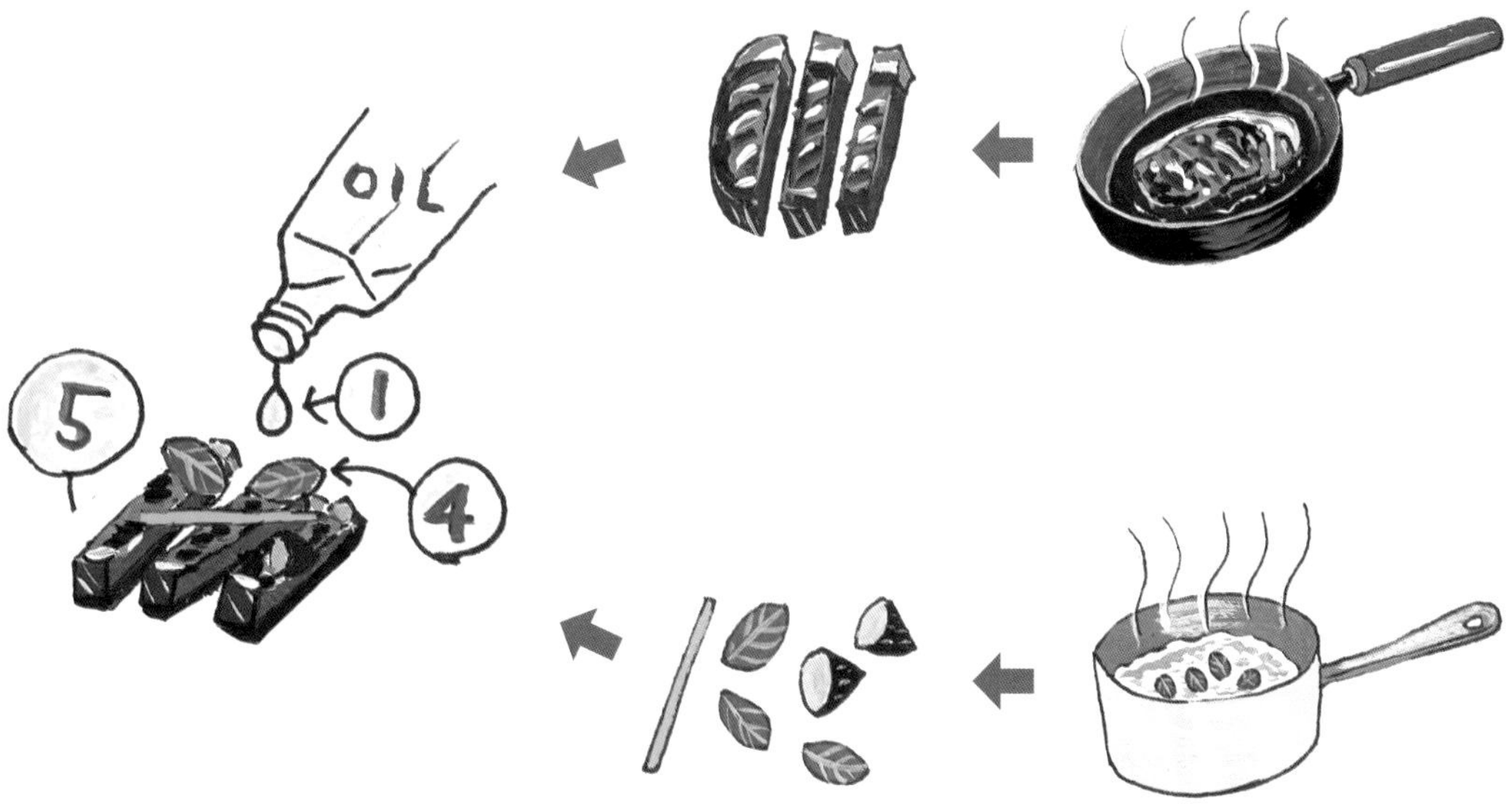
OIL
1
4
5

アクセントを加えて
5対4対1で一つにまとめる
食材を支配しない
無理させないから
食材が引き立つ
シンプルな味になった命は
皿の上でもう一度輝き
口の中でさんざめく
その余韻は
人を思考させる

味を組み立てる基本の四味
油脂味・甘味・塩味・旨味

「おいしい」と言われる料理を作ることは、実はそれほど難しいことではありません。

人間が本能的にうまいと感じる料理には、次の4つが入っています。

1. **油脂味**…動物が行動するためのエネルギーになる、体が求める味。
2. **甘味**…動物が生きるために、本能的に求める味。
3. **塩味**…ミネラルの摂取という、生物の太古からの必須栄養素。
4. **旨味**…人間の歴史の中で培われた、おいしいと感じる味。

この4つが入ったもの、それは全世界の全ての人間が最初に味わった「母乳の味」です。

これは人間の本能が絶対的に受け入れる味です。生き延びるために飽くことなく求める味。人がうまいと感じるのは、理にかなっています。

そして一般的においしいと言われる料理には、次の5つめの味が入っています。

5. **焦げ味**…火を使いこなし、焦げ目がついていればお腹を壊さないという知恵のもと生き延び子孫を残した人間が習慣化してきた味。

焦げ味には快楽的な要素が含まれます。肉が焦げた香りを嗅ぐと、人間は興奮状態になります。そして食べることに対する期待感が高まる。

そして「今ここが食べ頃だ」という、ちょうどいい焦げ具合の香りを遺伝子が記憶しています。

その証拠に、焦げすぎた香りには人間は嫌悪感を感じ本能的に避けたくなります。それらは子供の頃から刷り込まれています。

では次の2つの味はどうでしょう。

6. **酸味**…ヨーグルトの酸味を超える、食べ物が傷み始める時に出す味。これを食べるとお腹を壊すという、動物を警戒させる味。
7. **苦味**…毒の味。植物が毒だから食べるなと発する警告。

どちらも、動物なら普通は食べることを好まない味です。

しかし人間はこれを乗り越えました。

酸味は、経験から警戒しなくてよい酸味を得ました。それは発酵食という食文化を手に入れたからです。

菌によって食べ物が分解される「発酵」。ここから生まれた酸味やその成分は、人間の腸が受け入れ、人間が好きな味になりました。

また苦味は、本来は毒の味ですが、程度によっては毒にならないと人間は習得しました。多くの人に親しまれているコーヒーやビールの味ですね。

そしてこの2つは、7回舌に乗るとクセになる味です。

つまり一回食べるとまた食べたくなるという、リピートを促す味。

この2つの味が入ると人は思わず「うまい!」と言葉が出ます。この2つが入っている味の代表は、焼肉の味です。焦げ目をつけた肉を甘じょっぱいタレで食べますよね。しょう油味に日本人が飽きないのは、酸味があるからです。

残るは次の味です。

8. **渋味**…植物が、未熟な段階で自身の種を守るために発する味。

本能的には人間は避ける味ですが、食生活が豊かになり油脂分の多い料理を食べるようになると、実はこの渋味を欲するようになります。

ワインや紅茶、鰻の蒲焼にかける山椒などに含まれるタンニンの味です。口の中の油脂分を中和する役割を果たします。

また渋味と油脂が出会うとクセになる味になり、また食べたいという欲求がかき立てられます。

これら8つの味と、食感と香りを駆使して料理をするわけですが、調味料ではなく「食材の持ち味」で組み合わせようとするのが私の料理です。

さらに私は、日本人の情緒から感じ取る味を左の表のようにイメージとして言葉にしています。

料理をするときに、このように味のイメージを言葉で明確に持つことで、料理の方向性をより鮮明に表現することにつながります。

基本の四味を骨格にして、味をどう組み立てるかが料理の本質です。

【私の味の捉え方】

油脂味	舌に触れた途端に快楽的になるキケンな味。結着したりコーティングしたりするほか、酸味を中和する。糖分や心地よい苦味と出会うと快楽的な香りを出す。
甘味	動物がダイレクトにうまいと感じる味。甘味が多いとコクも感じられるようになる。苦味を旨味に変えたり、酸味を中和したり、油脂と交わると香りを出すなど、質の悪い食材でもその圧倒的な力でおいしく感じさせてしまう。
塩味	ミネラルを含む。ミネラルを摂取するために必要とした味で、ほとんどの食材は塩をかけただけで十分においしくなる。料理の中で塩を味覚にどう感じさせるかが料理の出来不出来を左右する。
旨味	料理のおいしさを決める大切な要素。旨味の弱い食材でも、旨味を補うことでおいしい食材になる。酸味や渋味、エグ味を覆い隠すこともできる。旨味の代表はだし。
焦げ味	食材を焼いたときに発生する快楽的な味。舌に当たると本能が食べ物だと認識する。焦げ味が、甘味や旨味や油脂分と出会うとその威力をより発揮する。
酸味	味見をしたときに最初に飛び込んでくる味。油のしつこさを中和したり、清涼感をもたらしてくれる。酸っぱさの種類は大まかに5つあり、刺激的な酢酸、柑橘類のクエン酸、丸くさわやかなりんご酸、少し渋味のある酒石酸、ヨーグルトや漬物など発酵による丸い乳酸。
苦味	自然界では毒の味だが美味しさを覚えてしまうとクセになる味で、高級食材はほぼ”ほろ苦さ”を持っている。味のエッジとして活用。
渋味	口の中がシワっとなる味で、自然界では好ましくない味なのだが、旨味や脂肪分やタンパク質と合わせると、クセになる味に変化する。
辛味	ホットタイプとシャープタイプの2種類ある。酸味と同じく最初にやってくる味で、ストレスがあるときに欲する味。匂いがある食材を使わなくてはならないときに使うと効果的。味の最終兵器で酸味と相性がよい。
食感	口の中の触覚を刺激する。カリカリ、グニュグニュ、パリパリ、ぬるぬるなど食感を表す言葉は多くあり、聴覚をも刺激し、料理にリズムを与えてくれる。
コク	味の数。いろんな味が重なって重層感を生み出す。多くなるほどリッチな味になる。同化する味と対比する味を複合的に組み合わせると広がりを見せる。
香り 匂い 臭み	香りはおいしさの要素の重要な部分を占め、料理に表情を与える。嗅覚の記憶は正確で、嫌な匂いは嗅ぐと記憶がにわかによみがえり、おいしく食べ慣れたものの香りや匂いからは味を想像でき、初めての臭みは警戒する。口の奥から鼻に抜ける香りを人間はコクと錯覚する。

【私が考える情緒的な味の表現】

美味（びみ）	食べ物の良い味
豊味（ほうみ）	豊かな味
風味（ふうみ）	おもむき、上品な味
滋味深（じみぶかい）	奥行きの深い味
詩味（しいみ）	詩的な味
雅味（がみ）	上品な味
芳味（ほうみ）	良い香りのある味
地味（じみ）	質素で飾らない味
至味（ちみ）	この上ない味
淡味（たんみ）	淡い味
濃味（のうみ）	濃厚な味
持ち味（もちあじ）	その素材が持っている 特徴の味
ハッとする 味	目の覚めるような 食材の味
ほっとする 味	心が落ち着く味
しみじみ	しみじみとした 気持ちになる味
おもしろみ	食材の組み合わせが 面白い味
合わせ味	組み合わせの妙を 楽しむ味

味の骨格を可視化する
～主食材を味(み)分ける

食材の持ち味を言葉にし、さらに数値化することで、食材の味の特徴をより明確に捉えることができます。

これができると、組み合わせる食材や組み合わせ方の精度が上がります。

このとき使うのが、「味覚チャート」です。

主役にしたい食材の味を3つのカテゴリーに分け、それぞれのカテゴリーに2つの要素を置いて考えます。つまりひとつの食材を6つの味の要素に分解するというわけです。

3つのカテゴリーは次のとおりです。

カテゴリー１「快楽の味」
カテゴリー２「クセになる味」
カテゴリー３「味以外の要素」

「快楽の味」は、その食材の持つ官能的で快楽的な味で、甘味やコク、隠れている香りなど、人間が食べておいしい、うれしいと感じる味です。

「クセになる味」は、毒の要素で、苦味、酸味、辛味、青臭さなど、好んで食べたいと思わない味です。

しかしこれらの要素はクセになる味でもあり、この味をうまく使いこなすことで爆発的な人気を誇る料理を生み出すこともできるので重要な要素です。

「味以外の要素」は、食感、繊維の感触などのことで、食べる側の満足度をたす要素です。

噛んだときの征服感や、みずみずしい、パサついているなどの感触もここに入ります。

この3つのカテゴリーを念頭にそれぞれ第一印象と第二印象の味を2つの軸に当てがっていきます。

アル・ケッチァーノの代表作とも言える「藤沢カブと庄内豚の焼畑見立て」で味覚チャートを解説します。

主食材となる「藤沢カブ」の味を分析します。実際に食べた印象を、言葉と10段階の数値に変換して、3つのカテゴリーに当てはめていきます。

① 初めに感じるのは「パリンという食感」です。皮は炙って柔らかくなっていますので、歯は表皮を割と容易に貫通します。すると中の生のカブの部分はそんなに固くないので、カテゴリーは味以外の要素で「歯応え」、数値は7。

② 2番目に感じるのは皮の下の辛さです。表面を炙っているとはいえ、辛さが全て消えているわけではありません。そこそこ強いシャープな辛さを感じますので、カテゴリーはクセになる味で「辛味」、数値は7。

③ 次に口の中にやってくるのは溢れる水分です。カブの中心に歯が入っていくと水が弾け出るのを感じます。カテゴリーは味以外の要素で「みずみずしさ」、数値は6・5。

④ 中心部分が砕けてきて感じるのはうっすらと伝わってくるカブの甘さです。カテゴリーは快楽の味で「甘味」、甘さは弱いので数値は2。

⑤ 噛むと、表皮から出てくる土のいろんな種類が織り混ざった複雑な香りが弱いながらもモワッと鼻の奥に上がってくるのを感じます。カテゴリーは快楽の味で「土の香り」、数値は2。土の香りは複雑な要素を秘めているので、味の数という要素に置き換えます。

⑥ 食べ進んで奥歯ですりつぶしていると、皮の苦味がじわじわ出てきて感じられます。カテゴリーはクセになる味で「苦味」、そこそこの嫌な感じのインパクトがあるので数値は6。

味覚チャートの軸に、これらの要素を書き、数値をプロットしていきます。

左の図のように、変則的な6角形ができあがりました。（茶線）これが表面をバーナーで炙って焦げ目をつけた藤沢カブの味の骨格です。

この味の分析をするときには、舌を受け身にせず、味を探りにいく感覚で集中してください。漫然と食べただけでは、藤沢かぶの④や⑤は気づかずに⑥の苦味に気を取られかねません。

（「地方再生のレシピ」94～95ページ参照）

味覚チャートの基本

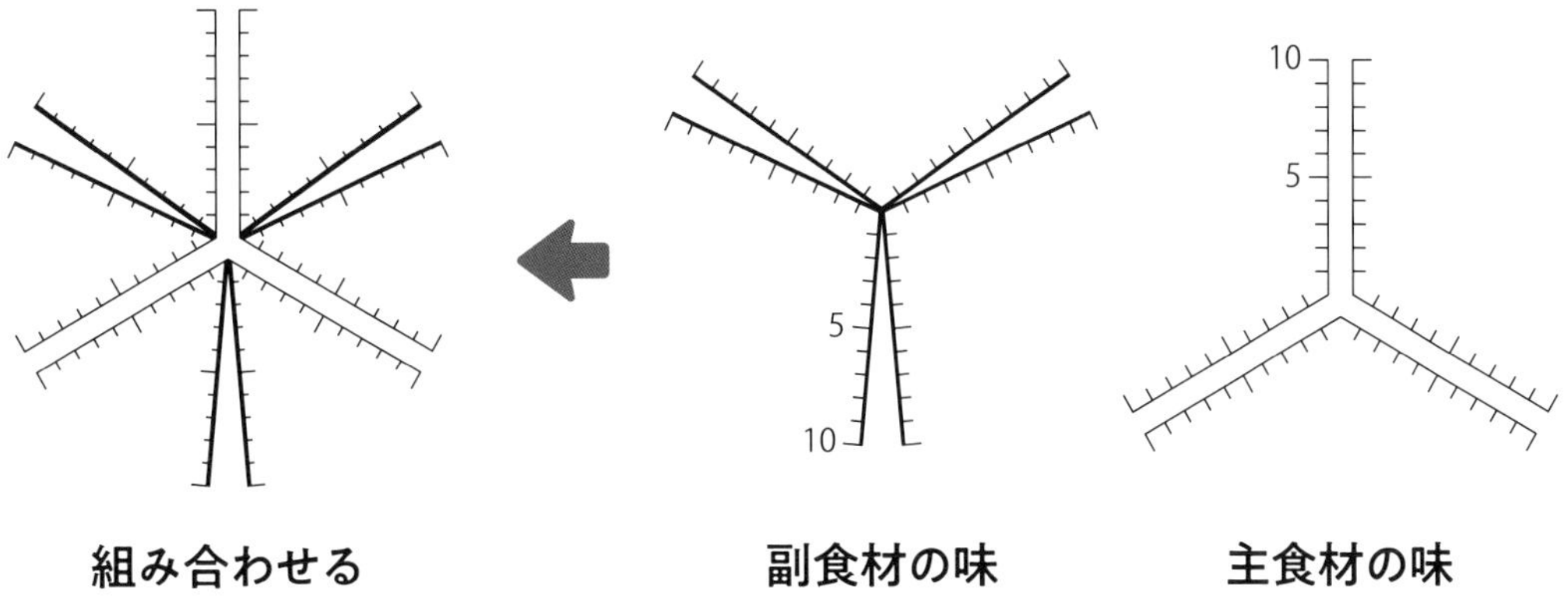
10
5
5
10
組み合わせる
副食材の味
主食材の味

「藤沢カブ」の味覚チャート

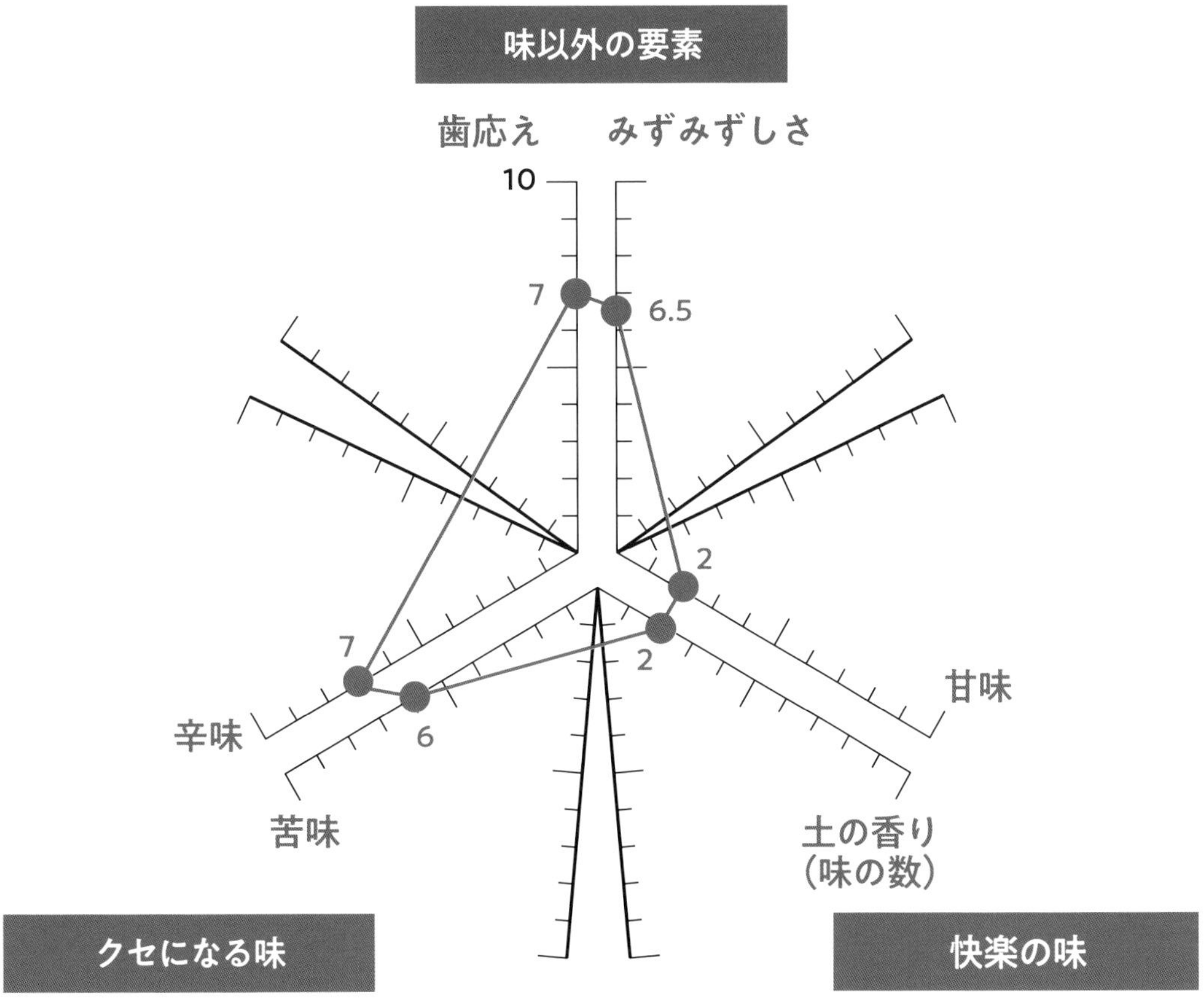
味以外の要素
歯応え
みずみずしさ
10
7
6.5
2
2
7
6
甘味
辛味
苦味
土の香り
(味の数)
クセになる味
快楽の味

＊味の数値は、最初はいくつなのか分からなくても、分析を
繰り返していくうちに自分の中に基準が築かれていきます。

架空の味を想像する
～副食材を導き出す

　主役となる食材に対して、何を組み合わせようかな？と考える際に、頭の中ではこんな風に想像を巡らせます。

「藤沢カブをバーナーで外側だけ炙ると、食感があって最初は焦げ味がうまいけれど辛さがやってきて、噛んでいくとみずみずしさが溢れて、だんだん甘くなって、皮からは土の香りがして苦味もある。ということは、辛さを消す脂身のある肉で、カブのみずみずしさ、甘味と味のバランスが取れるのは豚肉だな、カブに水分が結構あるから肉の表面をパサつかせて焼くグリル」

　この頭の中の想像を言葉と数値から的確に探し出す際に、味覚チャートが便利です。

　前ページの、主食材の味の分析までできたら、次のステップではA―Aダッシュ、B―Bダッシュを対極として、「対比」または「同化」の言葉を置いていきます。

　「対比」とは、反対の味です。

　例えば甘い味に対しては、苦い味や酸っぱい味などの快楽的とは逆の味が対比になりますし、渋い味に対しては渋さを覆い隠す油脂分といった具合に、反対の作用をもたらす味を意味します。

　「同化」とは同じ味、または同じレベルの味です。

　甘い味には別の食材の甘味またはコクまたは油脂分、苦い味に対しては別の食材の苦い味、コクに対しては同じレベルのコクの食材でバランスを取る、というように考えます。

　なぜこのような、対比や同化の味を探し出す必要があるかというと、主役の食材の良いところを高めて、出過ぎたところを打ち消して、料理全体の味のバランスをとりたいからです。

　では実際に、前ページの藤沢カブに組み合わせる食材の味を探ります。

　対比と同化の選択肢は、左の表を参考にしてください。

　「甘味」に対しては、藤沢カブの甘味が2で淡い甘味なので、同じレベルの甘さを持つ食材として『**甘味**』を持つ豚肉を選択します。

　「味の数」の2に対しては、ハーブを入れることと、土の香りのするトリュフを加えることで『**味の数**』のレベルを合わせます。土の香りがわずかなので、トリュフもガツンと香り高いものは使わず、同じレベルの土の香りがするものを選びます。

　「みずみずしさ」の6・5に対しては、焼き方を工夫して肉の表面を『**パサついた**』状態にします。

　「歯応え」の7に対しては、パリンとした固さを想像してそこに合わせると口の中が楽しくなる肉の食感を考えて、ぐにゅっと『**やわらかい**』比較的弾力のある肩ロースを選びます。

　「苦味」の6に対しては同じ『**苦味**』にします。異質の苦味を組み合わせると、人間はコクと錯覚するからです。（72ページ・苦みックスの法則）

　藤沢カブの皮をバーナーで炙って焦げ目をつけることにしました。

　「辛味」の7に対しては、辛味を中和させることのできる、対比の『**油脂分**』を合わせます。豚肉の脂身を肉片にどのくらい残すか、オリーブオイルはどれくらいかけるかなど、藤沢カブの辛味を消すための全体の油脂の量で考えます。

　言葉を選んだら、主食材の味の数値と同じ数値を、対極の軸にプロットし、線で結びます。（黒線）

　この黒線で表されたものが、藤沢カブに組み合わせる、豚肩ロースにローズマリーとトリュフとオイルを加えた味の骨格になります。

　三角形に表される主食材も、逆三角形に表される副食材も、引いた線が正三角形に近いほど、バランスの取れた味であることを意味します。

　現代の市場で流通している食材は、野菜も肉も魚も、だいたい正三角形に近い形です。

　反対にこの藤沢カブのように三角形が潰れていたり、いびつだったりするのは、クセの強い食材です。在来作物や一部のジビエが該当します。

　いびつな三角形の食材ほど、組み合わせ次第ですごい味になりますが、難しい場合が多いので、味が目に見える味覚チャートを使っています。

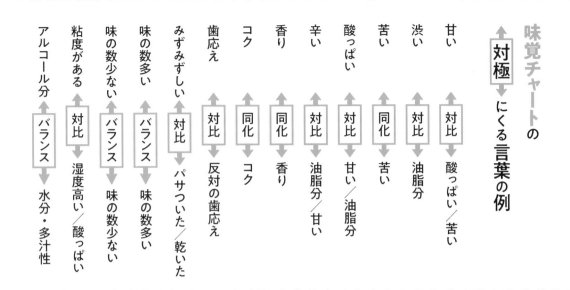

味覚チャートの対極にくる言葉の例

甘い	対比	酸っぱい／苦い
渋い	対比	油脂分
苦い	同化	苦い
酸っぱい	対比	甘い／油脂分
辛い	対比	油脂分／甘い
香り	同化	香り
コク	同化	コク
歯応え	対比	反対の歯応え
みずみずしい	対比	パサついた／乾いた
味の数多い	バランス	味の数多い
味の数少ない	バランス	味の数少ない
粘度がある	対比	湿度高い／酸っぱい
アルコール分	バランス	水分・多汁性

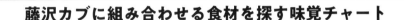

藤沢カブに組み合わせる食材を探す味覚チャート

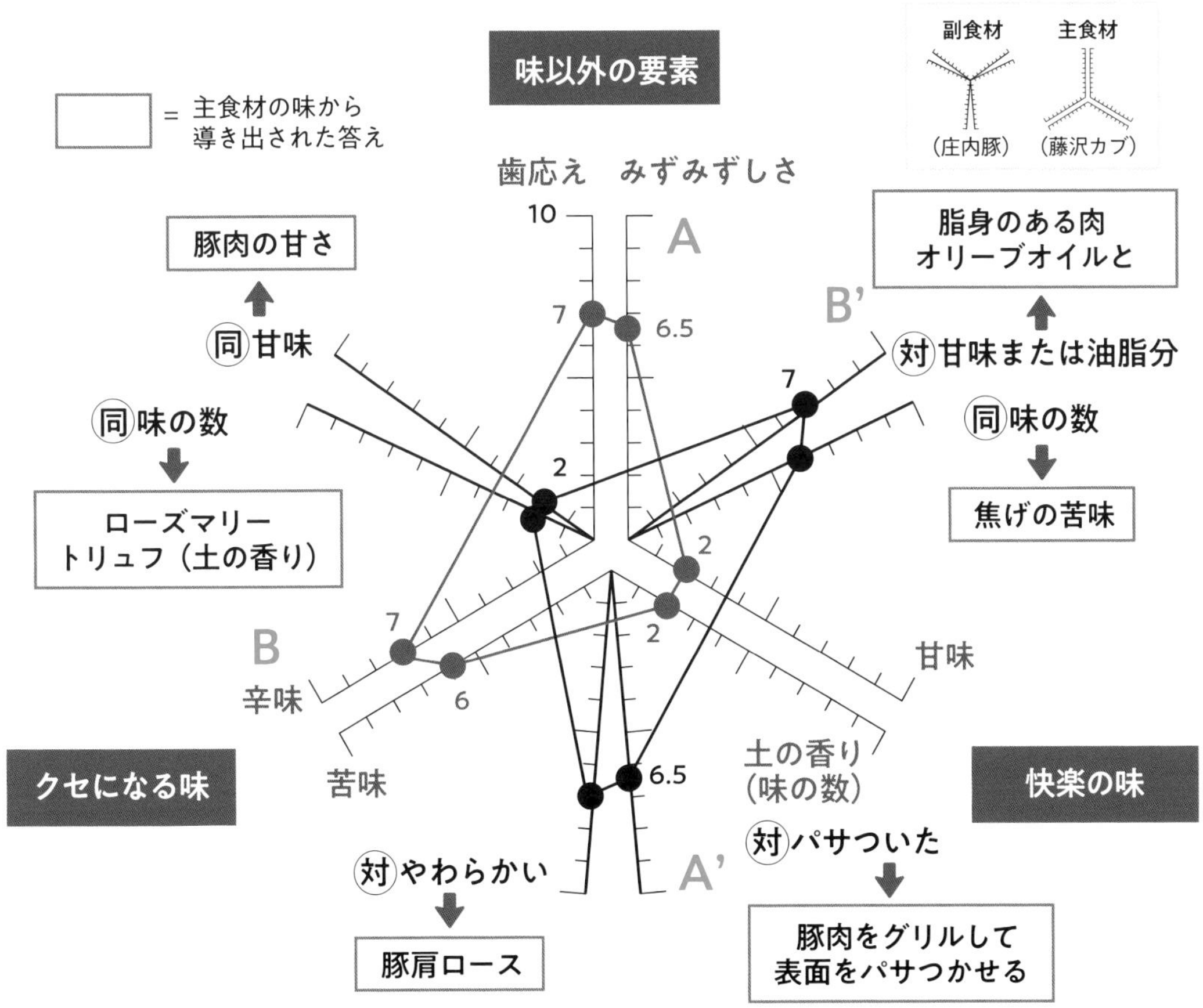

副食材
主食材
（庄内豚）
（藤沢カブ）
□ = 主食材の味から導き出された答え
味以外の要素
歯応え
みずみずしさ
10
A
7
6.5
B'
7
2
2
2
7
6
B
辛味
苦味
甘味
土の香り（味の数）
6.5
A'
クセになる味
快楽の味
豚肉の甘さ
同 甘味
同 味の数
ローズマリー
トリュフ（土の香り）
脂身のある肉
オリーブオイルと
対 甘味または油脂分
同 味の数
焦げの苦味
対 パサついた
豚肉をグリルして
表面をパサつかせる
対 やわらかい
豚肩ロース

藤沢カブと庄内豚の焼畑見立て

材料（1人分）

藤沢カブ	2本
マリネした豚肉	90g
ローズマリーの葉	少々
ニンニク	1/2片
ピュアオリーブオイル	10mℓ
黒トリュフ（2ミリ棒切り）	3g

作り方

① マリネした豚肩ロースをグリルし、アルミホイルで包んで休ませる。

② 藤沢カブを一口大に切る。このとき、大きさも形もバラバラになるように切ること。（口の中でたくさん噛んで欲しいので、大きさや形を不均一にする）

③ フライパンに藤沢カブを入れ、中心部分は生の状態を保ちながら、皮面だけをバーナーを使って炙る。

④ 別のフライパンにピュアオリーブオイルを入れ弱火で加熱し、傾けてニンニクを入れ、香りが立ち上ってきたらトリュフを入れ香りを出す。このとき70度を超えないようにする。

⑤ 休ませておいた豚肉を温め直し、ひと口大に切り、❸の藤沢カブと皿に盛る。

⑥ 上から❹のトリュフとオイルをかけ、粗くカットしたローズマリーを散らす。

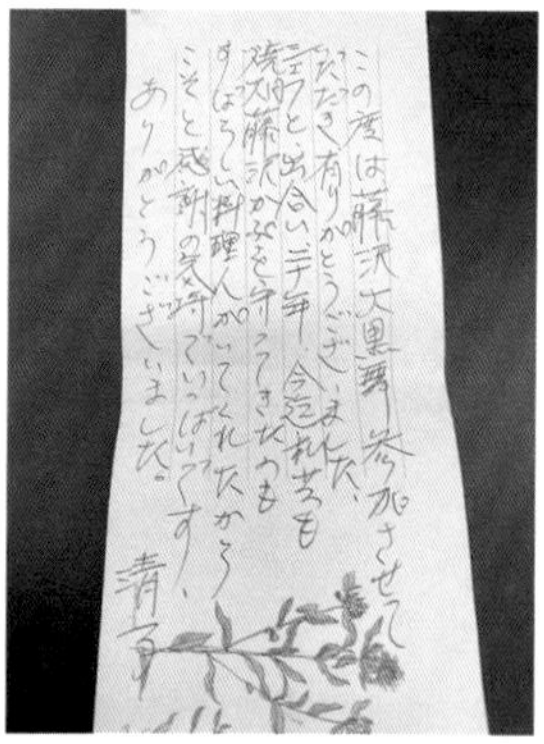
この度は藤沢大黒舞(?)参加させていただき有りがとうございました。
シェフと出合い三年、今迄焼畑藤沢かぶを守ってきたかいもすばらしい料理人がいてくれたからこそと感謝の気持でいっぱいです。
ありがとうございました。
清子

後藤勝利さんの奥さんの清子さんから頂いた、これまで生きてきた中で一番うれしかった手紙。

仕込みレシピ

豚肉のマリネ

材料

豚肩ロース肉	1kg
岩塩	14g
白こしょう	6g
ニンニク（スライス）	4片
乾燥ローリエ	6枚

作り方

① 豚肩ロースに岩塩、つぶした白こしょう、ニンニクスライス、刻んだローリエをのせ、ラップでぐるぐる巻く。

② 冷蔵庫で4日置く。

150年の時を越えて。日本海の美食が花開く。
150年の時を越えて。日本海の美食が花開く。

上　JRのデスティネーションキャンペーンで全国の駅に貼られた、藤沢カブの左の料理のポスター。
左　藤沢カブは山の木を切り倒した後を焼いて、まだ地面が温かいうちにに種を蒔いて生産する在来作物です。生産者の後藤勝利さんが、近所のお婆さんから譲り受けたおちょこ1杯のタネから復活させました。後藤さんに敬意を表して、畑の風景をお皿の上に再現します。

この料理が、新聞に載り、本に載り、絵本になり、JRのポスターになり、映画になり、結果的に後継者ができ、鶴岡の味になり、種が未来に残ることになりました。

食材の味が素晴らしいから
食材だけで味を作りたくなる

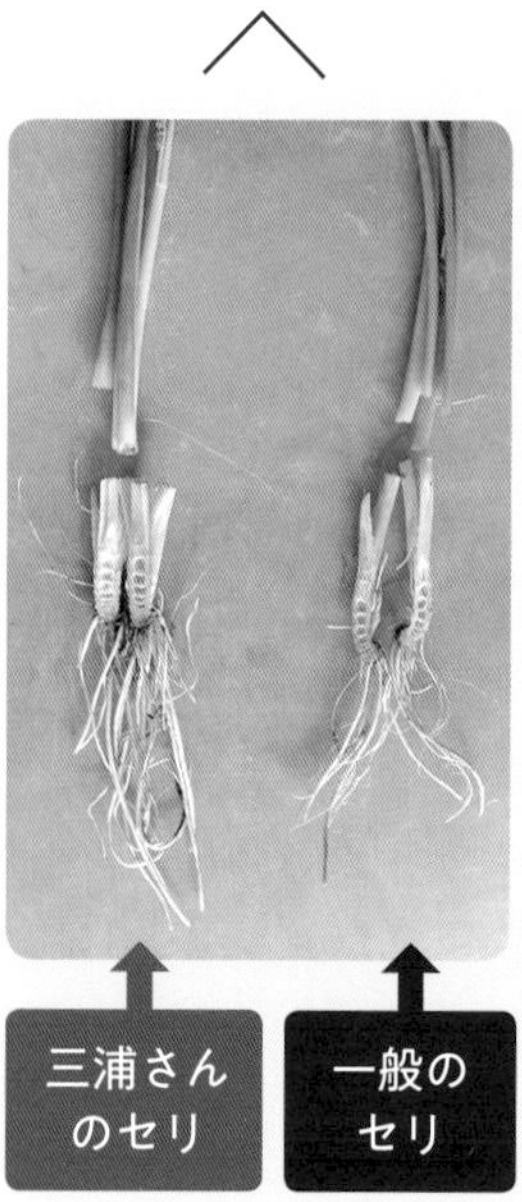
三浦さんのセリ
一般のセリ

左の三浦さんのセリの方が茎の付け根の竹筒状の形状がしっかりしています。かといって硬すぎるわけではない。噛むとこの部分から甘味と滋味がじわじわ出てきます。

セリをスター食材にしたのがこちらの三浦隆弘さんです。

私が自分の料理で、ソースや調味料を使わずに、食材の組み合わせだけで味を完成させる料理を作るのは、生産者が全力を注ぐ姿を見聞きし、知ると、ソースを使う気持ちにならないからです。

庄内には志高く農業に従事してきた生産者がたくさんいて、私のレストランを支えてくださっています。そして同じように切磋琢磨を惜しまない生産者は全国各地にもいます。

その一人が、宮城県名取市でセリを生産している三浦隆弘さんです。

三浦さんは、それまで脇役だったセリをセリ鍋で主役にした人です。

セリの栽培は有機農法。農薬や化学肥料を使わず、自然に暮らす生き物の生態系をできるだけ保ちながら、セリを栽培しています。

セリ田に入らせてもらうと、とろとろの泥の層が奥深くまでやわらかく、微生物が多く生息していることがわかります。

三浦さんは土づくりや農法、生態系を研究して、セリの持ち味をおいしくすることで、セリを主役にしました。それが味から分かるんです。

第一に、歯応えが他のセリと違います。シャキシャキした根本の茎と歯切れのよい根っこ。そして根元の部分の薬膳のような滋味と、甘味と苦味のバランスが絶妙です。

やわらかいのに噛む回数が多くなるという出会ったことのない食感で、生で食べた瞬間に喉の奥がよろこびます。これまで食べたセリの中で、間違いなく一番おいしい。

三浦さんのセリは、セリ鍋で葉から根っこまでを全部食べます。このセリ鍋が仙台市内で話題を呼び、「三浦さんのセリ」と呼ばれるようになり、口コミから始まり、とうとうブランドになりました。

「三浦さんのセリ」と呼ばれたのは、他のどのセリとも味が違うので、品種でも産地でもなく、人の名前で呼ばれるしかなかったわけです。

セリがそのままでおいしいのですから、三浦さんに対しても、セリに対しても、その味を何かで覆い隠すことは、私にはできません。

本当においしい食材は、人の体に入ると、その人をしゃべらせます。おいしかった、また食べたい、そんなふうに人の記憶に残って、もう一度食べたいと思わせて、誰かにしゃべりたくなるように仕向ける。

それはセリがしゃべらせています。

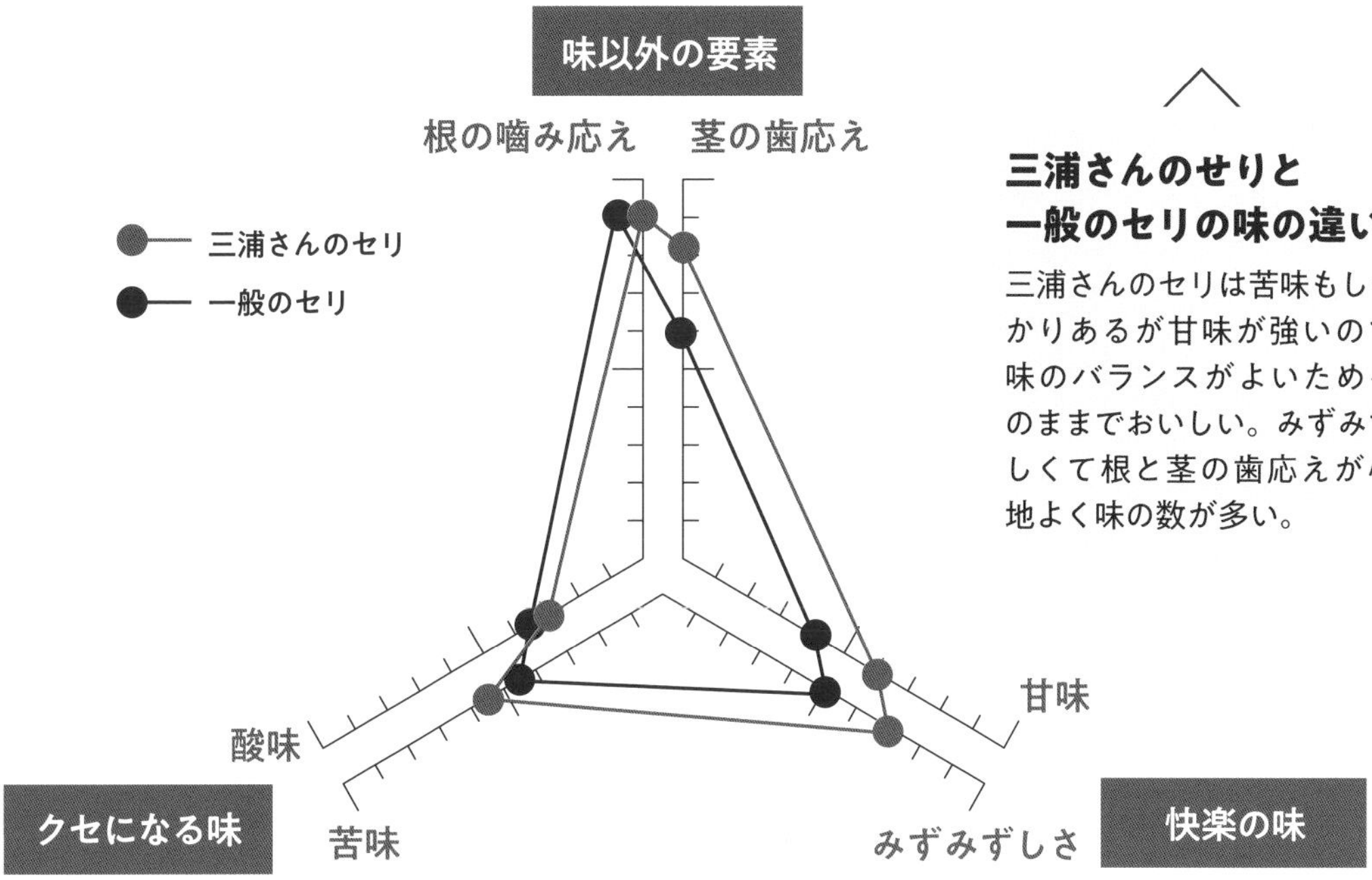
味以外の要素
根の噛み応え
茎の歯応え
三浦さんのセリ
一般のセリ
酸味
クセになる味
苦味
甘味
みずみずしさ
快楽の味

三浦さんのせりと一般のセリの味の違い

三浦さんのセリは苦味もしっかりあるが甘味が強いので味のバランスがよいためそのままでおいしい。みずみずしくて根と茎の歯応えが心地よく味の数が多い。

カモがセリしょってやってきたペペロンチーノ

材料（1人分）

カモ肉……………………………70g
塩…………………………………適量
ニンニク…………………………1片
オリーブオイル…………………適量
赤唐辛子（3ミリスライス）……3個
三浦さんのセリ
（根、茎、葉に分けてそれぞれ3センチに切る）
……………………………………120g
スパゲッティーニ………………80g

作り方

① カモに塩を振ってニンニクを入れたオリーブオイルで焼く。火は弱火で、スプーンでオイルをすくって上からカモにかけながらじっくり熱を加える。
② カモに火が通ったら、皮を外してスライスし塩を振る。このときベーコンくらいの塩分にする。残りの身はスライスして保温する。
③ 2.5%の塩湯でパスタをゆでる。
④ フライパンにカモの皮を戻して火をつける。
⑤ パスタをお湯で1秒ゆすぎ❹に入れて軽くあえ、セリの茎を入れて混ぜ合わせたら皿に盛る。
⑥ カモの肉を❺の上に乗せ、その上にセリの葉と根を乗せる。

食材の持ち味を覆い隠す料理と食材の持ち味だけで味を作る料理

ハンバーグステーキと目玉焼き

あ〜
おいしかった

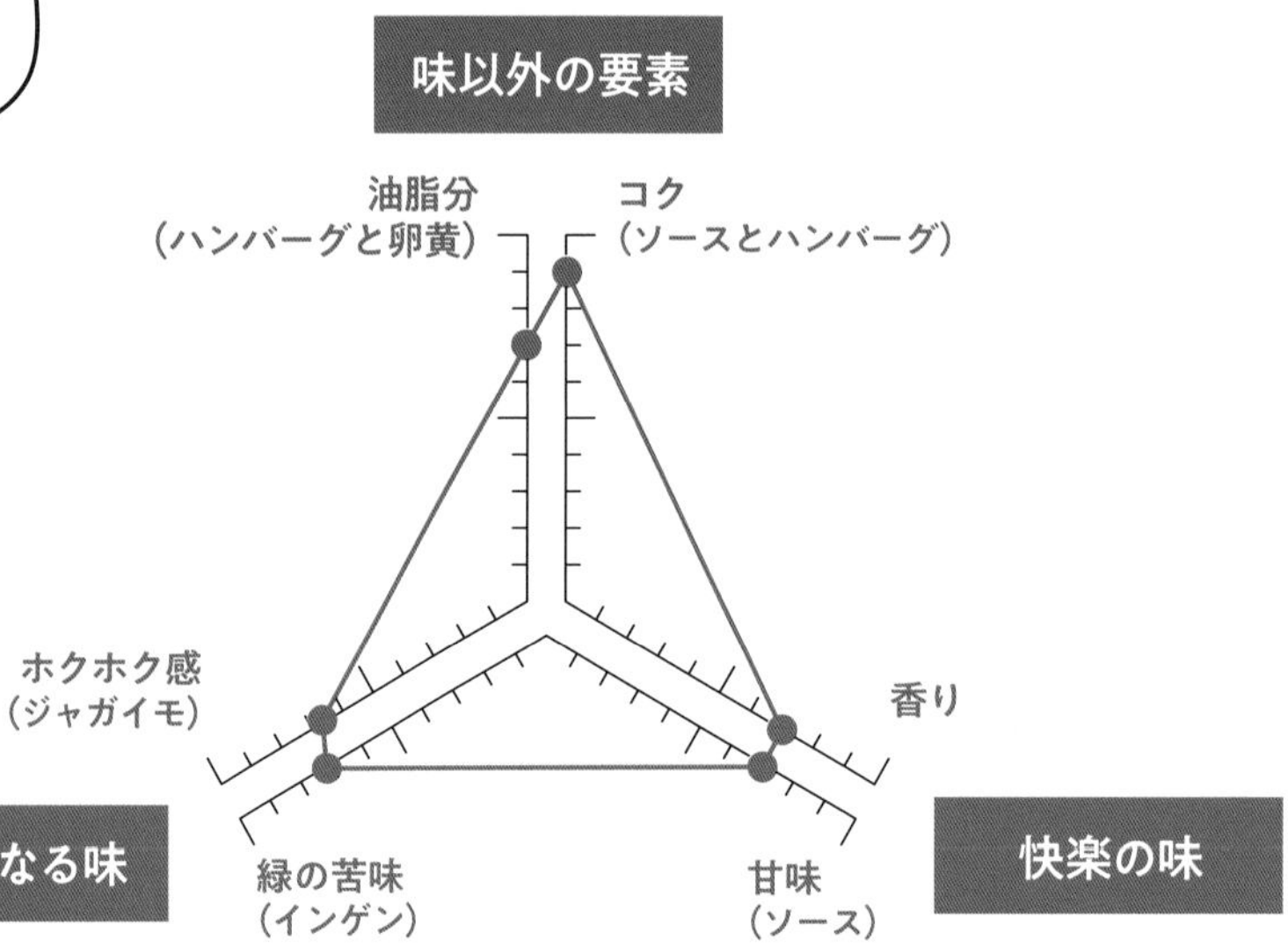
味以外の要素
油脂分
（ハンバーグと卵黄）
コク
（ソースとハンバーグ）
ホクホク感
（ジャガイモ）
香り
クセになる味
緑の苦味
（インゲン）
甘味
（ソース）
快楽の味

★この一言で完結する
★それ以上は出てこない

上の料理は、私がホテルに勤めていた時代に作っていたハンバーグステーキです。

デミグラスソースをかけ、目玉焼きを乗せ、にんじんとインゲンとジャガイモを添えてあります。

完全においしい、完璧な味です。

この料理のメイン食材は牛肉なはずです。しかしこれが米沢牛であったとしても安い輸入肉だとしても、デミグラスソースととろりとした卵黄のコクが肉の味を覆うので、どちらであれおいしいと感じますし、「おいしかった」という感想は残りますが、何がどうおいしかったのかは記憶に残りません。

料理人ですからこうした完璧においしい料理は、ソースや調味料を駆使すれば作れますが、私はこのやり方を卒業しました。

左ページの料理では、米沢牛の牛フィレ肉に焼いたそら豆とトリュフを添えました。

牛肉にソースはかけておらず、味は塩と黒こしょうのみです。

肉片だけでは完全体の味になりませんので、ここに少し焦げ目を付けて焼いたほくほくのそら豆を添え、牛肉の脂肪とトリュフの香りの相乗

そら豆と牛フィレのステーキとトリュフ

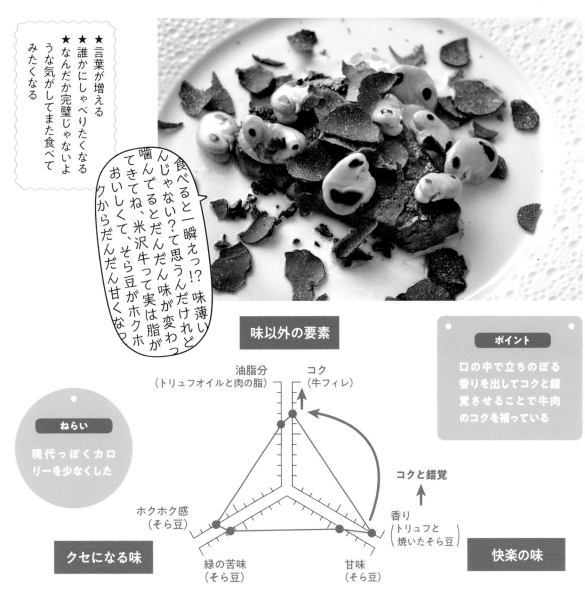

★言葉が増える
★誰かにしゃべりたくなる
★なんだか完璧じゃないような気がしてまた食べてみたくなる

食べると一瞬えっ⁉ 味薄いんじゃない？て思うんだけれど噛んでるとだんだん味が変わってきてね、米沢牛って実は脂がおいしくて、そら豆がホクホクからだんだん甘くなっ

味以外の要素

ねらい
現代っぽくカロリーを少なくした

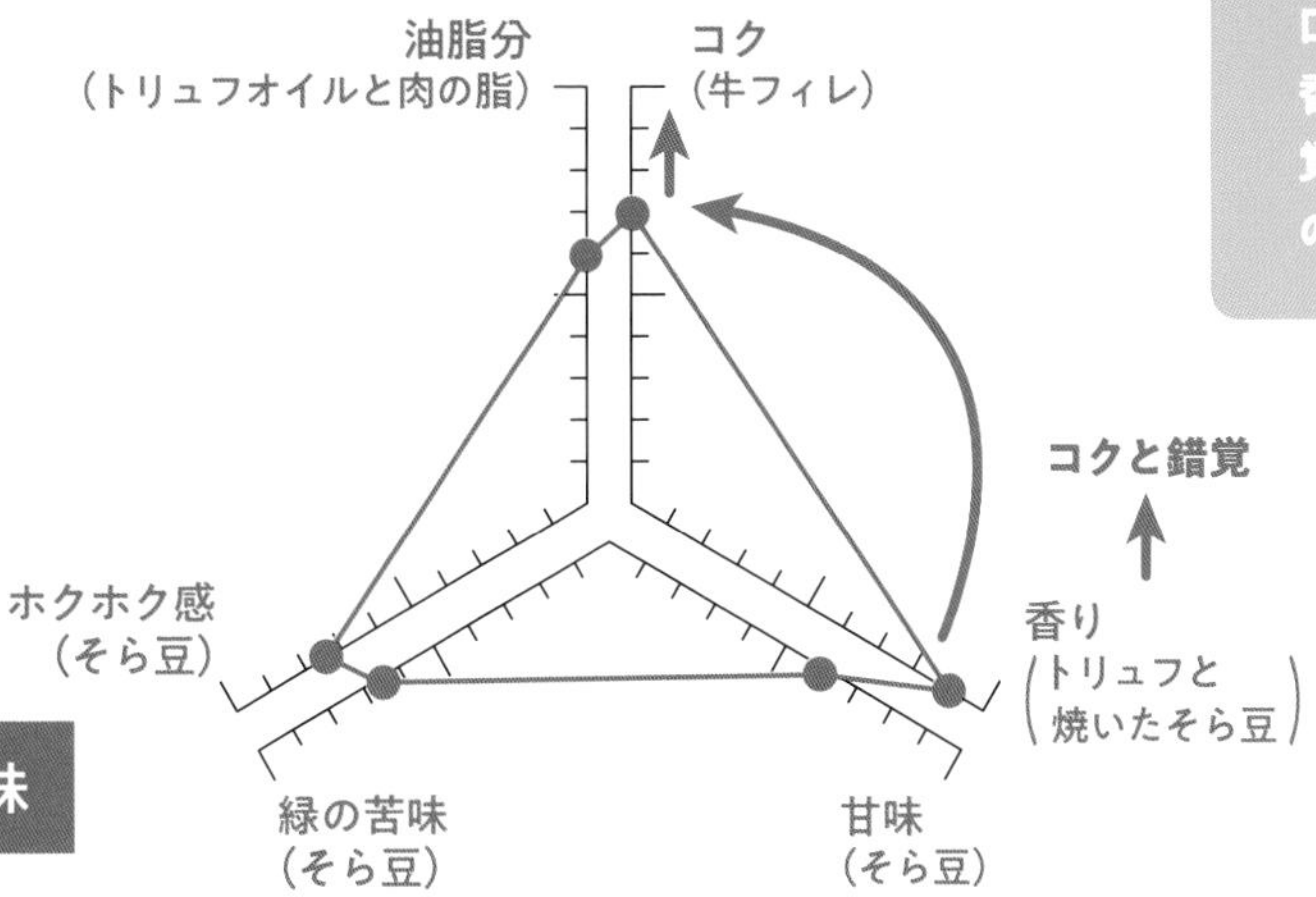

油脂分
（トリュフオイルと肉の脂）
コク
（牛フィレ）
コクと錯覚
香り
（トリュフと焼いたそら豆）
甘味
（そら豆）
緑の苦味
（そら豆）
ホクホク感
（そら豆）

ポイント
口の中で立ちのぼる香りを出してコクと錯覚させることで牛肉のコクを補っている

クセになる味

快楽の味

効果で、香りを立ちのぼらせます。

　この料理には余白があります。

　例えば「米沢牛の牛フィレステーキ」と耳で聞くと、なんとなくジューシーな印象や甘くてしょっぱい味を連想するかもしれませんが、出てきた料理がこれだとすると、一瞬頭がストップして、目の前に並ぶもののことを考え始めます。

　それぞれの食材を口に入れ、噛み始めた段階では、塩がほどほどの肉の味とそら豆のほくっとした食感とトリュフの土の香りがバラバラに口の中に存在します。

「あれ⁉この料理、何か足りなくない？」

　これが余白です。何かが物足りないような気がする。

　しかし噛み進むと、そら豆に甘味が出てきたり、トリュフの香りが鼻の奥で対流したりして、足りないと感じていた「何か」が満たされ、空白だったところが埋まり始めます。

　最後は、「牛フィレさんの素顔はこんな表情だったのね、そら豆さんは牛の脂でコクが出たのね、ソースで蓋されていないそのまんまのトリュフさん、牛さんをおいしくしてくれてありがとう！」という料理です。

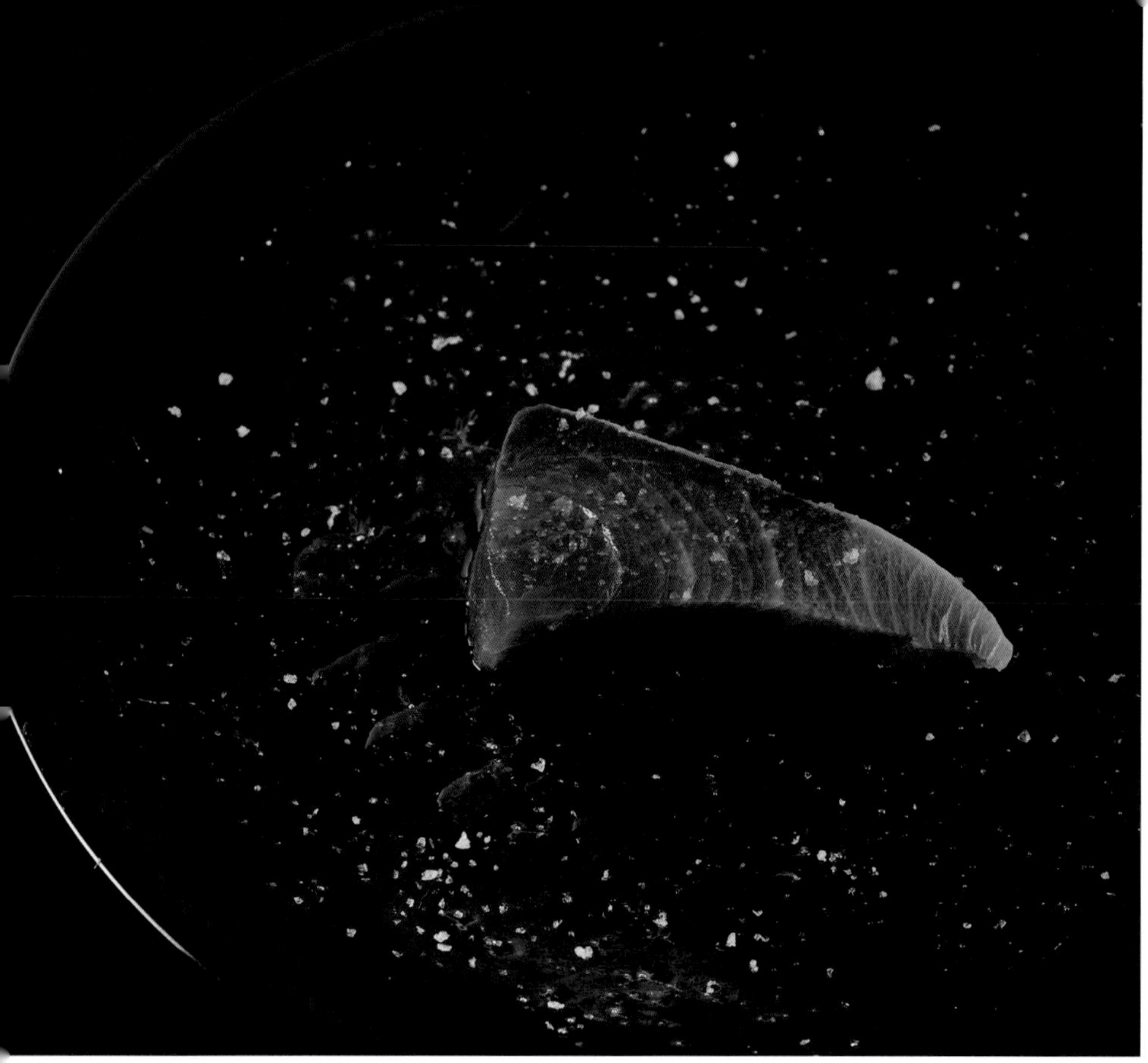

「ワラサと月の雫の塩とシチリアのオリーブオイル」

魚の香りに オリーブオイルを合わせる

食材だけで味を作ろうとすると、食材を持ち味から厳選することが料理の根幹になります。

最もシンプルなアル・ケッチァーノのスペシャリテ「ワラサと月の雫の塩とシチリアのオリーブオイル」は、食材の持ち味をそのままに、塩とオリーブオイルだけという最小限の食材で庄内の海の味を表した、究極のひと皿です。

ワラサは出世魚で、皆さんお馴染みのブリの一つ手前です。

ワラサの手前のイナダだと旨味が少ない、ワラサの次のブリだと脂のさしが入って身の味をコーティングしてしまう。ブリの場合はその脂が、かけた塩のおいしさまでマスキングしてしまいます。私は、よく動いて赤身がしまっていて味の数が多いワラサを使います。

しかも庄内浜に揚がるワラサは、皮と身の間からウリのような爽やかな青っぽい香りがします。

佐渡沖から庄内浜を通過するときに、なぜか身からウリの香りを身にまとうのです。さらに北上して酒田沖を過ぎると、この香りは不思議となくなります。

ですから庄内浜に水揚げされるワラサは、世界でここだけの究極のワラサだと私は思っています。

この切り身に、泳いでいた海から作った塩を振ります。

暮らしていた水と同じ成分の塩に触れると、身の細胞がよみがえります。

そしてオリーブオイルは、シチリア産の青草の香りがするビアンコ・リッラ種のものを使います。ワラサのウリの香りと、青草の香りが口の奥で追いかけっこし始めます。

海水温が16度を下回るときには、ワラサの香りがちょっと変わります。脂がまだのらないと言われるワラサではありますが、とは言え少しだけ脂が入ってくる。

その場合はノチェッラーラ・デル・ベリーチェ種のオリーブオイルにします。

もみじおろしのような辛さを持つオイルで、ワラサの脂の匂いを中和させてくれるのです。

ですから季節の変わり目になると私は海の色を飛行機からでも車からでも、いつも見るようになります。

海水温が16度以上は色が緑で、下回るほど青が増すので、その日の色を見てオイルを決めるのです。

ワラサの味と共鳴しておいしくする青草の香りのするオリーブオイル

ワラサ

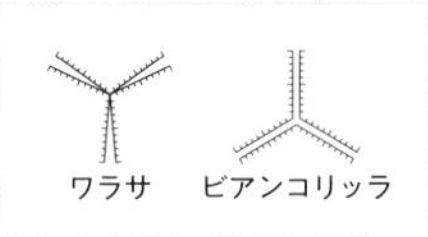
ワラサ
ビアンコリッラ

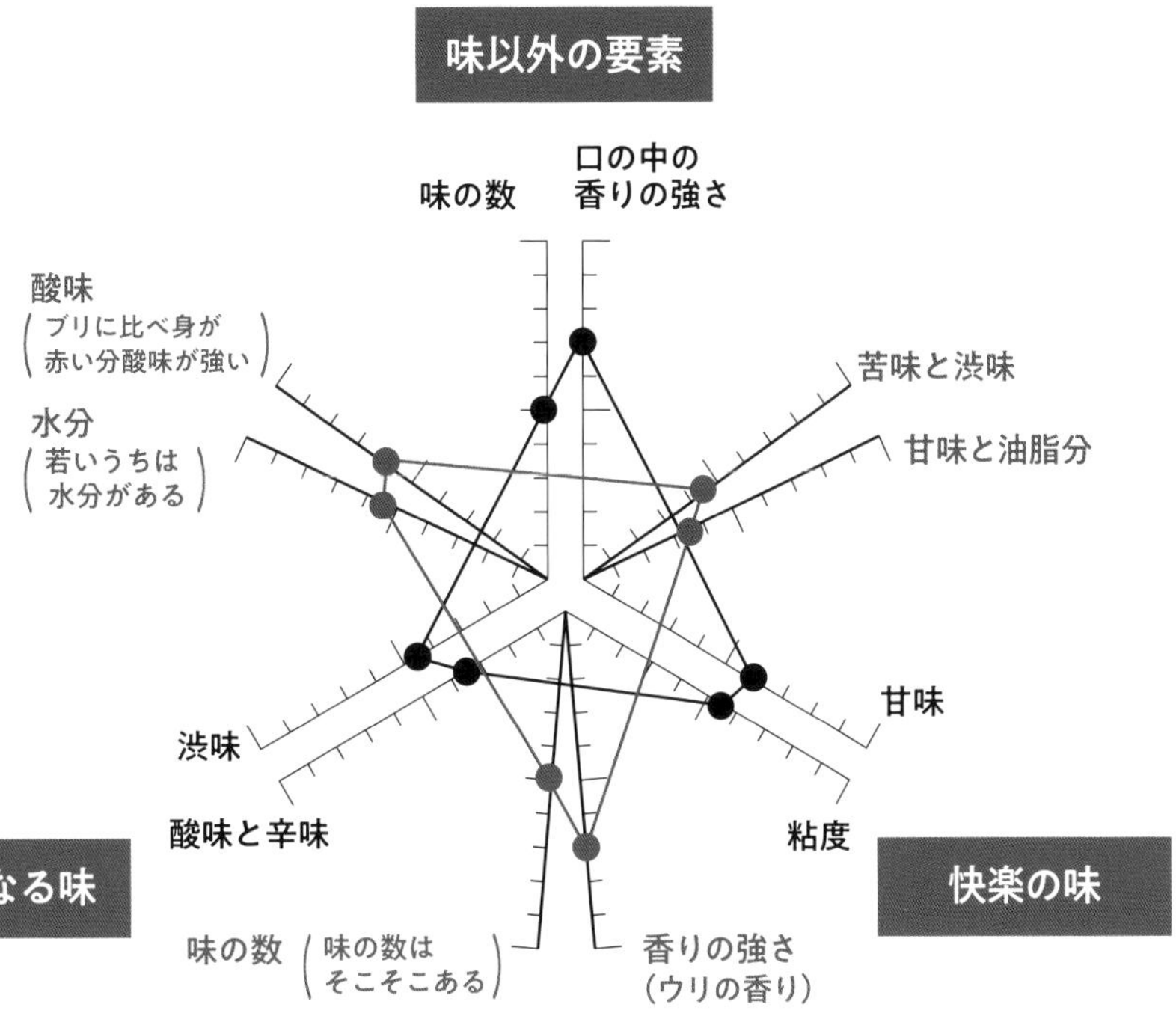
味以外の要素
味の数
口の中の
香りの強さ
酸味
（ブリに比べ身が
赤い分酸味が強い）
水分
（若いうちは
水分がある）
苦味と渋味
甘味と油脂分
甘味
渋味
酸味と辛味
粘度
クセになる味
快楽の味
味の数（味の数は
そこそこある）
香りの強さ
（ウリの香り）

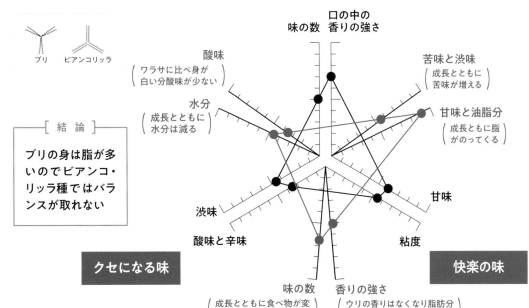

［結　論］

赤身で脂肪の少ないワラサだからこそビアンコ・リッラ種と共鳴する

ブリ

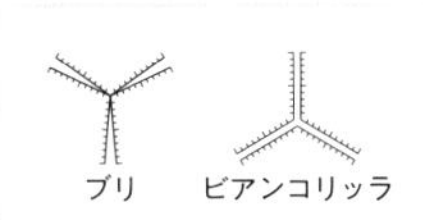
ブリ
ビアンコリッラ

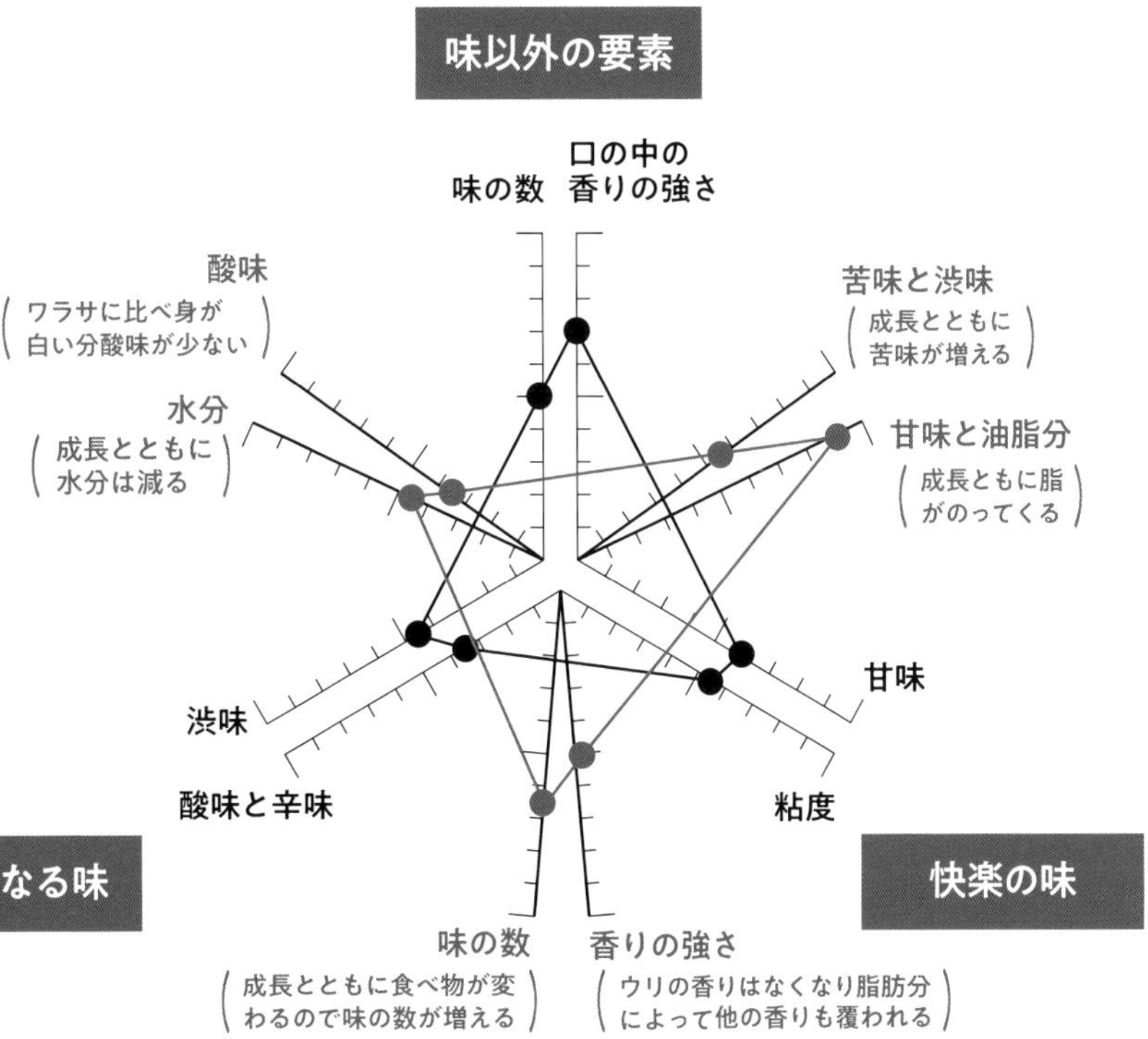
味以外の要素
味の数
口の中の
香りの強さ
酸味
（ワラサに比べ身が
白い分酸味が少ない）
水分
（成長とともに
水分は減る）
苦味と渋味
（成長とともに
苦味が増える）
甘味と油脂分
（成長ともに脂
がのってくる）
甘味
渋味
酸味と辛味
粘度
クセになる味
快楽の味
味の数
（成長とともに食べ物が変
わるので味の数が増える）
香りの強さ
（ウリの香りはなくなり脂肪分
によって他の香りも覆われる）

［結　論］

ブリの身は脂が多いのでビアンコ・リッラ種ではバランスが取れない

色とりどりの塩から たった一つを選ぶ

「塩のパレット」
2つと同じ味はない

薪でゆっくり煮詰めながら作る「笹川流れ塩工房」

Sale de Sio
月の雫の塩

「月の雫の塩」

「ワラサと月の雫の塩とシチリアのオリーブオイル」に使う「月の雫の塩」は、新潟県北にある庄内浜と同じ海域の「笹川流れ」という海の水を満月の満潮時に吸い上げ、薪をくべながらゆっくりと窯で炊いて作っていただいています。回遊魚のワラサが南から北上して庄内沖に来る間に通ってきた海の塩というわけです。

満月になると、引力の作用で海水を深い所から表面に引っ張り、海洋深層水と対馬海流層と表層の海のミネラルがまじります。そこに太陽光が差し込むと海中で光合成が始まり、植物プランクトンが増えるので、味の数が多く甘い塩が出来上がります。

この塩をワラサに振ると細胞が起きて、切り身からウリの香りが立ちのぼってくるのです。

満月の満潮時以外に汲み上げた海水の塩では、この香りは上がらず、酸味が出ます。

ここからは私の推測ですが、おそらく海底山の多い海域で海藻や植物プランクトンの成分が多い海を通るためワラサはウリの香りになり、一方塩も植物成分の多い塩になるため、共鳴して香りが立ち上るのではないかと考えています。

塩は、実は千差万別の味を持ち、食塩として生成された物以外は二つとして同じ味がありません。

それはまるでパレットの上のありとあらゆる色の絵の具のようです。

食材を活かすも泣かすも塩次第です。食材との組み合わせを完璧にすると、驚くほど料理はおいしくなります。

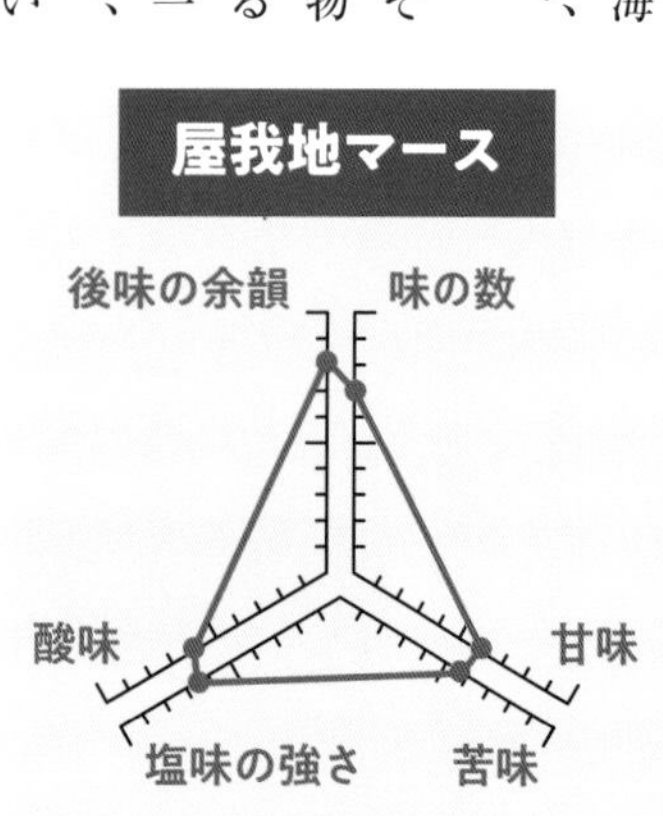
屋我地マース
後味の余韻
味の数
酸味
甘味
塩味の強さ
苦味

やや甘味を感じる酸の丸い全てに
バランスの良い塩味がやさしい

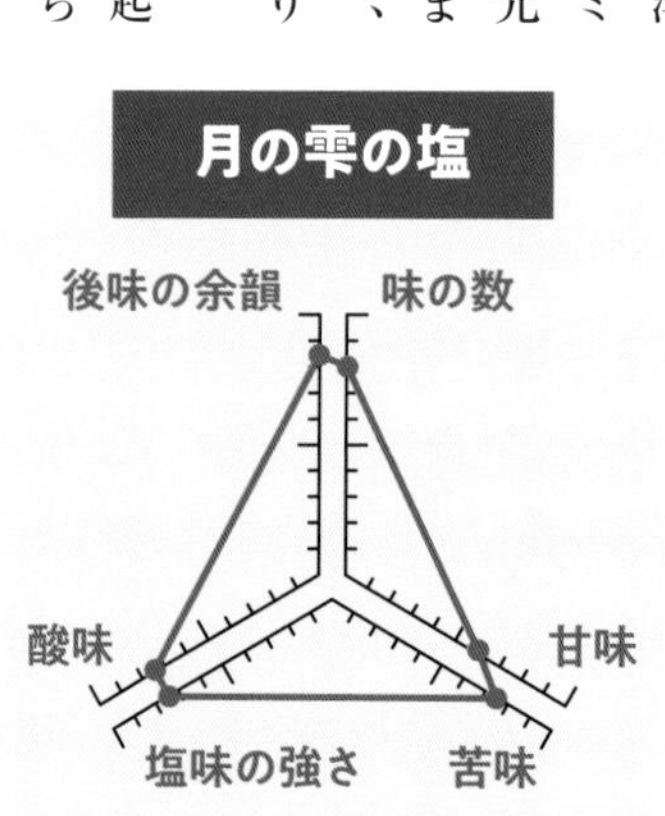
月の雫の塩
後味の余韻
味の数
酸味
甘味
塩味の強さ
苦味

苦味と酸味にいろんな味
塩といろんな味の余韻が長い塩

石垣の塩

塩の味は、海の味だけでなく隣接するの山の味を含む。「森に変化が起こると塩も変化する。石垣島全体を守るという視点で塩を作っている」と言う東郷得秀さん（右写真）。

塩にはテロワールがあります。沖縄県石垣島で「石垣の塩」を作っている東郷得秀さんは、塩のおおもとはここだよと、マングローブの森に私を連れて行ってくれました。

日本の自然塩は海水塩がほとんどで、陸の近くで海水を汲み上げますから流れ込む水の成分は陸の地形や植生に左右されます。さらに沖縄は珊瑚礁の生育地帯なのでカルシウムが一番多い。

東郷さんは、製法や手間の掛け方を変えて、いろんな種類の塩を製造しています。これが全部少しずつ味が違っていて面白いのです。

一方、沖縄本島北部の屋我地島で、「屋我地マース」を作っている上地功さんの塩は、「入浜式」という日本古来の製法を受け継いでいます。

満潮の時の海水が陸上に染み上がってくるように浜を造成し、海水で満たされた後に干上がった表土をトンボで集め、塩水を濾し取り、窯で炊いて煮詰めます。海の味に加えて、土のミネラルが塩の味に溶け込んでいて他にはない味がします。

どちらもテロワールが凝縮された塩なので、それを料理に生かしたいと私は思うのです。

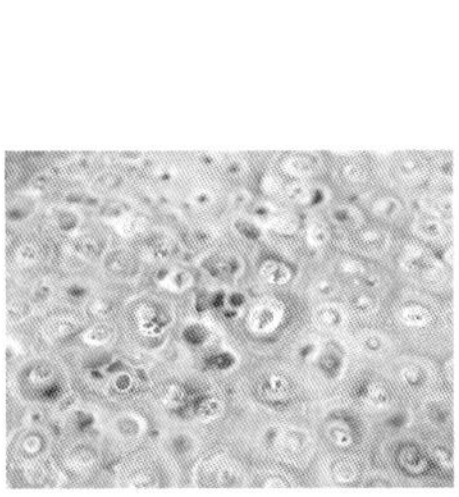

屋我地マース

日本古来の塩の製法を子供の頃から見て育った上地功さん（右男性）が、地域の福祉施設と協力してその伝統の技を継承している。
貴重な味のこの製法を残してくださり感謝です。

「石垣の塩」の味の違いと沖縄の魚市場で出会った魚との相性

石垣の塩 珠塩

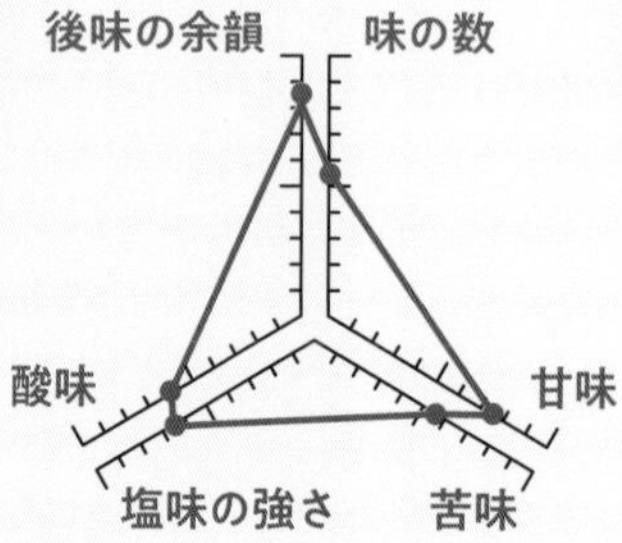
後味の余韻
味の数
酸味
甘味
塩味の強さ
苦味

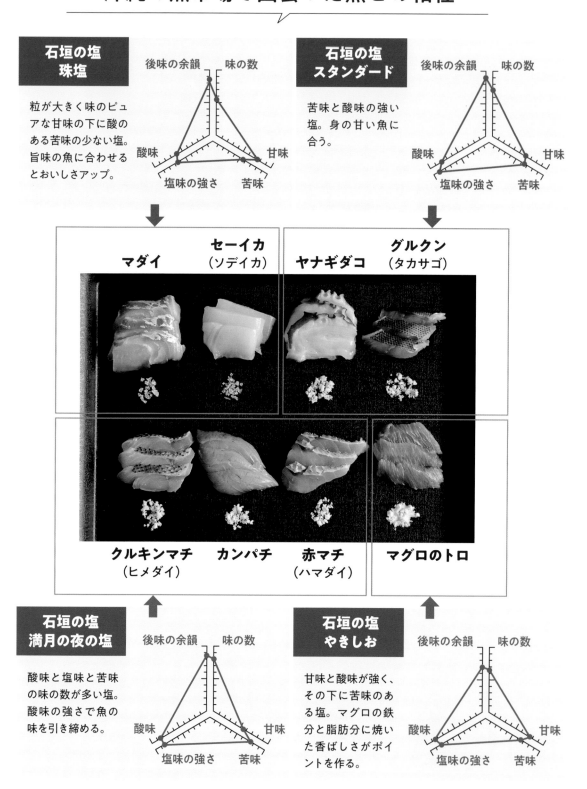

粒が大きく味のピュアな甘味の下に酸のある苦味の少ない塩。旨味の魚に合わせるとおいしさアップ。

石垣の塩 スタンダード

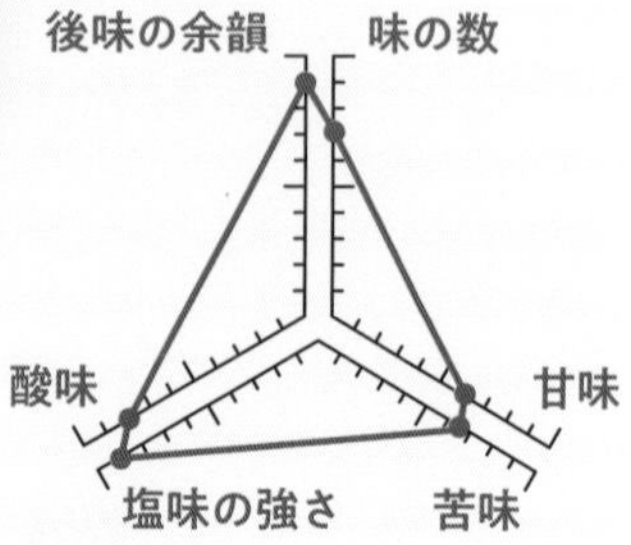
後味の余韻
味の数
酸味
甘味
塩味の強さ
苦味

苦味と酸味の強い塩。身の甘い魚に合う。

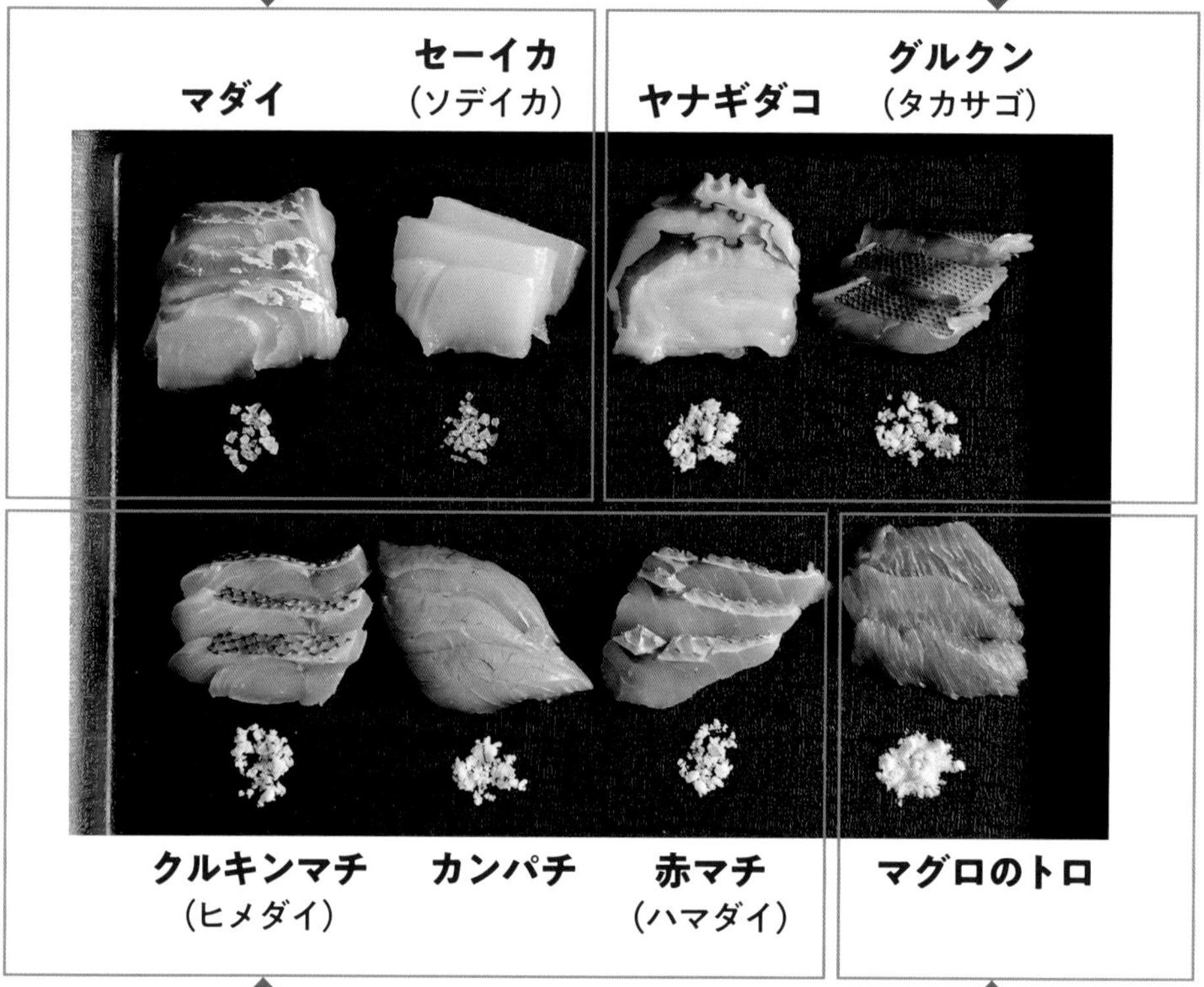
マダイ
セーイカ
(ソデイカ)
ヤナギダコ
グルクン
(タカサゴ)
クルキンマチ
(ヒメダイ)
カンパチ
赤マチ
(ハマダイ)
マグロのトロ

石垣の塩 満月の夜の塩

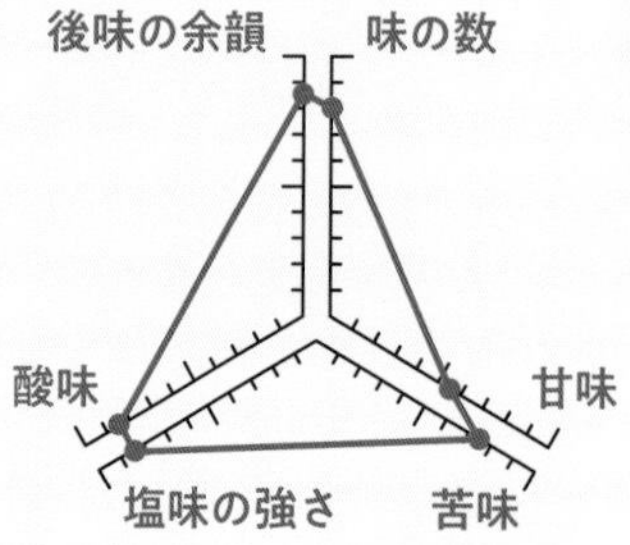
後味の余韻
味の数
酸味
甘味
塩味の強さ
苦味

酸味と塩味と苦味の味の数が多い塩。酸味の強さで魚の味を引き締める。

石垣の塩 やきしお

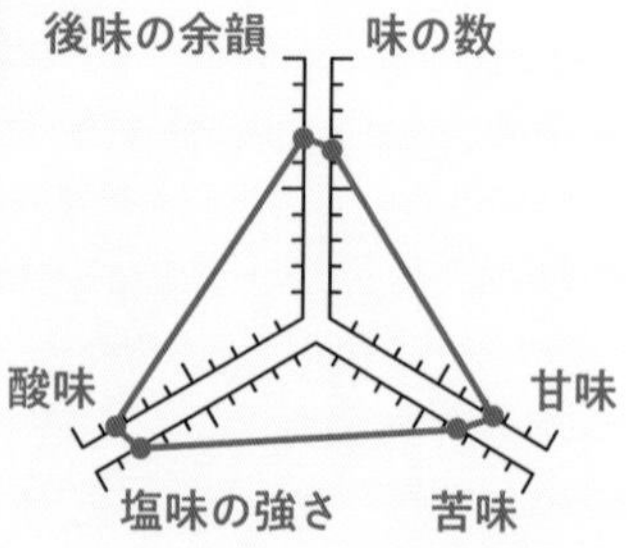
後味の余韻
味の数
酸味
甘味
塩味の強さ
苦味

甘味と酸味が強く、その下に苦味のある塩。マグロの鉄分と脂肪分に焼いた香ばしさがポイントを作る。

＊塩は自然の産物なので味は変化します。数値は比較として参考にしてください。

石垣の塩で味を締めたイラブチャーのアフロ仕立て

材料（6人分）

イラブチャー ………………………… 1尾
湯引き用塩水（塩分 6%）…… ひたるくらい
氷水（2%の塩水＋氷）……… ひたるくらい
石垣の塩（スタンダード）…………… 適量
タマネギ（1ミリスライス） ……… 1/6個
セロリ（1ミリスライス） ……… 10センチ
ゴーヤー（1ミリスライス） ……… 1/6個
海ブドウ ……………………………… 100g
イタリアンパセリ …………………… 適量
EXヴァージンオリーブオイル ……… 適量
シークワーサー（半割り）………… 3個分

作り方

① イラブチャーを3枚におろし、皮を付けたままサクにする。
② 塩水を鍋に入れ、弱火で沸騰させ、❶の皮側を下にして入れてさっと煮る。
③ 皮に完全に火が入り、身の部分にも全体位的に軽く火が入ったら、鍋から取り出し氷水に浸けて締める。
④ 食べやすい大きさにスライスし、皿に盛って石垣の塩を振る。
⑤ 水にさらしたタマネギ、セロリ、ゴーヤー、海ブドウをのせ、イタリアンパセリを散らし、EXヴァージンオリーブオイルを回しかけ、シークワーサーをしぼる。

第4章

食材で味を作る奥田理論

自然界では出会わないけれど
本当は相性抜群な者同士を
皿の上で一つにするのが
料理人の役割

赤のスープ

例えばそれは
噛むと水分がはじけ
口の中でスープになるひと皿

私が考えるのは
食材と食材の共鳴で
味を作る方程式

記憶に残る味を目指して

苦みックスの法則

魚港では必ず魚介の香りを確かめて、築地で出会った時に思い出せるよう記憶します。

佐渡の磯ねぎ漁。サザエが生息している水中の岩場を見せてもらうと、海藻が豊かでした。

私が幼少の頃住んでいた家は、窓を開けるとその下がすぐ海という所でしたので、海が庭で遊び場でした。

学校から帰ると海に潜って岩場を探索。ですから貝がどんなふうに岩の窪みにいて、何を食べていて、どんな奴がおいしいかを知っています。

魚介は海の香りが身からするので、同じ魚、同じ貝でも海が違うと香りが違います。特に貝は動かずにひと所にいるので、海の香りが定着しています。築地で香りを嗅いで、どこの海の貝か分かることもあります。

このときのサザエは佐渡のものですが、このサザエが獲れた岩場のそばには山からの水が流れ込み、海底に山があって海流が上下の海の流れを生むので、海藻の種類が豊富でした。地元の漁師さんによると、貝の育ちが他のエリアよりもよいそうです。

数あるサザエから、突起が長くて大きいサザエを選びます。荒波に負けないサザエです。

香りを嗅いでみると、キリッとした爽やかなよい香りがします。この香りを生かすならば、水道水で洗うのは厳禁。海水の塩味を生かして料理します。

サザエは、身の白いところは甘く、外側の黒く色づいたところは心地よい苦味があります。そして肝は苦い。

これに組み合わせる食材は、苦味の食材です。

このときは夏でしたので、ゴーヤーが手に入りました。ゴーヤーはそれだけでクセになる苦味を持っています。

もう一つはセロリ。爽やかなサザエの香りに、爽やかなセロリの香りと苦味で合わせます。

苦味のサザエに苦味の野菜を合わせるのは、複雑な苦味のハーモニーを作りたいからです。

苦味は人間にとっては毒の味ですが、その味を7回食べると、嫌な味からクセになり始めます。

ビールやコーヒーを思い出してください。初めて飲んだときは苦くて飲みにくいと感じますが、7回目あたりから、何度でも飲みたくなります。

私はこれを「クセになる味」または「クセ味」と呼んでいます。

そして苦味に対して、違う種類の苦味が加わって生まれる苦味のハーモニーを、人間はコクと錯覚します。

これが「苦みックスの法則」です。

苦味のアンサンブルが口の中でそれぞれ違う苦味を奏でるので、なんだかわからないけれどすごくおいしい、という状況に陥るのです。

荒波に負けないサザエと穏やかな海を好むサザエ

海流の激しい所にいるサザエ

波に体をさらわれないように突起を伸ばす。ふんばるので身は筋肉質で苦味、旨味、香りが強い。

海流の穏やかな所にいるサザエ

踏ん張らなくよいので突起がない。柔らかく苦味は少なくて甘味はあるが、ぼんやりした味。

荒波に負けないサザエの苦みックス

材料（４人分）

サザエ……………………………………４個
セロリ……………………………………10センチ
ゴーヤー…………………………………４センチ
イタリアンパセリ ………………………１枝
EXヴァージンオリーブオイル ………適量

作り方

① サザエを殻から取り出し、身と肝に分けて、身をスライスする。
② 1個分の肝をさっとゆでる。
③ セロリとゴーヤーを薄くスライスして、ゴーヤーは水にさらす。
④ ❷の肝を包丁でたたいてすりつぶし、みじん切りにしたイタリアンパセリとまぜる。
⑤ スライスしたサザエに❹のすりつぶした肝を入れてまぜ、セロリとゴーヤーとあえて皿に盛る。
⑥ 上からEXヴァージンオリーブオイルを回しかける。

色の法則

北三陸の五代目漁師の三浦太知さん。

ゆで汁も料理に使います。

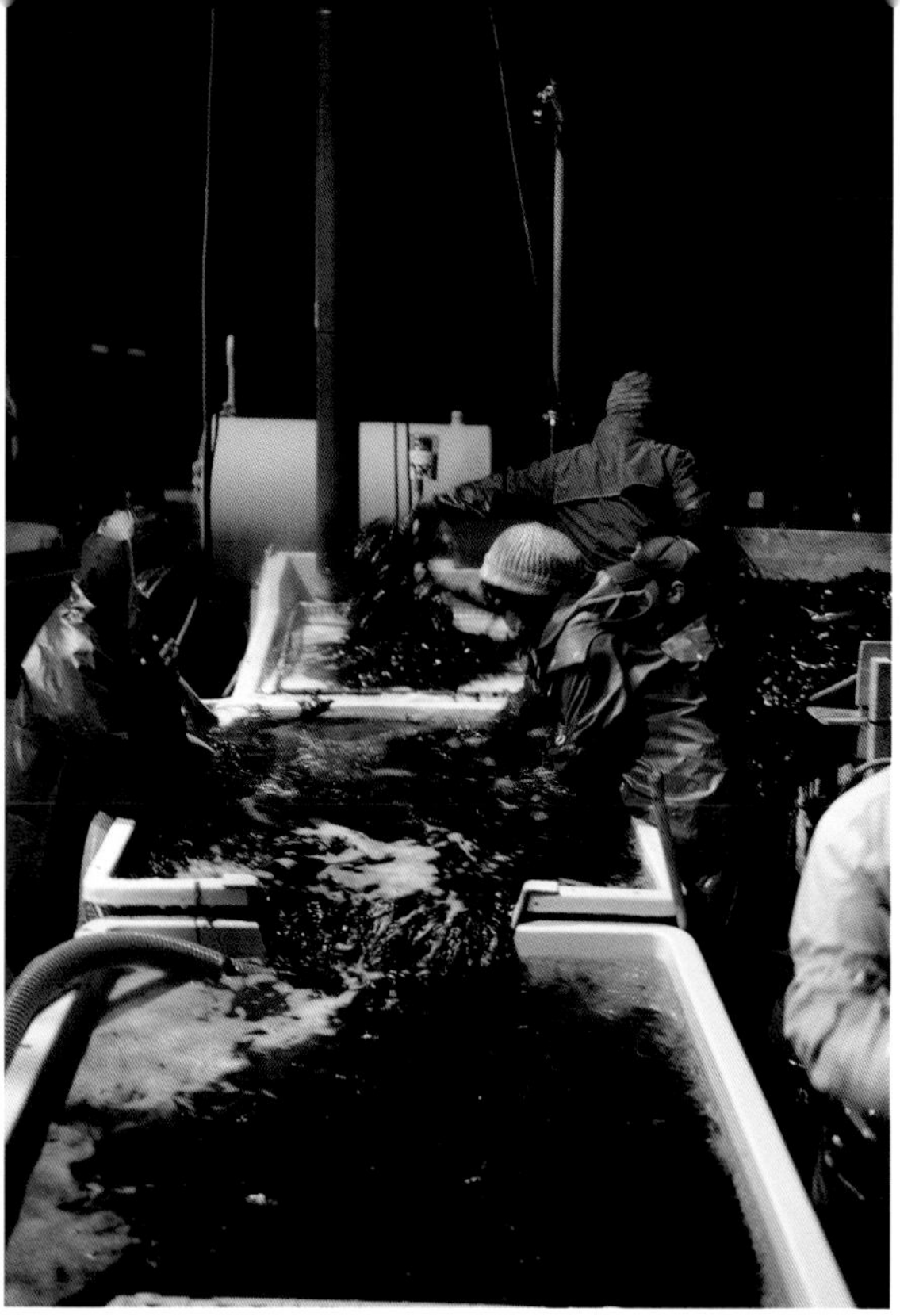

海から揚げたワカメは岸壁ですぐにゆでられて、
香りを閉じ込めます。

あなたが一番好きな食べ物は何？と聞かれたら、私は海藻と答えます。子供の頃から、風邪をひきそうなときには、熱い海藻汁を飲んで治します。

海藻は、言うなれば海の野菜。

陸の野菜は土壌で味が変わりますが、それは人間が畑で様々なものを投入した結果の味。

これに対して海藻は、海底の地形や海流、陸から流れ込む水など様々な条件の中で培われた自然が育む味です。

食べてみると、産地の違いは特に食感に現れます。北に行くほど肉厚になるのは海水温の違いでしょう。歯応えや含む水分量が違うので、細胞の形成に違いが現れるのだと思います。

岩手県田野畑村の三浦太知さんは、漁師5代目。春に旬を迎えるワカメの時期になると家族総出で深夜から塩蔵作業をするそう。

3歳からワカメ収穫を手伝っていたという三浦さんのワカメは、天然の株から養殖しています。肉厚で歯応えがあり、何よりおいしいのです。

海から船で収穫すると、岸壁で熱湯に通してすぐさま塩蔵します。湯通ししたてのワカメを口いっぱいに頬張ると、新緑のような青い香りと潮の香りが入り交じる中にワカメの旨味が溢れて、体が喜んで、海に感謝したくなる気持ちが湧いてきます。

海の力で育まれ、生育状態を確かめながら、人間の経験からくる最適な間引きをすることによってこの味と食感に仕上げている三浦さんのワカメ。

ただそれだけでも十分においしいのですが、街場のレストランでワインに合わせて食べる料理にして、より多くの人にレストランでワカメを食べていただきたいと思いました。

料理は「色の法則」で組み合わせる食材を選びます。

同じ色の食材同士は、味の波長が同じなので味が共鳴する、という法則。同じ色の食材を組み合わせて、ベストな比率を考えて、全体を共鳴させます。

色の法則で料理をすると、ほんの少しの味付けだけで、食材同士が織りなすハーモニーで味わいが生まれます。

三浦さんのワカメには、くすんだ緑色の食材のフェンネルを合わせます。

イワシはワカメの香りを上げる引き立て役。植物は、動物性タンパク質と出会うと香りを放つのです。イワシの体のウリの香りがワカメの潮の香りを立ちのぼらせ、フェンネルとも共鳴します。

ワカメが主役のひと皿です。

私が感じる色による味の波長の違い

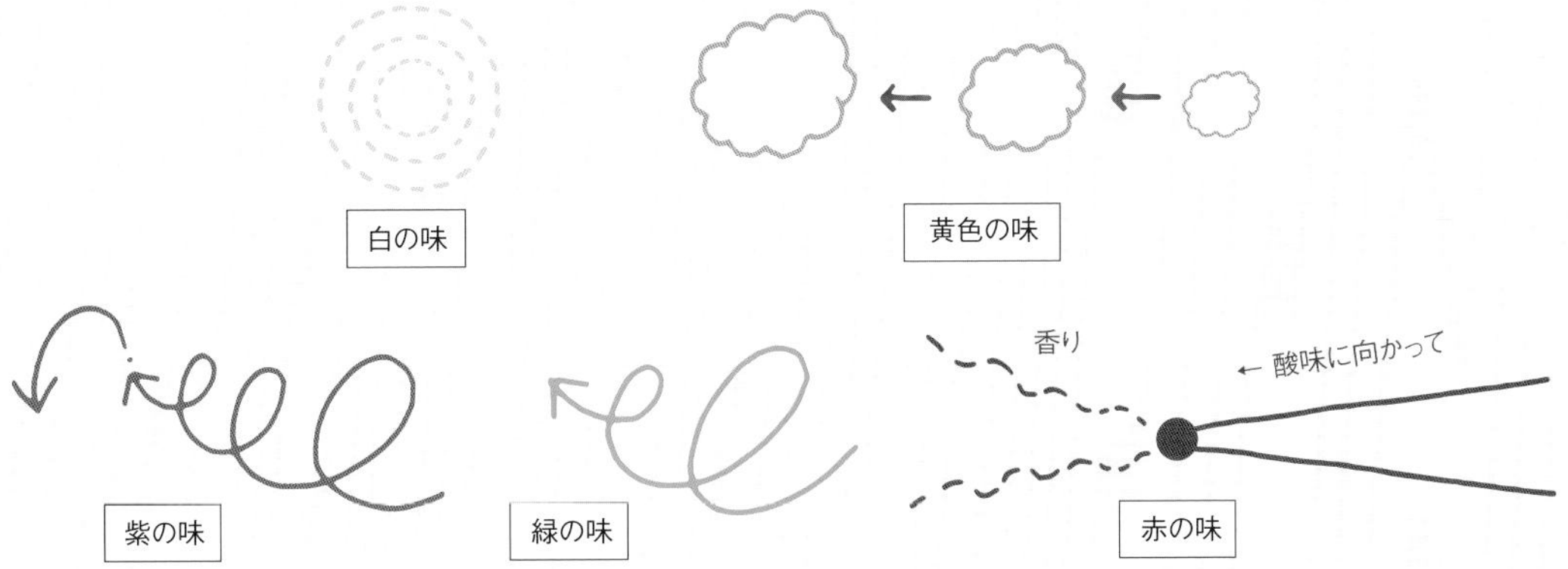
白の味
黄色の味
紫の味
緑の味
香り
← 酸味に向かって
赤の味

三浦さんのワカメとイワシとフェンネルのマリネ

緑色で合わせる

材料（4人分）

湯通し（生）ワカメ（または塩蔵ワカメ）	100g
ワカメのゆで汁（または塩蔵の戻し汁）	200mℓ
同じ海で獲れたイワシ	３尾
塩	適量
ハチミツ	20g
シェリーヴィネガー	13mℓ
フェンネル（２ミリスライス）	50g
フェンネルの葉	適量
EX ヴァージンオリーブオイル	適量

作り方

① イワシを３枚におろして皮をむき、冷ましたワカメのゆで汁に浸す。20分経ったら水分を拭き取り、皿に軽く塩を振って並べる。(塩蔵ワカメの場合は、ワカメの戻し汁に浸し、皿に塩は振らない）

② ハチミツとシェリーヴィネガーをまぜ、ひと口大に切ったワカメを入れてあえる。

③ ❶のイワシの周りに❷のワカメをのせて、フェンネルの茎と葉を散らしてEX ヴァージンオリーブオイルを回しかける。

＊湯通ししただけのワカメは、一般には「生ワカメ」として販売されています。

ダルスとイワシと紫タマネギのマリネ

紫色で合わせる

ダルスはワカメに似ていて紫色をした海藻ですが、その場合は同じレシピでフェンネルを紫タマネギ 20g に変えて作ります。同じ色の食材で合わせるのが色の法則です。

高田勝さんの豚は走るので
肉が締まっています。

遺伝子の味の違いから考える料理 ～豚は苦味と脂を見る

今帰仁アグーの赤ワイン煮の酢豚風

材料（6人分）

今帰仁アグー	200g
泡盛	300mℓ
赤ワイン	300mℓ
屋我地マース	適量
ピュアオリーブオイル	適量
黄パプリカ	1/2個
黄ニンジン	1/2本
タマネギ	1/2個
黄トマト（半割り）	6個
沖縄のパイナップル	1/2個
パクチー	好みの量

作り方

① 今帰仁アグーを鍋に入れ、泡盛と赤ワインを肉が浸るくらいの分量で1対1で鍋に入れ、1時間以上煮込む。柔らかくなったら塩で味を調える。

② フライパンにピュアオリーブオイルを入れて、黄パプリカを素揚げし、キッチンペーパーに取って、塩を振る。黄ニンジン、タマネギも順番に同様にする。

③ フライパンのオイルをそのままに❷の素揚げを戻し入れ、黄トマトとパイナップルと❶の角煮を入れて炒める。トマトに半分ほど火が通ったら、皿に盛りパクチーを散らす。

私の好きな豚の生産者を二組紹介します。二人の生産者は、それぞれ別の遺伝系統の豚を生産しています。

一人は、沖縄でとても貴重な遺伝子を持つ「今帰仁アグー」という黒豚を育てている高田勝さんです。沖縄にはアグー豚のブランド肉が存在しますが、それとは違う遺伝系統で、東アジアに分布している豚と同じ仲間だそう。

もうひと方は、青森県の長谷川自然牧場の長谷川光司さんと洋子さんです。

この二つの牧場の豚の共通点は、どちらも幸せに暮らしていた味がします。

高田さんの農場では、豚が広い敷地を自由に走り回っていました。私と追いかけっこしましたが、運動が好きと知りました。豚舎も広くて風通しがよく、子豚が敷地を自由に歩いています。

高田さんの豚肉は、渋味や苦味が強くて野生的な味がします。これはクセになる味が強いという意味で、食べ慣れた人にはこの味じゃないと物足りなくなる味です。

味の数の多い豚肉なので、組み合わせる食材の種類を多くして、いろんな味の中でこの渋味のある豚肉の味を楽しむという料理にしました。一方で脂の融点が低いので、脂の味を使って肉の味と野菜を馴染ませます。

地域の循環型農業を実現する長谷川光司さんと洋子さん。

ひと懐っこくてかわいいのです。

長谷川自然牧場の豚の透き通った味のスープ

材料（4人分）

- 豚バラ肉（2×2×6センチ）……320g
- 塩……6g
- ブイヨン……400㎖
- 水……200㎖
- コンソメ……200㎖
- ニンニク（1ミリスライス）……6枚
- セロリ（4ミリスライス）……15枚
- タイム……1本分

作り方

① バラ肉に塩をすりこんで、3時間以上置く。
② 鍋にブイヨンと水を沸かし、塩をもみ込んだ豚肉の表の塩をさっと水で洗い流して入れる。
③ アクを取り、コンソメとニンニク、セロリ、タイムを入れる。
④ もう一度アクを取り、鍋がグラグラ煮立たないように極弱火で40分煮る。

こんな肉に使う塩は、屋我地マース（67ページ）がピッタリ。味の数の多さに対し塩味が低い塩で、ミネラル味が肉の野生的な味と結びつき、肉といろんな野菜の味を穏やかにつなぎます。

一方の長谷川さんの豚は、掛け合わせによる、やわらかい肉質の豚です。

長谷川さんは、地域の農家の出荷できない変形野菜を集め、大きなボイラーで蒸して消化をよくして豚に与えています。かぼちゃやジャガイモやリンゴなど、地域中の未利用資源を役立てているのです。

豚舎内には籾殻をいぶす装置が設置されていて、豚舎内が良い菌で満たされる工夫がされており、抗生剤を注射しなくても豚が病気になりません。

長谷川さんご夫妻の豚は、脂がとてもきれいで、透明な味がします。加熱するとゼラチン状になり歯応えがよい脂なので、身と脂の食感を楽しんでいただけるように、長時間煮て水に流れ出る旨味を味わうスープにしました。

このお二方は、地球の循環のこと、生態系のこと、地域のことを考えて豚と向き合って暮らしている。豚の味からそれを感じます。私もそんなお二人に続く人になりたいと思い、料理をしています。

食材の温度による味の変化を把握する

～超酸っぱいリンゴの味の生かし方

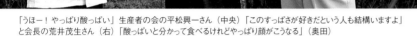

「うほー！ やっぱり酸っぱい」生産者の会の平松興一さん（中央）「このすっぱさが好きだという人も結構いますよ」と会長の荒井茂生さん（右）「酸っぱいと分かって食べるけれどやっぱり顔がこうなる」（奥田）

味が偏っている食材は、味の可変域が広いことを生かすと、いろんな表情を表現できる食材になります。

ブラムリーは、加熱用のリンゴとしてイギリスから日本にやってきました。突然変異で生まれたという、青くてとっても酸っぱいリンゴです。

イギリスでも日本でも、一般的には砂糖と一緒に煮て、デザートで食べるものと思われていますが、この類まれなるフルーティーさを持ち得た酸っぱさを調味料の代わりとして生かさない手はありません。

ヴィネガーの代わりに使ってサバを締めたり、左のハマグリの料理のように酸味をアクセントに使ったり、加熱して、欲しいレベルの味にコントロールして、ベーコンの脂で中和させてパスタにしたり。

ブラムリーの持ち味の酸味を思い切り楽しみましょう。

温度とともに変化するブラムリーの酸味の特徴を理解して調理をする

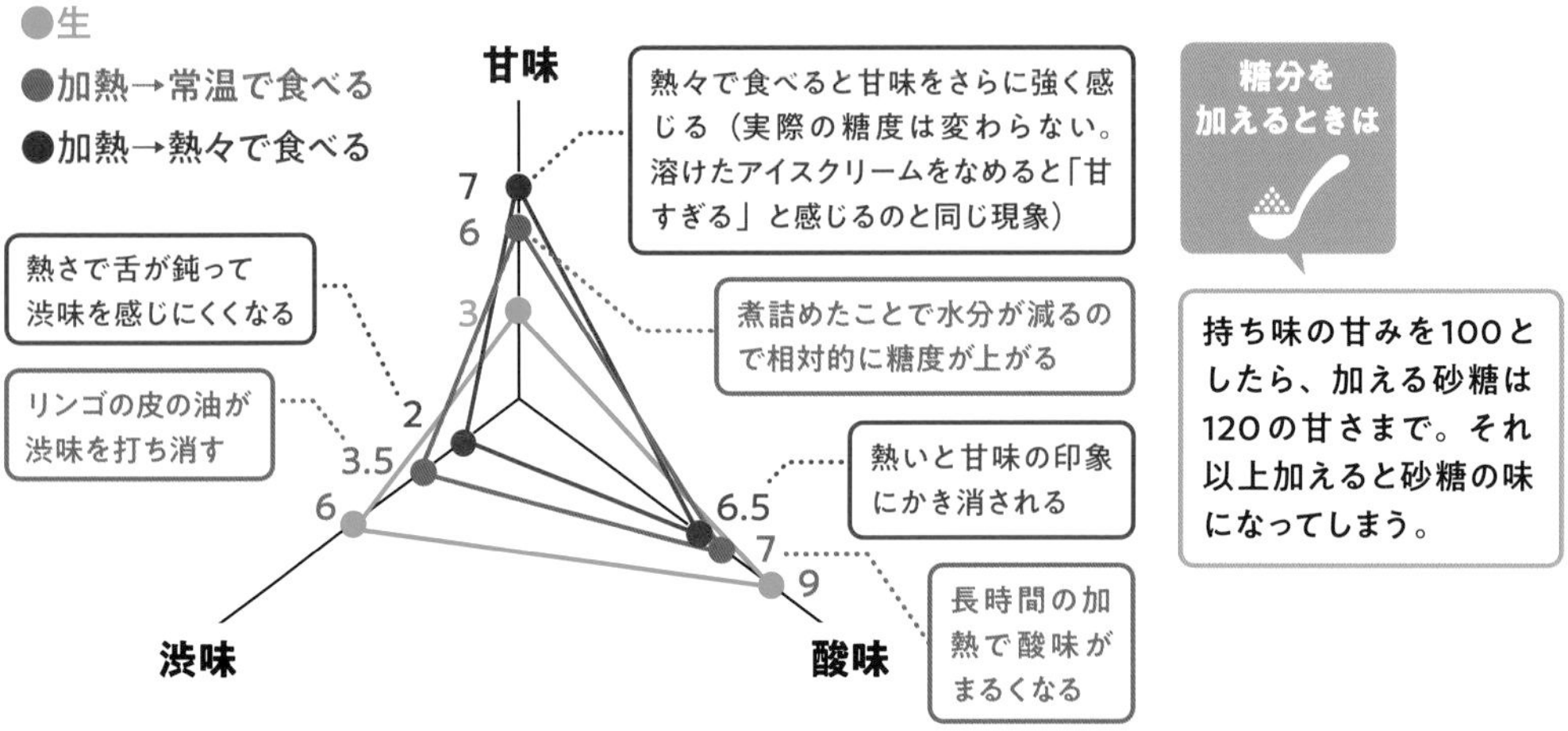
●生
●加熱→常温で食べる
●加熱→熱々で食べる
甘味
渋味
酸味
7
6
3
2
3.5
6
6.5
7
9
熱々で食べると甘味をさらに強く感じる（実際の糖度は変わらない。溶けたアイスクリームをなめると「甘すぎる」と感じるのと同じ現象）
煮詰めたことで水分が減るので相対的に糖度が上がる
熱さで舌が鈍って渋味を感じにくくなる
リンゴの皮の油が渋味を打ち消す
熱いと甘味の印象にかき消される
長時間の加熱で酸味がまるくなる
糖分を加えるときは
持ち味の甘みを100としたら、加える砂糖は120の甘さまで。それ以上加えると砂糖の味になってしまう。

加熱（皮ごと煮る） 90度以上で加熱を続けると細胞壁からペクチンが流出し、熱、酸、糖が反応しゲル化してジャムになる。

ハマグリーブラムリー

材料（4人分）

ブラムリー ………………………………… 10g
ハマグリ ……………………………………12個
セロリ（薄切り）…………………………12枚
セロリのやわらかい葉 …………………12枚
EXヴァージンオリーブオイル………… 適量

作り方

① ハマグリをゆで、口が開いたらひき上げる。
② セロリと、セロリより小さく切ったブラムリーのスライスと、セロリの葉をのせる。
③ EXヴァージンオリーブオイルをハマグリがひたるくらいまでそれぞれの貝殻に注ぎ入れる。

ブラムリーのカルボナーラ

材料（1人分）

パスタ ………………………………………… 80g
ニンニク ………………………………… 1/2片
無塩バター ………………………………… 10g
全卵……………………………………………1個
卵黄……………………………………………1個
パルミジャーノ・レッジャーノ ………… 30g
塩………………………………………………適量
黒こしょう（燻製） ……………………… 適量
ピュアオリーブオイル ………………… 15mℓ
ベーコン ……………………………………… 40g
ブラムリー（5ミリ棒切り） …………… 1/3個
生クリーム ……………………………… 100mℓ

作り方

① 2.5%の塩湯でパスタをゆでる。
② ボウルにニンニクをこすりつけてから、無塩バターを塗り、全卵と卵黄を入れる。パルミジャーノ・レッジャーノを2/3量すりおろして塩、黒こしょうで味を調える。
③ アルミパンにピュアオリーブオイルとベーコンを入れて加熱し、ベーコンがきつね色になったら2/3を取り出す。
④ ブラムリーを加えて炒め、少し色付いたら取り出し、生クリームを入れる。
⑤ ゆでたパスタをお湯で7秒ゆすぎ、お湯をよく切り、❹に入れて回すように20回まぜてとろみを出してパスタの表面にクリームの膜を作り、塩で味を調える。
⑥ ❷の卵液を加えて、半熟状になるまで加熱しながら回すように8回まぜる。
⑦ 皿に盛り、取り出しておいたベーコンとブラムリーをのせ、残りのパルミジャーノ・レッジャーノをすりおろしてかけ、黒こしょうを振る。

味を一手抜いて次の皿に誘う（いざな）しりとりの法則

米沢鯉
六十里
六十里

岩倉利憲さんが営む「鯉の六十里」では、鯉の養殖から加工販売、料亭を運営している。

米沢牛でお馴染みの米沢市でいま、米沢牛よりも長い歴史を誇る「鯉」が大ピンチです。

米沢鯉は、江戸時代の大名上杉鷹山が、内陸の米沢で魚食を発展させようと、米沢城のお堀で育て始めました。これをきっかけに養殖業が盛んになり、米沢は鯉の一大産地になりました。

しかし川魚の需要が減り、肉食の習慣が増え、鯉を米沢で生産し料亭も営んでいる鯉店は「鯉の六十里」さん一軒だけになってしまいました。

それがいま廃業の危機にあり、270年の歴史を閉じるか、それとも生き延びられるかの瀬戸際にいます。

鯉は泥くさい。もしかするとあなたもまだそのようなイメージでしょうか。

実は鯉の六十里を営む岩倉利憲さんの鯉は、全くそんなことはありません。むしろ、日本一味の透き通ったおいしい鯉だと私は思います。

米沢は豪雪地帯ですが、その雪のおかげで湧き水がありとてもきれいです。その水で育てられた鯉は、泥吐きをさせる必要がなく、養殖池から取り出してすぐに食べられます。

雑味がなく、オリーブオイルと相性が良いので、私の店では生でオイルをかけていただく一皿にしたり、鯉の冷製カッペリーニにしたりしてお客様にお出ししています。

なぜいま、鯉の需要が減っているのか？　それは鯉のイメージと鯉の料理にあります。

泥の匂いという先入観があるので、料理法が昔からある「甘露煮」や「鯉こく」のように、味を濃くしないと食べられないと思われている。

この調理法は、食卓のおかずの数が少なかった時代の、白米をたくさん食べるためのうんと濃い味にするやり方でした。

いまこの味が食卓に置かれると、しょっぱいから多いなと感じたり、食べ飽きてしばらくもう食べなくていいなと思ったりします。

米沢鯉を残すためには、鯉の食べ方をイメージから変えていくことが必要です。

私は毎年、鯉の六十里さんのお店で鯉のフルコースを作っていますが、「しりとりの法則」を使います。

お客様は子供の頃から鯉を食べて育った、地元のお客様たちです。

コースの中に左の二皿を入れますが、上の皿は「鯉のいない鯉こく」です。

白味噌の甘いコクのある汁に、青い柚子胡椒を入れて辛くし、本来なら鯉が入る場所に西洋の味のマスカルポーネチーズを入れ、コクと脂分で辛さを中和で心地よく感じさせています。

この料理では、本当は入っているはずの「鯉」という一手を抜いているのです。

食べている人は、汁の味から鯉こくだと思ったら、鯉がいないので、特に米沢の鯉を食べ慣れている人にとっては、「あら、いつもの鯉がないじゃない」ともの足りなさを感じてしまう。まさに鯉に恋。

そこで次の皿に皮をパリッと焼いた鯉を出します。

前の料理の汁の味を忍ばせて鯉こくのニュアンスを感じさせながら、皮の食感や身のふわっとした舌触りという、それまでに出会ったことのない鯉に会えて、新しい鯉の表情を知るという演出です。前の皿で抜いた一手を次の皿に入れて、二つの皿で一つの味を作りあげる料理です。

鯉のいない鯉に恋焦がれるコイコク

白味噌を使って鯉こくの味に仕立てた昔ながらの味に、青い柚子胡椒をたっぷり入れ、真ん中にマスカルポーネチーズを浮かべました。食べなれたはずの白味噌味だけれど、柚子胡椒の辛味に気を取られて、しかもチーズで辛味が中和されたところにまた次の柚子胡椒の辛さが来るので、辛い、辛くない、辛い、辛くないと繰り返すうちに鯉こくの汁を飽きずに最後まで飲み干す。しかし鯉には出会えなかった。

＼地元のお客さまの食べた感想／

「鯉こくの汁の味って郷土料理
の代表だと思っていたら、
チーズとよく合って、
こんなお洒落な料理になるのね」

鯉の皮はパリッと身はふわっと仕上げた恋のムニエル

皮面をパリッと焼き、中はふわっと仕上げ、火入れを最低限にした鯉のムニエル。昔ながらの煮るという調理法ではない鯉が出てきて、人は一瞬躊躇（ちゅうちょ）します。バターを使ってパリッとさせ、まさに西洋的な調理法にすることで、鯉料理の新たな可能性を感じさせます。食べた人は、一つ前の料理で鯉に出会えなかったところに、この料理が来て、恋焦がれた鯉に会えて、愛しの鯉（恋）が愛に変わります。

＼地元のお客さまの食べた感想／

「鯉を食べてパリッとした食感を
感じたの初めて。
しかも身はふわっとしていて
今まで知らなかった鯉の味だわ」

ワインと料理を対比させ口の中の味の変化を楽しむ

鯛の燻製と生の鯛のテリーヌと焦がしたブドウ

ワインと料理の関係を味覚チャートを使って完璧に合わせる。すると、最もおいしいワインと料理の頂き方を導くことができます。

おいしい料理が、ワインを加えることで味が膨らんで、おいしさが2倍増し、3倍増しになったとしたら、とても楽しいと思いませんか？

ワインと料理は、主に「対比」で合わせます。

料理にワインを合わせようとすると数多あるワインから探さないといけなくなるので、ワインに料理を合わせた方が完璧な組み合わせを作ることができます。

ワインは山形のウッディーファーム&ワイナリーのソーヴィニヨン・ブラン。きれいな味のフルーティーな白ワインです。

最初にテーマを決めます。私が選んだテーマは「ワインを高級にする」。料理と合わせることで味がふくよかになることを目指します。

主になる軸にワインの味を分析してプロットし、味を明確にしたら、次の順番で料理の骨格を浮き彫りにしていきます。

①ワインのコクは低めなので、食材は白身魚にする。

②樽香のないワインなので、燻製の香りを使って樽香の付いたワインに味を錯覚させてみよう。

③程よい苦味なので、料理には異質の苦味を入れたい。燻製の苦味を使う。

④燻製で樽香なら、何かをバーナーで炙って焦げた香りを付ける。

⑤甘味少なめなので、料理にブドウの甘みを入れて味に厚みをもたらそう。ブドウを使うなら、④の炙るものはブドウの皮にしよう。

⑥酸味がしっかりあるワインなので、オイルと塩を合わせてフレンチドレッシング的な味のバランスにしよう。オイルは多めにしよう。

⑦キレ味が控えめなワインなので、旨味は少なくてよいだろう。

こうしてできた料理が、「鯛の燻製と生の鯛のテリーヌと焦がしたブドウ」です。遊び心を入れたいと思い、鯛の燻製を焼いてパサつかせたものを添えました。

味覚チャートを使って、ワインに合わせて料理の味を微調整します。

料理の中のブドウの存在が、料理とワインの手をつなげて、焦げの香りが焼いた樽香になります。

この料理を食べてワインを口に含むと、思わず笑っちゃいます。

きれいな味のフルーティーな白ワイン

テーマ　**ワインを高級にする**

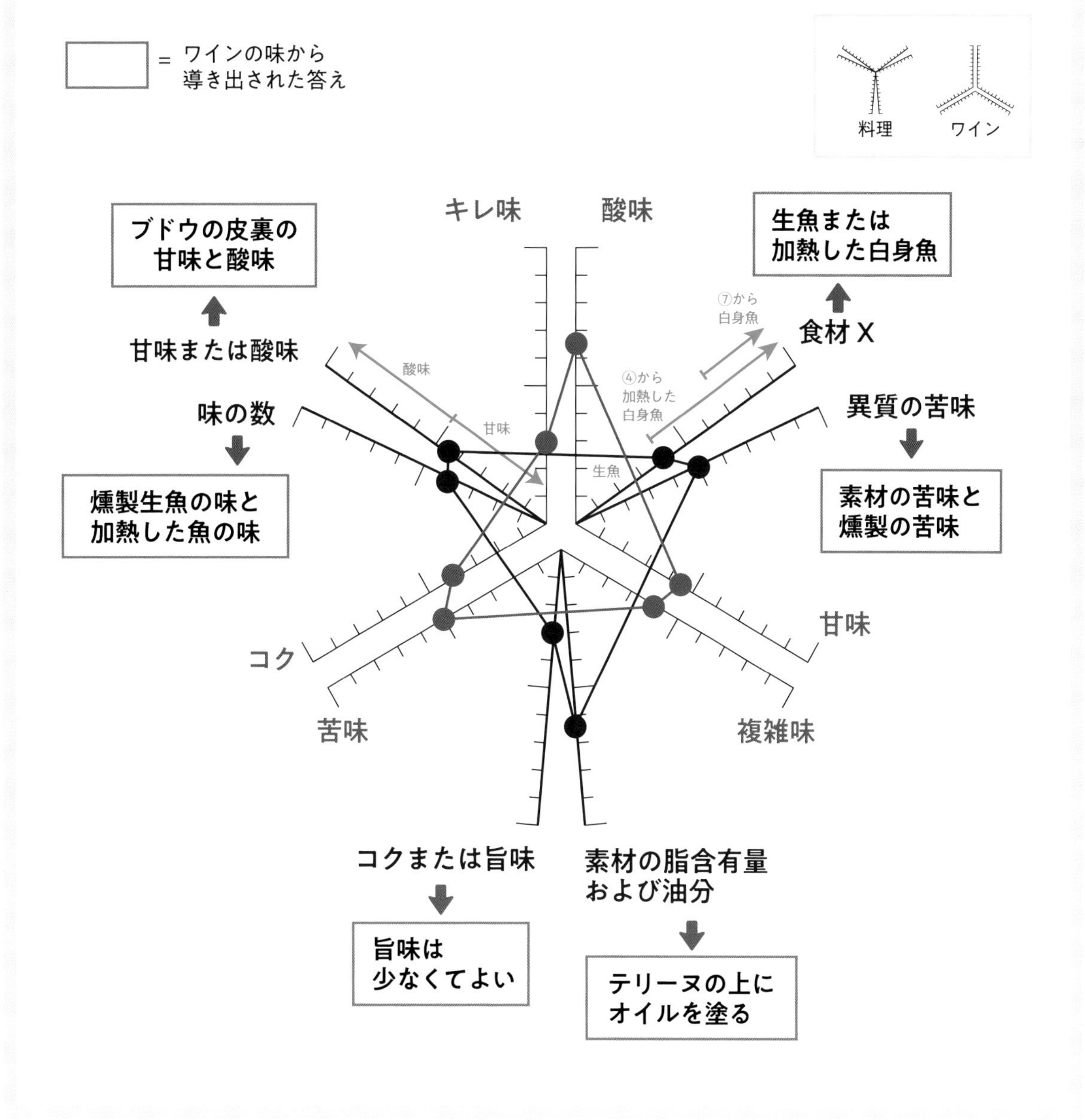
= ワインの味から導き出された答え
料理
ワイン
キレ味
酸味
ブドウの皮裏の甘味と酸味
甘味または酸味
味の数
燻製生魚の味と加熱した魚の味
酸味
甘味
生魚
⑦から白身魚
④から加熱した白身魚
生魚または加熱した白身魚
食材X
異質の苦味
素材の苦味と燻製の苦味
コク
苦味
甘味
複雑味
コクまたは旨味
旨味は少なくてよい
素材の脂含有量および油分
テリーヌの上にオイルを塗る

日本酒は旨味で同化させる
相乗効果で味が膨らんでいく

亀治
好日

ホタテのヒモの
カッペリーニとカラスミ

日本酒は、ワインよりも旨味の数が多いお酒なので、和食に限らず料理のストライクゾーンが広いのが特徴です。

お米から作られていて旨みがあるので、料理と交わると、相乗効果で料理の甘味や旨味をどんどん膨らませてくれます。

日本酒には魚介料理が合います。私のフルコースでは、ペアリングの注文をいただくと、魚料理に日本酒を合わせることがよくあります。

日本酒の旨味には「コハク酸」という成分が含まれていて、これは貝類に含まれている旨み成分と同じものです。ですから、日本酒と貝を合わせると、味がひとまとまりになって口の中で味が膨らみます。

日本酒に料理を合わせて、「味を膨らませて心地よさを生み出す」をテーマに料理を作ってみます。

お酒は山形県の鯉川酒造の亀治好日。冷や酒でいただくと、バランスの良い味で、味覚チャートもほぼ正三角形になりました。

ここに貝の料理を合わせていきます。

① 日本酒の甘味とまろやかさに料理のコクのレベルを合わせる。貝の中でも旨味のしっかり詰まっているホタテのヒモを選ぶ。

② お酒に香りと味の数がそこそこあるので、潮の香りのするような新鮮なホタテのヒモを選ぼう。香りをできるだけ保ちたいので、水道水で洗わず、海水がついたまま使おう。

③ 酸味はワインに比べるとかなり少ないので、使うオリーブオイルは少なめにする。

④ 苦味がやや強いので、同じレベルで複雑な味と苦味とを持つカラスミを使おう。

⑤ きれいな喉越しなので、セロリの清涼感を合わせよう。

⑥ アルコール感は中程度なので、料理の汁はそんなに必要ない。

これらの解析から導かれた料理は「ホタテのヒモのカッペリーニとカラスミ」です。

日本酒は、ワインに比べるとアルコール度数が高いので、口に含むと、舌の体温でお酒の温度が上がったときに揮発の作用が高まり、いっそう香りが広がります。

もしアルコール感が高い日本酒ならば、舌はアルコール分を薄めたいと感じるので水分が欲しくなります。その場合は水分の多い料理にします。

味のバランスのよい日本酒

↓

テーマ　**バランスのよい料理で心地よさを作る**

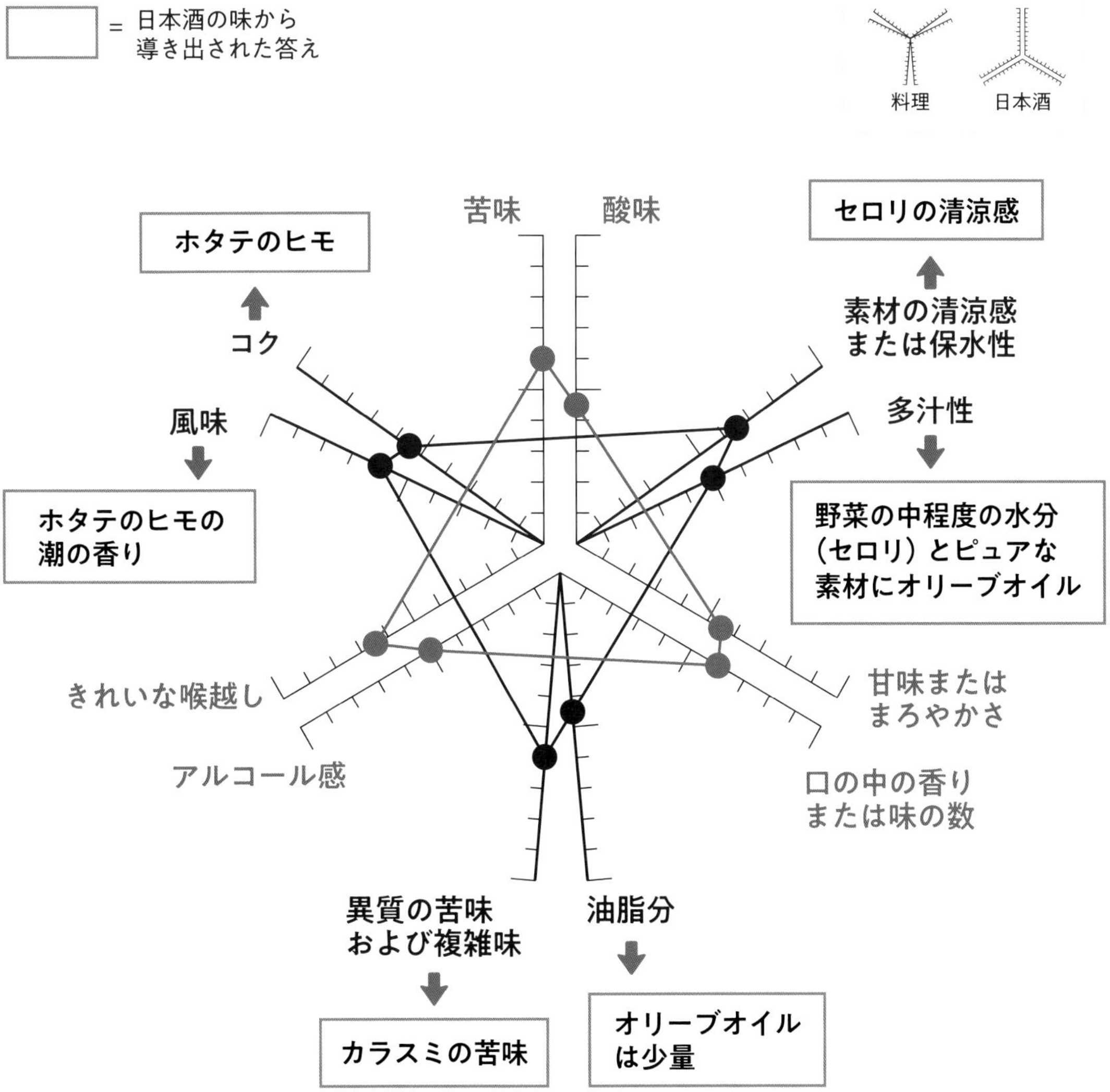

= 日本酒の味から導き出された答え
料理
日本酒
苦味
酸味
セロリの清涼感
素材の清涼感
または保水性
多汁性
野菜の中程度の水分
（セロリ）とピュアな
素材にオリーブオイル
甘味または
まろやかさ
口の中の香り
または味の数
油脂分
オリーブオイル
は少量
異質の苦味
および複雑味
カラスミの苦味
アルコール感
きれいな喉越し
風味
ホタテのヒモの
潮の香り
コク
ホタテのヒモ

うるパサの法則

ビスコッティ・サヴォィアルディを口に入れて噛むと、パサパサした乾いたクッキーが崩れ、唾液をクッキーに吸われます。

唾液はすぐに枯渇し、「す、水分が欲しい！」と思った瞬間に生クリームのついたイチゴを頬張って噛むと、イチゴから甘酸っぱいジュースがジュワ〜っと出てきて、口の中がこれ以上ないくらい幸せになるひと皿です。

水分のないものと、水分が多いものを口の中に一緒に入れると、お互いがお互いを必要とするので、一体になり、味が変わっていきます。

うるうる食材とパサパサ食材がお互いに惹かれ合う「うるパサの法則」です。

ちなみにクリームは、イチゴの甘味を感じて欲しいのであえて砂糖を入れません。

みずみずしいイチゴと
乾いたサヴォィアルディと
イチゴより甘くないクリーム

材料（4人分）

イチゴ	32粒
リコッタチーズ	400g
生クリーム（8分立て）	800g
レモン汁	6滴
ピスタチオ（みじん切り）	適量

ビスケット生地

卵白	5個分
グラニュー糖	90g
卵黄	5個
薄力粉	125g
粉糖	適量

作り方

A イチゴより甘くない乾燥させたビスケットを作る

① 卵白を泡立てて、最後の方でグラニュー糖を入れふわっと泡立てる。
② ❶に卵黄を入れてまぜ、薄力粉を入れる。
③ ❷の生地を天板に絞り袋で細長く線を引き、粉糖をかけ、180度のオーブンで焼き上げる。
④ もう一度オーブンへ入れ、カリカリにさせる。

B リコッタクリームを作る

生クリームを泡立ててリコッタチーズと合わせ、レモン汁をチョンチョンと忍ばせる。

C 組み立てる

リコッタクリームとイチゴを皿に置き、ビスケットでクリームの周りを覆い、ビスケットから食べ始めるようにする。ピスタチオをかける。

完全なる食材の共鳴「ありが鯛（たい）」

この料理は、完璧なるバランスで成り立っている、私なりに完全体の味を表現できた料理です。

鯛は真鯛より淡い旨味の黄鯛。味があっさりしています。そこに旨味の食材、イカを組み合わせる。

完璧な味のバランスを持つ真鯛に比べると脂がない黄鯛。よって鯛もイカもオイルを使わずに加熱をし、そこにオリーブオイルを吸わせた、イカとも相性の良いズッキーニを合わせます。

全体をまとめるのは上から振った塩。これで鯛の塩焼きの味のバランスの完成です。

イカの若干の焦げ目とルッコラの苦味が苦みックスで共鳴し、この4つの食材が完璧な味を生み出します。

これこそが、地球に感謝したくなる料理なのではないかと、私は思っています。ありがたいなぁという気持ちが湧いてくるので、「ありが鯛」と名付けました。

鯛とイカとズッキーニとルッコラで「ありが鯛」

材料（1人分）

スルメイカの胴（皮をむいて鹿の子に包丁を入れる）……1/4ハイ分
黄鯛……1切
EXヴァージンオリーブオイル……適量
ズッキーニ（7ミリ半月切り）……5切
ルッコラ（香ばしいもの）……適量

作り方

① 黄鯛に塩を振り、上火の魚焼きグリラーで皮面を上にして焼く。
② フッ素樹脂加工のフライパンでイカを空焼きし、イカを取り出して食べやすい大きさにカットする。
③ ❷のフライパンを洗わずに、EXヴァージンオリーブオイルを入れる。このとき熱しすぎないこと。
④ ❸にズッキーニを入れて、オイルを吸わせるようにソテーする。火を止めてイカを戻し入れる。
⑤ 鯛を皿に盛り、上から❹を盛り付ける。
⑥ ルッコラを盛り、塩をパラパラ振って、EXヴァージンオリーブオイルをかける。

こめ論
～白米はもっと面白おいしくなる

塩が一つとして同じ味がない、パレットの上の絵の具のような味のバリエーションを持つのと同様に、米もありとあらゆるいろんな味があります。

実は米は、料理人からすると、まだまだ未開の地。昨今の新品種の出現で、今や味のワンダーランドです。

私は、米の味に完全にピッタリ合うおかずを合わせて食べる習慣が、いずれ生まれると思っています。

それに思い至ったのは、私が寿司を握り始めたからです。

初めて寿司を握ったのは、20年も前に、海外フェアで現地の人に求められたときでした。

そこから寿司のことを調べ、自分なりのメソッドを考えて、２０１８年から「オイル寿司」という新感覚の寿司を皆さまに提案しています。

オイル寿司とは、酢飯に寿司ネタをのせるところまでは普通の寿司と同じですが、食べるときにしょう油を使いません。私の寿司のお店にしょう油はありません。

付けて食べるのは、ネタの魚の味を上手に引き立てるオイルです。

オリーブオイルだけでなく、バジルオイル、生姜オイル、アプリコットオイル、ベルガモットオイルなど、魚の皮の色や魚の脂の香りに合わせて選択し、切り身に塗ります。

そしてそこに入るもう一つのセレクトが、塩です。魚の味によって、使う塩を変えています。

オイル寿司は、実は完璧においしい味の設計が整っています。

おいしさの基本の4味（油脂味・甘味・塩味・旨味）が全て入っている「トマトとベーコンのパスタ」と比較してみるとよく分かります。

パスタのデンプンの甘味に対し、寿司酢の砂糖の甘味と米の甘味があります。

パスタの塩味に対し、オイル寿司では塩を振ります。

トマトソースの旨味はグルタミン酸ですが、酢飯には、甘酢を作るときに昆布を使うため、グルタミン酸が入っています。

ベーコンの旨味のイノシン酸は、魚のイノシン酸としてあります。

さらにクセになる味のトマトの酸味に対しては、寿司酢の酸味があります。

残るは油脂味。寿司では魚の身の脂分に頼るところになり、普通の寿司では、味の完璧なバランスを図れるかどうかは、その日手に入る魚次第でした。

「ここに油を加えると、味が完璧になるのになぁ」

オイル寿司ができたきっかけは、この思いつきからでした。

パスタソースの油脂味のオリーブオイルやベーコンから染み出した脂に対して、寿司に塗るオイルで油脂味を補います。

油脂味があることで、実はワインが一番合うお酒になります。油脂分と酸味が口の中で融合した時の味の変化が面白いのです。

このようにオイル寿司には、おいしさの基本が欠けることなくしっかり入っています。

魚の種類、オイルの種類、塩の種類、酢の種類が自由自在に交錯する中で、無限のバリエーションからベストな組み合わせを選択できる。それがオイル寿司の世界です。

私はこれらの組み合わせを探るために、どの米が寿司に合うだろう？と米の味の分析を始めてみました。

すると、これが面白いのなんの。

味を比べてみると、米ごとに甘味、苦味のバランスが違いますし、鼻から抜ける香りもよい香りともわんとした糠臭さがあってそれぞれに違う。

食感も、もちもちからさらっとしているものまでありますし、粒の大きさ、硬さ、舌触り、方向性がそれぞれに違うのです。

日本人の大好きなお米ですが、灯台下暗し、開拓の余地がまだまだあります。どんピシャリと合う米とおかずの組み合わせは、日本人を再び米の虜にするに違いありません。

今日はトンカツを食べたいから○○米にしようとか、朝ごはんは明太子を必ず食べるから□□米がいいとか、食べるおかずに合わせて米を選ぶ時代が来ると私は思っています。

オイル寿司はトマトスパゲッティーと味の構造が同じでおいしさの要素は全てそろっている

マグロのトマトヅケとニンニクオイルのオイル寿司

オイル寿司	味の要素	スパゲッティーニ
三杯酢の塩 振り塩	**塩味**	ソースの中の塩 パスタのゆで塩
米	**炭水化物**	パスタ
酢飯の昆布	**グルタミン酸**	パスタ
魚	**イノシン酸**	ベーコン
三杯酢の酢	**酸味**	トマトの酸味
三杯酢の砂糖 米の甘味	**甘味**	トマトの甘味 パスタのデンプンの甘味
塗ったオイルの香り	**香り**	バジル
塗ったオイル	**油脂味**	ソースの中のオリーブオイル

トマトとベーコンのアラビアータスパゲッティーニ

下の図は、「ご飯」の味覚チャートです。

日本中にファンの多い「魚沼コシヒカリ」は、チャートが正三角形に近く味のバランスのよいことがわかります。

苦味や米独特の匂いのある米を揮発性のある辛味や濃い味付けのおかずで食べている。魚沼地域の伝統野菜「神楽南蛮（かぐらなんばん）」や、「かんずり」や「塩引き鮭」など、風土に根差したおかずに合う米が好まれてきた結果だと思います。

これに対して山形で開発した品種の「つや姫」は、三角形はいびつですが、舌触りよく味に透明感のある米で、同じく透明感のあるきれいな味のおかずが合います。

と、この図を書いて大発見。つや姫のコマーシャルにもご出演くださった京都の菊乃井の村田吉弘さんは、このつや姫を使ってくださっていますが、まさに京料理にぴったりの米だったということが今回改めて分かり、至極納得したわけです。

左ページは、おかずに合う米の一例ですが、湯葉のあんかけの味から導き出されるベストな米は、つや姫だったのです。

「つや姫」と「魚沼産コシヒカリ」の味覚チャート

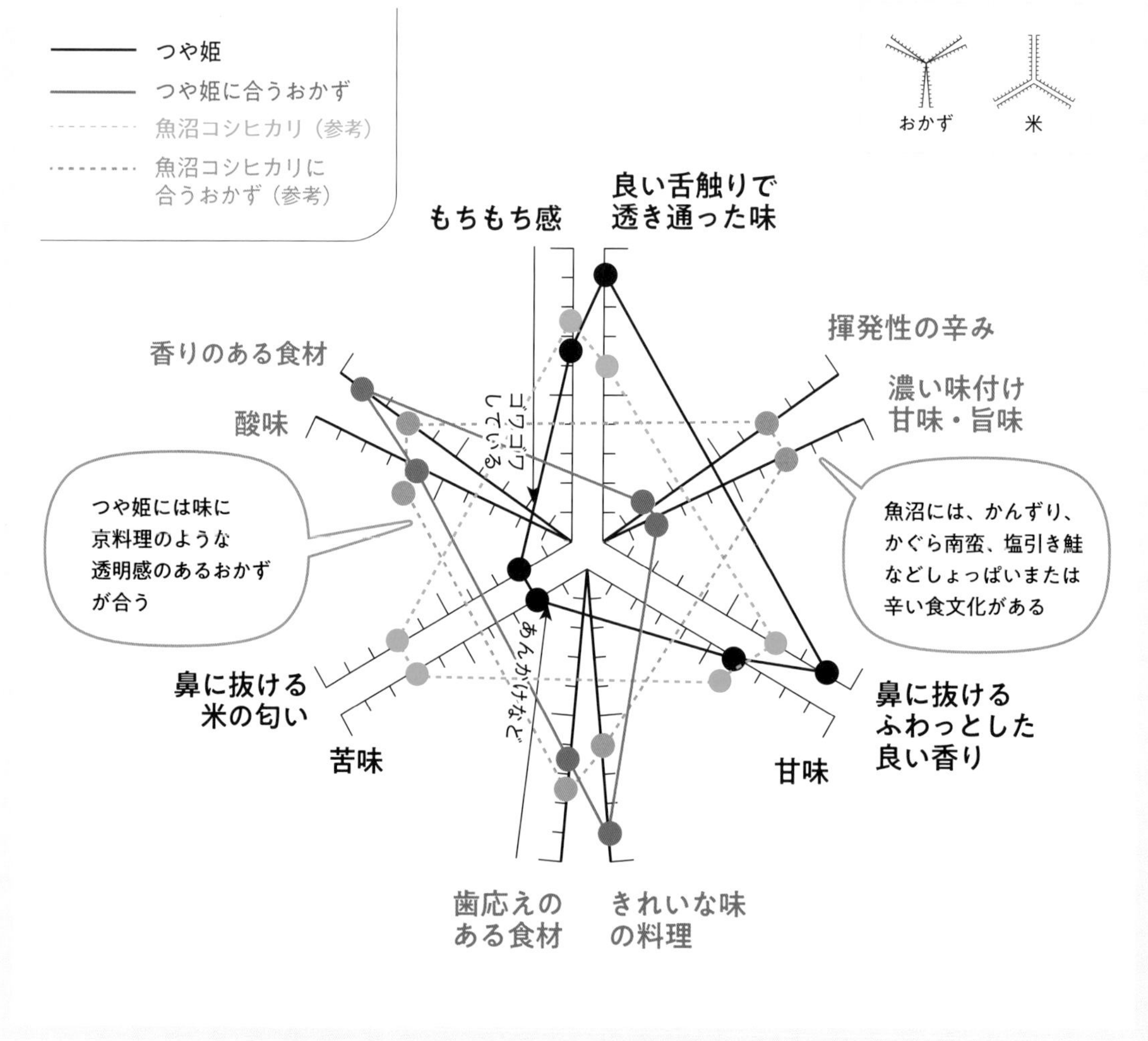
つや姫
つや姫に合うおかず
魚沼コシヒカリ（参考）
魚沼コシヒカリに合うおかず（参考）
おかず
米
もちもち感
良い舌触りで透き通った味
揮発性の辛み
濃い味付け甘味・旨味
香りのある食材
酸味
ゴワゴワしている
つや姫には味に京料理のような透明感のあるおかずが合う
魚沼には、かんずり、かぐら南蛮、塩引き鮭などしょっぱいまたは辛い食文化がある
あんかけなど
鼻に抜ける米の匂い
苦味
鼻に抜けるふわっとした良い香り
甘味
歯応えのある食材
きれいな味の料理

おかずから考える米のセレクト（和食編）

しらす

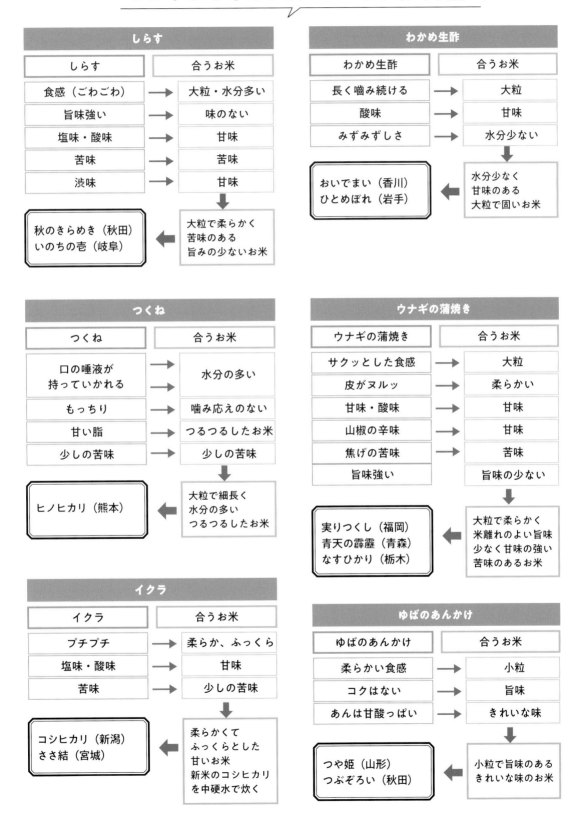

しらす	合うお米
食感（ごわごわ）	大粒・水分多い
旨味強い	味のない
塩味・酸味	甘味
苦味	苦味
渋味	甘味

大粒で柔らかく
苦味のある
旨みの少ないお米

→ 秋のきらめき（秋田）
いのちの壱（岐阜）

わかめ生酢

わかめ生酢	合うお米
長く噛み続ける	大粒
酸味	甘味
みずみずしさ	水分少ない

水分少なく
甘味のある
大粒で固いお米

→ おいでまい（香川）
ひとめぼれ（岩手）

つくね

つくね	合うお米
口の唾液が持っていかれる	水分の多い
もっちり	噛み応えのない
甘い脂	つるつるしたお米
少しの苦味	少しの苦味

大粒で細長く
水分の多い
つるつるしたお米

→ ヒノヒカリ（熊本）

ウナギの蒲焼き

ウナギの蒲焼き	合うお米
サクッとした食感	大粒
皮がヌルッ	柔らかい
甘味・酸味	甘味
山椒の辛味	甘味
焦げの苦味	苦味
旨味強い	旨味の少ない

大粒で柔らかく
米離れのよい旨味
少なく甘味の強い
苦味のあるお米

→ 実りつくし（福岡）
青天の霹靂（青森）
なすひかり（栃木）

イクラ

イクラ	合うお米
プチプチ	柔らか、ふっくら
塩味・酸味	甘味
苦味	少しの苦味

柔らかくて
ふっくらとした
甘いお米
新米のコシヒカリ
を中硬水で炊く

→ コシヒカリ（新潟）
ささ結（宮城）

ゆばのあんかけ

ゆばのあんかけ	合うお米
柔らかい食感	小粒
コクはない	旨味
あんは甘酸っぱい	きれいな味

小粒で旨味のある
きれいな味のお米

→ つや姫（山形）
つぶぞろい（秋田）

うどん
自慢
おいしい
みかん

第5章

レシピ開発のレシピ

名物には
その土地の人たちの
愛が詰まっている

その町の
歴史を調べて
暮らしを感じて

人の願いを聞いて
名物を食べると

ある瞬間から
新しいレシピが
どんどん降りてくる

だから新しいレシピは
私を通して形になった
みんなの願いの結晶です

どうか
誰かの心に
届きますように

みんなの願いを拾い集めて形にする〜UDON2の始まり!?

友達からの依頼

2022年の夏、以前から知り合いだった接客の人材教育をしている西川丈次さんから電話が来ました。

西川さんは接客と観光のコンサルタントをしている方で、以前から私のレストランや料理フェアなどに何度もお越しくださっていました。西川さんが電話の向こうでこう言います。

「実は、香川県の琴平町をうどんで盛り上げるために、奥田さんにうどんのレシピを開発してもらいたいのですが、力を貸してもらえませんか?」

金刀比羅宮、通称「こんぴらさん」のお参りと言えば、一生に一度は参るべき所として、お伊勢参りと並びかつては日本中から参拝客がやってきた日本屈指の旅の名所です。

近年は、琴平町を訪れる観光客が減って、名物のうどんを起爆剤として何度でも訪れたい町にしていきたいというものでした。

香川県と言えば讃岐うどんが名物ですが、実は私は、37歳のときに上映された映画「UDON」の大ファンです。

映画「UDON」は、タウン誌を発端に讃岐うどんブームが起こり町が活気づくが、やがてブームは終焉を迎えてゆく、けれど町の人は変わらずうどんを愛している、というストーリーです。

私は当時、食べもので町おこしをすることに自分もまさに取り組んでいましたから、普段映画を見ることのない私ですがこの映画は劇場で2回見て、その後DVDまで買って何度も見ました。なんだかリアルUDON2が始まる予感がします。

私を知っていただく

程なくして西川さんが、琴平町の関係者の方々と一緒に、鶴岡のアル・ケッチァーノ本店にお越しになりました。

私はお越しいただいたことをとても嬉しく思いました。

これまでも私は、全国各地から様々な料理に関する依頼を受けていますが、実は私の料理を一度も食べないままに私に料理開発の依頼をくださり、お話だけが進んでいくことも少なくないのです。

そのような場合には、私の料理を知らずに私に依頼されたこの方の願いを自分の力で叶えられるのかなと、と不安になってしまいます。私の開発する料理は、一般的な味付けと比べるとシンプル極まりない料理で、素材感を第一に仕上げるからです。

琴平の皆さまは、「シェフお任せフルコース」を食べてくださいました。このフルコースは、その日その時の地元の食材を最大限おいしく食べていただけるように、調理を考えてお出しするもので、全部で15皿程度あります。

フルコースは、私という料理人、私の考え方を理解していただく入り口になると思います。

ひと皿ひと皿に食材への思いと考えを重ねた調理技術が現されていますし、お出しする料理の順番には私なりの哲学があります。食べていただくと、食材の火入れ具合や味の作り方に対する考え方が分かり、「ほっとする味」「ハッとする味」「ほのぼのする味」などの味の作り方と、私という人間の料理の方向性が伝わると思うのです。

その後ご依頼を正式にいただき、お受けすることにいたしました。

観光ビジネスコンサルタンツの西川丈次さん（右）と
琴平バスの楠木泰治朗さん（左）

視察はここを見る

1. 歴史と文化財を見る
江戸時代の大人気アミューズメントパークだったこんぴらさんに、西川丈次さん（右）とお参りする。地域の歴史を知ることはとても大切。

2. うどんを理解する
うどん教室で手打ちうどんを打ち、うどんの特性を学びます。

3. 食材の生産現場を見て、 生産者のお話を聞く
新しいうどんの具材になる食材はとても大切です。生産者の皆さんの思いを伺って、料理の中に織り込んでいきます。

野菜生産者の砂岡恒さん

現地を知る

今度は私が琴平町を訪れる番になりました。

現地を案内してくれたのは、鶴岡の私の店にも足を運んでくださった、琴平町で観光バスとタクシーの事業を営んでいる琴平バスの代表取締役、楠木泰二朗さんです。

朝、待ち合わせの時間にホテルの玄関を出ると、なんとそこには映画にも出ていたあの「うどんタクシー」があるではありませんか！

うどんタクシーとは、楠木さんの会社が運営する、「うどんの食べ歩き」を支援するタクシーで、この運転を許されるのは、讃岐うどんや店の情報の筆記試験と、わかりやすく伝える接客の試験、そして手打ちで実際にうどんを打つ試験までクリアしたドライバーだけなのだそうです。

楠木さんのおもてなしに心躍る気持ちになりながら、早速うどんタクシーに乗り込みます。

まずはうどん店巡りからです。

タクシーのドライバーさんに、うどんに関する情報を伺いながらうどん店を何軒も回ります。

香川県にはうどん店が７００軒ほどあるそうです。飲食店として出ているところ、製麺所が建物の片隅でうどんを食べられるようにしているところ、いろんな形態の店があるそう。

映画でも描かれていますが、うどんを注文するとテーブルに持ってきてくれる店もあれば、カウンターでうどんの丼をお盆にもらったら自分でネギやショウガをのせる店、さらには自分でうどんを湯通しして盛ってしょう油もかける店、もっとすごいのは自分で裏の畑にネギをとりにいき、自分で切ってのせて汁をかけて食べたりするところもあるそうで、実にいろいろ。どのお店も、行ってみたくなる魅力がそれぞれにあります。

そしてほとんどの店が、とにかく安い。

私もいくつかのお店に行き、実際に注文し、食べて、お店ごとの特色の違いを楽しみながら視察しました。

うどんもだしも申し分ないおいしさでありながら、素うどんなら２００円からという店もありました。そこに天ぷらと油揚げを乗せたとしても３５０円。

とにかく安くて楽しくておいしい、それが讃岐うどんなのでした。

消費者目線で見れば、安くてうまいは言うことなしの魅力なのですが、私

無類のうどん好きという琴平バスの楠木さん。私を憧れのうどんタクシーに乗せてくださりありがとうございました。

うどん

視察はここを見る

1. 地元の料理店は必ず行く

今回はうどん店を10軒ほど回りました。うどん店だけでなく、いろいろなジャンルの料理を食べて歩き、この地域の味の好みを探ります。（右上）

2. 提供されている料理の味のラインを見る

それぞれのお店で、塩味のラインと旨味の好みを探ります。讃岐うどんは多くのお店がいりこだしを使います。うどんを食べ慣れている地元の人たちに受け入れられる、味の考察が始まります。（中上）

3. スーパーマーケットで家庭の食卓を推測する

視察中、地域のスーパーに立ち寄ります。棚に並ぶ食材と値札を見ると、地域の食卓の傾向と、どんな食べ物がいくらだと買っていただけるかの金額と、この地域の原価が読めてきます。第1章で解説した経営の２本柱の価格設定も考えて、レシピを開発する参考にします。

は飲食業者。経営のことを考えます。

私は飲食店の経営の厳しさをコロナを経て、これまで以上に経験しましたから、この安さでいま何が起きているのかが分かります。

一番の問題は、多くの店で困っている、後継者の不在。人気を誇るお店でも店主が高齢なところも多く、自分の代が終わったその先を続けていけるのかという岐路に直面しています。

家族縁者が協力して経営をなんとか維持しているのが現状で、子育て世代の参入、設備の改修、建物の修繕、労働環境の整備などこれからの時代の飲食店経営を考えると、手打ちのうどんが1杯200円では採算が合いません。

楠木さんは、このままではうどん店がいずれ減っていき、琴平、ひいては讃岐うどんの食文化が縮小しかねないと考えていました。

私に求められているのが、単に「おいしいうどんを作る」だけではない、ということが見えてきました。価格を上げるための起爆剤が必要です。

手がかりは人との出会いにある

私は生産者の3箇所の畑を拝見。それぞれが慣行農法（従来の化学肥料と農薬を使用した農法）を離れ、自身の考えに基づき試行錯誤で農法を研究している方ばかりです。

その中のお一人、砂岡恒さんの、化学肥料も農薬も使わないというその畑を訪ねると、ナスやニンニク、ズッキーニなど私が普段よく使う野菜が栽培されていました。珍しかったのは金時草。こういう畑に来ると、頭の中にこの野菜はこんなうどんにして、と考えが湧いてきます。

もう1箇所見学したのは、琴平のお隣のまんのう町にあるショップです。

それは里山のなだらかな丘陵の中腹にあり、田んぼに囲まれていて、地面に半分埋まっているような建物です。それは私が理想としていた店舗の形そのままでした。「これを作った人とは気が合いそう」そう直感で感じます。

だけど何の施設だろう？　不思議に思いながら中に入ると、大きくていかつい厨房設備が並んでいて、それがチョコレート製造のプロの仕事の場であることが一目瞭然で分かりました。

聞くと、経営者の多田周平さんがインドネシアのカカオ生産者を応援することを目的として作った、本格的なチョコレートとコーヒーの製造所であり、さらに隣の畑では野菜を育て、カフェ

もあるとのこと。

うどんと全く関係ないけれど素敵だからと案内してもらったこの場所で、チョコレートをポリポリかじりながらお話を聞いていた私。ふと目線に入ったのが、建物の大きなガラスの向こうの、実った稲穂越しに見えるうどんタクシーです。

ひらめいた！チョコうどんだ！

初めは、田んぼの真ん中に本格的なチョコレート工房があって面白い、という目線で見ていた私でしたが、それがうどんと結びついた瞬間から、場所の見方が変わります。

うどんを調理して提供できる厨房設備は整っているか、他の食材はどんなものがあるか、などなど、実践を想定した見方にチェンジ。

厨房のキャパシティーや力量も見ながらストライクゾーンを探ります。頼まれてはいませんが、思いついたら作りたくなるのが料理人の性。絶対においしいという確信が湧いてきました。

視察はここを見る

1.「場」を作った人の目的と考え方を見る

琴平町の隣、まんのう町にある「サニーサイドフィールズ」。建物が自然と調和し、農薬を使わない野菜を販売している。きっとここを作ったのは自然を素直に心地よいと感じながら、チョコレートやコーヒーをおいしく味わってほしいのだろうと思ったので、その延長上で自分が提供できることを考えます。（右上）

2. 商品を見る

チョコレートを実際に試食させていただきます。味から提供する商品に対する考え方が分かります。（左）

3. 働いている人とお話しする

チョコレートの製造責任者、ショコラティエの八十川恭一さん（左）とお話をしたら味の話の合う方でした。早速試作用に使うチョコレートの製造を依頼すると、自分のイメージ通りの酸味のあるチョコレートに仕上げてくれました。カカオ含有割合の微調整して試食会に臨みます。（右下）

4. 厨房設備のスペックを見る

私が今回の料理開発で提供するのはレシピまでですが、もし本当に採用してくださり、それがこの場所で提供することになるかもしれないと勝手に想定して、現状の厨房設備でどれくらいのことができるかをあらかじめ確認した上で、レシピを開発します。実はここが一番大切。現地のスペックを超えるレシピは、無用の長物になってしまいかねません。（中下）

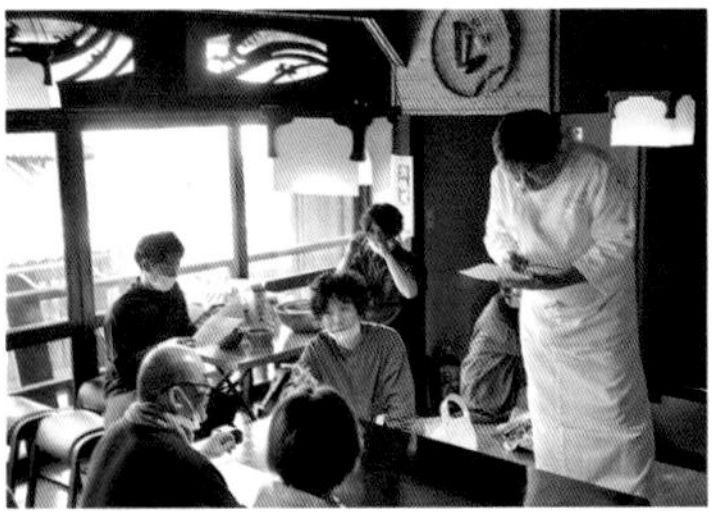

試食会ですること

1. 集まった皆さんとたくさん話す

だいたいが初めてお会いする方ばかりですが、お世辞ではなく正直な意見を聞きたいので、できるだけお話しして皆さんの緊張をほぐしながら仲良くなり、感想を聞き取ります。(右上・左下)

2. 情報発信のお手伝いをする

メディアを通しての発信にも協力します。この日登場したゆるキャラの「うどん脳」さんは、なんと有志による取り組みなのだそう。テレビ取材やインスタグラマーを前に共に盛り上げ役。(左上)

3. 地元のキーパーソンと一緒に料理を育てる

アシスタントを務めてくれた吉田智也さん。料理は、食べる方に育ててもらうものです。新しい料理が定着するまでには時間がかかりますので、現地にキーパーソンの料理人がいると、その先も一緒に料理を育んでいくことができます。(左中)

試作会で評価してもらう

いよいよ試作の日が来ました。

琴平町の観光協会のメンバーの方、飲食店、うどん店、生産者など様々お集まりくださいました。さらにはうどんのゆるキャラも、地元テレビ局も来ました。もうお祭りのようです。

こちらはプレッシャーもありながらも、私の考えを率直に評価してもらおうと思って、素直な気持ちで皆さんの中に飛び込みます。

考案したレシピは全部で23種類です。

実は今回、私からの希望で、琴平町のカフェで働く吉田智也さんを無理やり鶴岡の私の本店でにわか修業していただきました。その後も私のプロデュース店で数カ月働いて、料理のプロフェッショナルになれるように鍛えます。

吉田さんは、料理経験は浅かったのですが味覚のセンスがいいので、きっと琴平町の牽引役になっていけると思いました。

その吉田さんをアシスタントにうどんを作り、集まった皆さんに、うどんを一つずつ食べていただきます。

みんないろんな顔をして食べています。笑いながら食べている人、じっくり考えながら噛みしめている人。感想や意見を伺いながら、私もアドレナリン全開で必死に作ります。

今回のこのうどん開発は、実は私の「アル・ケッチァーノ風寒ダラ汁」の経験を思い起こしながら取り組みました。

庄内では冬に寒ダラ祭りがあり、伝統料理の寒ダラ汁を売るお店がたくさん出店しますが、私が出しているのは、クラムチャウダーをイメージした洋風寒ダラ汁です。これが、コロナ前は毎年千杯売れるという、地元のおばあちゃんたちも並んで食べてくれる大人気の料理になったのです。

私のうどん料理も、みんなに愛されるようなれたなら。そんな日が訪れることを願いながら、この原稿を書いている今もレシピを磨いています。

それまで食べ慣れたものに新しい感覚を入れるとき、初めて食べる人が違和感を感じないように、実は「うどん」と「新しい感覚の汁や具材」の間に仲人役をそれぞれ入れています。いりこだし、かつおだし、しょう油などです。

チョコレートうどんにも仲人役はいます。ここではまだ明かせないのですが、これが無いとうどんとチョコレートが手をつなぎません。もし世に登場するその日が来たら、ぜひ食べに来て、仲人役が何かを当ててみてください。

キノコのトマトソースうどん

日本人はもちっとした食感が好きなので、パスタよりもうどんの方が好きかも！？と私も思ってしまったイタリアンなトマトソースうどん。いりこと昆布のだしと薄口しょう油が仲人役をしています。

材料（1人分）

うどん……………………………… 110g
マッシュルーム（縦1/4カット）…… 3個
シイタケ（スライス）……………… 2個
無塩バター…………………………20g
塩…………………………………… 適量
黒こしょう ………………………… 適量
ピュアオリーブオイル ……………… 7mℓ
ニンニク（みじん切り）……………20g
赤唐辛子（種を取り2ミリ輪切り）… 3個
トマトソース ………………………70g
タイム ……………………………1/2枝
いりこ昆布だし ……………………120mℓ
豚肉（薄切り） ……………………30g
しめじ ………………………………15g
マイタケ ……………………………20g
薄口しょう油 ……………………… 20mℓ
半熟卵………………………………1個

＊いりこ昆布だしの分量の目安は、器に入れたときにうどんが浸るくらい。器により変わります。

作り方

① マッシュルームとシイタケは焦がしたバターで、炒めて塩と黒こしょうを振る。
② ❶とは別のアルミパンにピュアオリーブオイルとニンニクを入れて中火で加熱する。
③ ニンニクが色づき始めたら、赤唐辛子と❶の炒めたキノコとトマトソースを入れ、手でちぎったタイムを入れる。
④ 別鍋にいりこ昆布だしを入れ、沸騰したら豚肉としめじとマイタケを入れて、火が通ったら塩と薄口しょう油で味を調える。
⑥ うどんをゆで、ゆで上がったら流水でゆすいで表面のぬめりを取って器に盛り、❹を入れる。
⑦ ❸のトマトソースを上からかけて黒こしょうを振り、半熟卵を置く。

仕込みレシピ

奥田政行のいりこ昆布だし

材料

日高昆布……………………………30g
水…………………………………… 1ℓ
伊吹いりこ（頭と内臓を除いたもの）…30g

作り方

① 700mℓの水に昆布を一晩浸す。
② 300mℓの水にいりこを2時間浸す。
③ ❶を60度のお湯で、60分煮る。
④ ❸から昆布を取り出し、いりこを水ごと入れて弱火で25分煮て取り出す。

サバのグリーンカレーと砂岡さんの緑野菜うどん

食欲の落ちた夏に、夏野菜をモリモリ食べられるうどんがあったらいいなと思って考えました。ズッキーニとナスと金時草ですが、緑野菜ならなんでも合います。なじみのあるカボスも相性ピッタリ。地元の生産者と観光業者をつなぐメニューでもあります。

香川特産オリーブ牛うどん

特産の高級食材を手軽に食べられるうどん。実はうどんの単価を上げる役割をけん引するメニューでもあります。ここでしか食べられないものには、正当な価格をつけて販売します。鶴岡ではこの方法で料理の単価を上げ生産者に還元してきました。

レシピがねらうストライクゾーン

1. 地元の幸せと生業を壊さない

これまでと同様の価格帯で今まで通りの味を楽しみたいお客さまたちの領域は守ります。

2. 新しいカテゴリーを主張するための新しい味

観光客やインバウンド向けとして、これまでとは別の新しいカテゴリーを立ち上げるために、レシピに肉や魚介などこれまでの組み合わせになかった食材を入れます。トマトソース、クリームソース、グリーンカレーなど、うどんの汁に新しい味を入れるのは、新しいカテゴリーであることをお客さまに意思表示するためです。意図的にメニューに入れ、価格帯も上げて、従来のうどんと違うことを打ち出します。

3. うどんの真髄はこわさない

うどん店のメニューなので、うどんの真髄は守ります。喉越しを生かすためにいりこだしの汁を入れたレシピです。

4. クライアントの願いを先読みする

離れたところにうどんの起爆剤とも言えるデザートうどんを提供する場所を置き、うどんの食べ歩きに来た観光客が広域に、長時間滞在するような流れを作り出すのです。お節介かもしれませんが、1＋1が３にも５にもなるような仕組みを頭をひねって考えます。

レンコンと梅と豚肉のうどん

洋風の食材や調理法になじみのないお店のために考えたのがこのうどんです。旨味のニンニクで満足感、レンコンで食感、豚肉で食べ応え、また食べたくなるクセ味の梅干しの組み合わせ。

カルボナーラ肉うどん

若い世代に大人気のカルボナーラを元に考案した、クリームソースと粉チーズがリッチなうどん。実は試作会の後に、私がプロデュースした長野県白馬村のホテルの朝食でメニューに入れてみたところ、外国人に人気のメニューになり、反響をいただいています。お客様の反応を探りながら、レシピをいまでも磨いています。

ミックスナッツとミックスベリーのチョコレートうどん

頭が覚醒してできたチョコうどんシリーズ。熱々のうどんにチョコレートソースが絡まるおいしさをぜひ多くの人に知ってほしい！

試食会では皆さんが普通においしいと言うので、試しに仲人役の食材を入れないうどんも食べてもらったら、うどんとチョコが口の中でケンカして、「仲人役のありがたみが分かった」と言ってくれました。ぜひプロの腕をこういうところで活用してください！

生産者の人柄を映し出すレシピ

熊澤さんのビニールハウスは、いつ訪れてもマイナスイオンがいっぱい。
土壌の菌と水のバランスが良い証です。こういう畑の野菜はおいしい。

熊澤さんのように野菜の生態や
歴史からアプローチする研究熱
心な生産者は日本の宝です。

コワモテの熊澤さんは、本当はすごくあったかい人なので
皆さん仲良くなって、野菜のこと、農法のこと、教えてもらっ
てください。

潮江菜は他のどこにもない野菜なのにこんなにおいしいなんて、
なぜ日本中に広がらなかったのか不思議。

高知県に私の好きな生産者がいます。高知市の潮江地区で野菜を生産している、熊澤秀治さんです。

私は、熊澤さんの野菜が好きです。熊澤さんは主に葉物野菜を生産していますが、第一に、味のバランスが良い。青物は通常、葉の先の方に行くほど苦味は強くなりますが、苦味の質が絶妙で嫌な苦味がなく、舌に心地よい苦味で、苦味の影に隠れた甘味があり、喉を通過する時に引っかかりません。

第二に、水分量が良い。キメが細かく、締まった細胞に含まれる水がスポンジタワシのようにしっかり保有されていて、噛んだときに口の中に溢れ出る水の量も味も良い。川が近いことと土質の良さ、適切な肥料であることを感じます。

第三に、固さが良い。繊維のテクスチャーが細かくて、繊維の強さも強すぎず弱すぎず、食べやすい。

私が好んで熊澤さんから取り寄せているのは生食用の春菊です。苦味のラインが鹿肉やカキによく合うのです。

今回の訪問では、在来作物の「潮江菜（うしおえな）」が旬でした。

熊澤さんは土のこと、植物の生理作用、肥料のことを研究していて、潮江菜の歴史を調べてルーツも探っていま

選んだ食材は　クジラ

潮江菜とクジラのパスタ

熊澤さんがクジラ鍋に入れて食べるとうまいと教えてくれたので、変化球で、潮江菜の生のシャキシャキを生かしたパスタにしてみました。熊澤さんの竹を割ったような性格を表したくて、クジラをドンと盛りました。

酸味と油脂分

潮江菜の酸味をクジラの脂身の部分が中和してくれます。油脂分も葉の先端が吸ってくれます。

鉄分と鉄分が手をつなぐ

潮江菜もクジラの赤身も、どちらも鉄分の多い食材で、同じ成分を持つ者同士、味が共鳴します。鉄分は酸味として感じます。

苦味と油脂分

潮江菜の苦味をクジラの脂身の部分が中和してくれます。

絶対的にうまい組み合わせ

うねすとはくじらの下顎から胸の辺りの肉のこと。この脂身と加熱した潮江菜はエンドレスに食べられる味。油脂分と甘味または旨味の組み合わせは快楽的で、おいしくて、人は思わず笑っちゃいます。

材料（1人分）

うねす（クジラ）／または豚バラ肉	60g
塩	適量
刻み昆布	3g
ニンニク（スライス）	1片分
スパゲッティーニ	90g
潮江菜	90g
EXヴァージンオリーブオイル	適量

作り方

① うねすを1.5％の塩湯で30分〜1時間ほどゆでる。
② 潮江菜の先端の3センチを3ミリ幅に、残りは1センチに切る。
③ 2.5％の塩湯でパスタをゆでる。
④ うねすのゆで汁を180㎖別鍋に取り、刻み昆布とニンニク、1センチに切った潮江菜を入れて、ひと煮立ちしたら火を止める。
⑤ パスタがアルデンテになったら1秒ゆすぎ、❹に入れちょうどいい硬さになるまで煮て旨味をパスタに吸わせる。
⑥ 食べやすい大きさに切ったうねすも入れて温める。塩味が足りなければ塩を足す。
⑦ パスタを皿に盛り、❻をスープごと盛る。
⑧ 上から刻んだ潮江菜の先端を盛り、EXヴァージンオリーブオイルを回しかける。

す。その上で自分はこんな味にしたいという考えから土、肥料、水やり、日常の手入れをしていることが、食べた味から伝わってきます。

普段の熊澤さんは、ちょっと怖い顔をしていて話しかけにくいと思う人もいるかもしれないのですが、屈託なく笑う熊澤さんの野菜は、熊澤さんの性格の通り、朗らかでまっすぐな味です。

どんな料理にするかを考え始めると、私の中では、目の前の潮江菜には熊澤さんの顔がくっついているように見えてきます。

すると料理の方向性も見えてきて、まっすぐな料理にする（まさに熊澤！）、と決まる。

さらに、地元では火を通して食べることが多いそうなので、私は違う表情を見てもらうために生で食べる料理にすると決める。

次に考えるのは、合わせる食材。潮江菜の茎のみずみずしさに組み合わせるとちょうどよくなる食材で、葉の心地よい苦味と共鳴する食材、と連想して頭の中をUFOキャッチャーにして、生きてきた中で食べたものを全て広げます。地元の名物や常に食べられている食材も入れて、さあ、そこから拾い上げる食材は？

選んだ食材は カツオ

潮江菜と カツオのたたきカルパッチョ

高知県民が愛するカツオのたたきと組み合わせました。熊澤さんの手料理に入れてほしいと思い、考えたレシピです。日常の食卓のおかずだけでなく、カフェや居酒屋のメニューにもなるひと品です。

鉄分と鉄分が手をつなぐ

潮江菜の葉の鉄分と、カツオの赤身の鉄分が共鳴します。

苦みックスの法則

潮江菜の葉の心地よい苦味が、カツオのたたきの焦げの苦味と共鳴してコクを感じます。異質の苦味が混じり合うと人間はそれをコクと錯覚するのです。

うるパサの法則

潮江菜の茎のみずみずしさの水を受け止めてくれる食材は、カツオのたたき。口の中で、カツオの外側をあぶってパサついたところが口内に触れると頭はそれを記憶し、そこにみずみずしい潮江菜の茎が登場すると頭が喜びます。

オリーブオイル効果

オイルによってカツオがトロになります。洋風に表情が変わり、ワインに合わせやすくなります。

材料（1人分）

カツオのたたき ……………………… 100g
塩……………………………………… 適量
黒こしょう ………………………… 適量
潮江菜………………………………… 60g
EX ヴァージンオリーブオイル ……… 適量
ニンニクオイル ……………………… 5mℓ
アンチョビ（みじん切り）…………… 10g
カボスの汁 …………………………… 1mℓ
ニンニクチップ …………………… 1/3 片分

作り方

① カツオのたたきに塩と黒こしょうを振る。
② 潮江菜を葉と茎の境目で切り、茎の方を手でもむ。こうするとギャバが出てくる。その後 1 センチに刻む。
③ ❷に、茎の重さに対して2% の塩を降り、全体にあえる。
④ ❸に EX ヴァージンオリーブオイルをかけてさっとあえる。
⑤ 皿に❹を平たく置き、その上にカツオを切って並べる。
⑥ 潮江菜の葉の方を 4 ミリ幅に刻む 。
⑦ ニンニクオイルにアンチョビフィレとカボスの汁を入れてまぜ、❺に回しかける。
⑧ ニンニクチップを散らし、EX ヴァージンオリーブオイルを全体に回しかける。

仕込みレシピ

アル・ケッチァーノの

ニンニクオイルと ニンニクチップ

材料

ニンニク ………………… 6 片（90g）
ピュアオリーブオイル ……… 300mℓ

作り方

① ニンニクの皮をむき、薄くスライスする。
② 鍋にピュアオリーブオイルとニンニクを入れて加熱し、トングでかき混ぜて、鍋全体のオイルの温度を 120 ～ 160 度に保ち、まぜながらニンニクにゆっくり火を通す。
③ ニンニクが少し色づいてきたらザルにあげ、キッチンペーパーを敷いたバットに広げて冷ます。
④ オイルは容器に移し入れて、ニンニクオイルとして使う。

食材にスポットライトを当てるレシピ

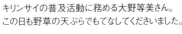

キリンサイの普及活動に務める大野等美さん。この日も野草の天ぷらでもてなしてくださいました。

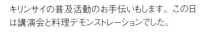

キリンサイの普及活動のお手伝いもします。この日は講演会と料理デモンストレーションでした。

海の食べ物の視察では、周囲の陸地の地形や植生を見て、必ず海水をなめて味を確かめます。海水の味の情報は、組み合わせる食材を探す手がかりになります。

キリンサイにはレクチンという抗がん作用のあるタンパク質が多いとのこと。専門家が食材の有効性を明らかにすることも普及には大切な要素です。

高知県の土佐市で、面白い食材を作っている方たちがいます。

「キリンサイ」という海藻で、海で養殖して栽培されています。

私にこのキリンサイを最初に紹介してくれたのは、地域で食育活動に取り組む大野等美さん。地元の山菜や野草の料理研究もされていて、発酵にも詳しく、高知の野草料理のことを私に教えてくれた方です。

私は無類の海藻好きなので、日本各地の海藻は食べ歩いていますが、もとは東南アジアの海に自生していたというこのキリンサイは独特の食感があり、初めて食べたときには驚きました。

キリンサイは、そのもの自体に味は少なく、「シャキッ」と「コリッ」の中間みたいな食感がします。

しかし無味かと思いきや、実は高級食材の法則に当てはまる部分があり、私にとっては料理人魂をくすぐる食材なのです。

一つは、何とでも合わせられること。味が少ししか無いことが、組み合わせる食材を選り好みしないので、実は幅広い料理への使用が考えられます。

そしてもう一つは、合わせることで味が変わること。ベースの料理の味になじんでくれますが、独特の食感は変

選んだ食材は　いろいろ食感野菜

キリンサイとずいきとセロリの食感サラダ

キリンサイの他にはない面白い食感を感じていただくサラダです。口の中では、いろんな素材それぞれの歯応えが、オーケストラのように重層的に鳴り響きます。

こちらがキリンサイです

材料（1人分）

キリンサイ（塩漬け）	50g
ずいき	適量
セロリ	適量
白ワインヴィネガー	適量
EXヴァージンオリーブオイル	適量
ディル	適量

作り方

① キリンサイは水に入れて、塩を抜く。時々味を見てちょうどいい塩加減になったらザルで引き上げる。
② ずいきを2ミリに切る。
③ セロリを2ミリに切る。
④ 白ワインヴィネガーを回しかける。
⑤ EXヴァージンオリーブオイルを回しかける。
⑥ ディルをかざる。

主役を引き立てる名脇役たち

いろいろな野菜が入り混じるサラダではありますが、気をつけているのは食感の印象でキリンサイを超えないことです。キリンサイの「コリコリッ」という食感に対し、ずいきの「シャキくしゅっ」、セロリの「シャリシャリ」、ディルの「モシャッモシャッ」など、それぞれが名脇役を演じているので、口の中ではキリンサイがひときわ目立つ食感で主役を張っています。

濃淡の法則

この皿の上の食材の中で、塩味がついているのはキリンサイだけで、他の食材には味付けをしていません。キリンサイのしょっぱさで他の野菜を食べるので、キリンサイがいっそう際立ちます。

「色の法則」

同じ色の食材は味が共鳴する。この法則に従い、淡い緑色の野菜でまとめました。

わらずにあるので、私にとっては「食感が面白くて味が七変化する食材」なのです。

　これまで、通常の営業やイベントなどで取り寄せて料理に使わせてもらいましたが、あるときには雑誌の取材でエミール・ガレの食器に盛るサラダに使ったこともあります。

　これまでも何度か訪れていますが、今回はキリンサイを研究している高知大学名誉教授の大野正夫さんのお話を伺うことができました。

　キリンサイを日本で養殖する場合は、冬の寒い間は陸でポリタンクで培養し、春から年末までの間で増やすのだそう。20キロのキリンサイから多いときには2トン収穫できるとのことで、極めて生産効率のよい食材でもあり、フィリピンではカラギナン（食品や化粧品に使われる増粘剤）の原料として数千億円を売り上げ外貨収益の一つになっているそうです。

　フィリピンやハワイ諸島、グアム島ではキリンサイをさっとゆでて、タマネギやトマト、キュウリ、ニンジンとサラダにして食べているとか。

　私は大好きな海藻食文化を盛り上げるために、これからもキリンサイを応援します。

選んだ食材は　液体にした大根

キリンサイを浮かべた大根のブルーテ

キリンサイの食感に注目してもらいたかったのでスープに浮かべました。

ミルクのほっとする味で安心感を添える

食べ慣れない食材は、中にはひと口目をおそるおそる口に運ぶ人もいます。乳製品の「ほっとする味」を組み合わせることで、安心してふた口目へ進んでいただけるようにします。

真逆の組み合わせでスポットライトを当てる

キリンサイのコリコリッという食感に最大の印象を持たせたかったので、とろみのある液体という真逆の組み合わせにしました。

主役を超えない食材を選ぶ

大根は淡味の食材なので、キリンサイを覆い隠しません。

材料（1人分）

キリンサイ（塩漬け）…………………… 10g
大根のブルーテ …………………… 好みの量
EXヴァージンオリーブオイル ……… 適量

作り方

① キリンサイを水に浸して塩を抜き、2センチにカットする。
② 温めたブルーテを器に注ぎ、キリンサイを浮かべEXヴァージンオリーブオイルを回しかける。

仕込みレシピ

アル・ケッチァーノの 大根のブルーテ

材料（仕上げ総量　2400㎖）

A 大根 ……………………………… 1kg
　牛乳 ……………………… 1000㎖
B バター ……………………… 150g
　強力粉 ……………………… 100g
　冷たい牛乳 ……………… 120㎖
C ブイヨン…………………… 500㎖
　水晶塩 ………………………… 7g

--- 仕上げ用（いずれも適量）---
D 大根(少量の水とミキサーにかけ漉(こ)した汁)
　塩　生クリーム35%　牛乳
＊冷製、温製どちらでもおいしい。

作り方

① Aの大根を適当な大きさに切り、牛乳で柔らかくなるまで煮る。
② 別鍋でCのブイヨンを温め塩を入れる 。
③ Bのバターと小麦粉をフライパンで炒めてルーを作り、冷たい牛乳を入れてまぜる。
④ ❸を弱火にかけたまま、Aの牛乳とCのブイヨンを交互に入れながらまぜ、ベシャメルソースを作る 。
⑤ Aの大根をミキサーにかけて❹にまぜながら少しずつ入れる。
⑥ 仕上げに、味を見ながら必要に応じてDを入れる。

Al.
cciano

第6章

料理人が拓(ひら)く未来

僕たちは
小さな幸せを知っている
手塩にかけて育まれた食材を
おいしく食べることができる幸せ
それはレストランが
作ることができる幸せ

僕たちは
本当の豊かさに気づいている

レストランだからこそ
伝えることができる
足元にある豊かさ

料理人が拓く未来は
小さな幸せづくり
食から始まる日本の豊かさ再発見

届け
僕たちの
日本再生のレシピ

レストランは公民館であり アカデミーであると考える

アル・ケッチァーノには、「生産者の会」があります。

これは私がアル・ケッチァーノを開店して、地元の生産者を巡り歩いて地域の皆さんと仲良くなり始めた頃から続いていますので、もう20年以上になります。

2022年の7月に新しい店舗に移ったときに開催した生産者の会では、開店当時から私を生産物で支えてくださったり、食材のこと、料理のことを教育してくれたりした生産者が勢揃いし、感無量でした。

同じ地域に暮らす多くの方と、思いを共にして生きてこられたこと。

これこそが本当の幸せであると、いまの私が、当時私が出会った生産者の皆さまと同じくらいの歳になり、改めて思います。

私はその頃はまだ30歳を過ぎたばかりでしたから、相当に性格もとんがっていました。

スタッフにも厳しかったですし、要求の強さからスタッフがみんな去っていったこともありました。

そんな私に、人との接し方、食材との向き合い方、料理への向き合い方、お酒と料理の関係、庄内の風土など、さまざまなことを教えてくれたのは生産者の皆さまでした。

でも最初からこんな交流の輪があったわけではありません。初めは食材をやり取りする個々の関係、という程度でした。

カラトリイモという在来の里芋の生産者で坪池兵一さんという方がいます。

あるとき、カラトリイモを頂くために坪池さんの所を訪ねました。すると初めに芋畑に連れて行かれて

「里芋がいま笑ったでしょう？　葉っぱがホラ、楽しそうに揺れて笑っているの、わかる？」

という話を突然されるわけです。

若い私は、野菜が笑うって、いったいこの方は何言っているんだろう？と思うわけです。

そのあと、納屋で今度は椅子に座って、坪池さんのダジャレ話しを延々と聞かされます。

カラトリイモを頂きに来ているのに、なんだかわからないけれど、坪池さんのダジャレ話をずっと聞いている。

私は限られた時間の中で食材調達に気忙しく動いているというのに、食材を頂くためにはこうして長い話を聞かないといけないのかな、などと取り引きのためと思いながら話を聞くわけですが、後からそれは愚か者の考えだったとわかるわけです。

坪池さんはそのとき、私のそんな腹の底の考えを既に見抜いておられて、分かった上でそういう言い方、そういうやり方で、私に料理のヒント、生き方のヒントをくれていたのです。

例えば、里芋が笑うとは、どういうことか。

私たちが料理に使う食材にはどれにも、それを真剣に育てた生産者がいて、種から向き合って育てている。それをどんな気持ちで育んできたか、を私に伝えたかったのです。

里芋のハート型の葉っぱを前に、この芋は笑っている、なんていう感性は、当初の私には全くありませんでした。

ところが、坪池さんの言葉の意味をあるとき理解して、そういう愛情を持ってその芋は育てられたということが分かると、途端に私の里芋に対する価値観が変わってくる、その里芋の育った環境を見る目線が変わってくる。坪池

あそこさ、あんげだなぁ
あ～るけっちゃの～
庄内のおいしい食べ物
La mappa dove si mangia bene a Shounai
Quartiere di "Yuza"
Città di "Sakata"
Quartiere di "Amarume"
Quartiere di "Yawata"
Quartiere di "Hirata"
Quartiere di "Matsuyama"
Quartiere di "Fujishima"
Quartiere di "Tachikawa"
Quartiere di "Kushibiki"
Quartiere di "Haguro"

アル・ケッチァーノ旧店の入り口の壁に掲げていた庄内の生産者マップ。ここに貼る写真が増えていくことが私の幸せでした。

さんが育まれた地域全体の農業に対する価値観が見えてくる。

そして結果的に、料理がまるっきり変わってくる。

私は私で、食材への向き合い方が変わると、「カラトリイモちゃん、君はどうして欲しい？」というように、食材に対して謙虚な気持ちに自ずとなる。

それは単に、食材を擬人化して料理するのがいいというようなことではなくて、子供の頃の気持ちに戻って、素直な目で物を見る心を持つということです。

こうして私は、料理の出発点は、食材が自然の循環の中でどう育まれてきた生き物なのかを静かな目で見つめるところから、ということを坪池さんから教わったのでした。

それと合わせて坪池さんは、私のオタクで寡黙だった性格も変えてしまいました。初めはなんとなく気が乗らずに聞いていたダジャレでしたが、だんだん気持ちがほぐれてクスッとなる。

すると、ランチ営業で厨房がうまく回らなかったイライラがいつの間にか消えて、気持ちを新たにして店に戻って料理ができるのです。

まだ若く負けず嫌いな私は、叱られれば気持ちが反発していたことでしょう。そこまで見抜かれていたのです。

坪池さんの根気よい教育により、今ではすっかり私もダジャレ好きな料理人になりましたが、それ以上に、いつでも笑顔で接して、時にはおどけ役になって人を笑わせる話術を持ち、どんな時でも場の空気を和らげる人になることの大切さを知りました。

他にも私を教育してくれた生産者の方々がたくさんいます。

皆それぞれの生き様を私に見せてくださり、言葉にして伝えてくれながら、心を寄り添わせて安心して暮らせる地域はどうやって築いていけばよいかを教えてくれました。

大人になった後も、いろんな職業、いろんな役割を持つ人生の先輩方のお話を真剣に聞くことで、自分の人間の幅や深さを広げていく。

レストランというお山の大将になっていた私はこうして、人生の先輩たちからたくさんの教えをいただく機会に恵まれたのでした。

地域の生産者との交流が次第に増えていった私は、レストランの中にファーマーズテーブルを設けました。

生産者の方にこそ、私が料理したその食材を味わって欲しい。

そしてその料理を食べているお客様

こちらがアル・ケッチァーノ新店です。右下が本店のレストラン、テラス越しに広大な庄内の田園と月山を一望できます。右に見える背の高い建物は我らが誇る庄内米を貯蔵するカントリーエレベーター。左下の建物は私だけがカウンターに立つ「シェフズテーブル」と、学びの場「アル・ケッチァーノ アカデミー」。駐車場は観光バスが３台停められる広さを確保しています。

たちの嬉しそうな顔を知ってほしい。

レストランの中でも周りが見渡せるような真ん中あたりに、生産者が座る専用のテーブルを設けました。そして時折生産者をご招待したり、あるいはお客様として予約してお越しいただいたりしました。

私の地元の庄内地方では、生産者が洋食のレストランでフルコースを食べるという習慣がほとんどありませんでした。

ですから最初の頃は、慣れない、居心地が悪いなどあり、なかなかお声がけしても、イヤイヤ私はいいよと遠慮され、お越しいただくのが難しかったのですが、何度もお誘いするうちに、興味津々の生産者の方がこのテーブルに来てくださるようになりました。

するとマスコミで取り上げられ、皆が知るところになると、生産者の方もそういうものだという感じになり、次第にお越しくださる生産者が増えました。

料理のお代金も、招待なので頂かなかったり、あるいはお申し出があり頂いたり、お安くしたりとパターンはいろいろでした。

だいたいの方とは、うまい具合に食材と物々交換していました。例えば、1万円前後のフルコースに対して庄内価格と言って半額にしてお支払いいただくと、後日、何回かに分けて請求のない野菜が届くというような具合です。

この習慣を始めてから、レストランに来ていただくようになった生産者の食材は、格段においしくなりました。

生産者にこそ、生産した作物がレストランでどのように料理され、お客様に食べられているかを知る機会が与えられるべきです。

すると、もっとこうしよう、もっとこんなふうに食べてもらいたい、というような新しい思いが生まれます。

これこそがプロ同士の切磋琢磨。

現在の私の店にはファーマーズシートはありません。

生産者の皆さんが折に触れて来てくださるのがもうすっかり当たり前になり、特別に席を設ける必要がなくなったからです。

こうして生産者の皆さんをレストランにご案内する習慣が定着したアル・ケッチァーノに今度は、生産者のみなさんを一堂にお呼びして開く食事会を設けました。

これが「生産者の会」です。

年に数回、生産者がそれぞれの食材を持ち寄り、私がそれらをフルコース

左上：新店舗に移って店のこけら落としは生産者の会。この会なくしてアル・ケッチァーノはありません。
右上：友人の八神純子さんは庄内の生産者をいつも応援してくださいます。

左下：マイクを持ち乾杯の音頭をとるのが生産者の坪池兵一さん。軽快な話術は現在も絶好調!
右下：私が最初に庄内の食材を東京に売り込んだ羊の生産者の丸山公平さん。現在は息子の公介さんが後を継いでおられます。日本一の評判も得た羽黒の羊が未来に続いていきますように。

でお出しするというものです。生産者同士の横のつながりもあると、人間と人間の化学変化が起こるに違いないと思ったからです。

それぞれの食材を主役にした料理を順番に一皿ずつお出ししますので、生産者にとっては料理が名刺代りになり、料理を通してお互いを知ることができます。

毎回、作物や農法、獲れる魚介や畜産の話でどのテーブルも大盛り上がりです。

生産者の会には必ず、私の同志の山形大学教授の江頭宏昌先生をお呼びして、在来作物のことを講演会でお話しいただきます。

作物についての科学的、文化的、歴史的な側面を知ることができ、生産者の皆さんの取り組みが、社会の中でどんな意義を持つかを再確認していただきます。

そういうことを知ることが、次の年の作物を生産する上で大きな力になると思うからです。

生産者の会を始めてから一番変化したことは、生産者の皆さんが一様に若返ったことです。

表情が明るくなり、生き生きとし、いつも笑顔になりました。

そのうち銀座のデパートから引き合いがあったとか、息子が後継者になったとか、喜ばしい話題が増えていきました。そんな話を横で聞いて私も心から嬉しくなるのでした。

「食を通して共感を得る場になる」

それが私のレストランの理想形です。

地域の食材の情報が集まるのが地方のレストランですから、それを丁寧に拾い集めて、自分がまずデータベースになりましょう。

そしてレストランが核になって、新しい輪を作っていく。

レストランには地域をつなぐことができる装置が、既に準備できています。

まず生産者とレストランが繋がり、生産者同士が繋がり、行政や大学を巻き込み、そこに赤ちゃんからお年寄りまでいろんなお客様を交えて、大きな輪にして広げてゆく。

あらゆる人が集って寄り添う、いわば「公民館」にレストランがなることができたなら、それだけで心豊かに暮らせる人が増えるのではないかと思うのです。

それこそが、本当の豊かさだと私は思うのです。

都会での戦い方
田舎での闘い方

料理人を目指しているならば、専門の学校を出ていても出ていなくても、東京で修業しても地方で修業をしても、頂点を目指すことです。

料理の基本から、時間をかけてじっくり学びたければ、調理師専門学校で調理技術を習得するのもよいでしょう。

私自身は、18歳で就職し、25歳で料理長、30歳で独立という目標を掲げて修業をしました。現場では即戦力として組み込まれますので、早く学ぶことができます。

私は、進学か就職かと相談されれば、すぐに店に来なさいと言っています。

調理人と料理人は違います。食材が部位別にカットされてきて、それを使って言われたことを言われた通りにできるのが調理人。それに対し、食材を一から解体し、それぞれに合った調理法を選択し、火を通し、化けた食材に最適な付け合わせを選んで独創的な料理を生み出すことができて初めて料理人です。

言われたことを言われた通りにできるようになるまでは、まだ調理人でもない。就職したらまず調理人になることを目指し、調理場のリズムに乗って動けることから始めます。

調理場には、ポジション争いが絶えずあります。競争意識を持って毎日新しいことに取り組むことで、自分が学びたいことを学んでいけます。有機的に動く調理場に自分の位置を確保して、着実に体に覚え込ませましょう。

厨房の仕事についていけなくて、今日は仕事に行きたくないという気持ちになるのは、厨房のリズムに体が乗れていないからです。だから仲間はずれになってしまう。慣れなくて手が遅くても、体が厨房のリズムに乗れていれば、焦らず慌てずちゃんとついていくことができます。そして疲れません。

他業種から料理界に入る方の中には、料理が得意でいきなり店を出す方も時折見受けますが、早々に経営という壁にぶつかりますので、まずは他店の厨房から始めることを薦めます。

料理の内容だけでなく、店を赤字にしないための知恵と工夫は現場にしかありません。

料理の修業をするなら、評価の高い店であるほど学べるレベルは高く、会得できることは多いでしょう。

しかしどの現場にいても、自身で能動的に技術を身につけ勉強することが大前提です。評価の高い店であるほど、個々人への要求度も高い。

任された仕事は、調理技術、料理の知識の両面で自分でモノにしていきます。

私の東京での修業時代は、時間との戦いでした。

厨房では自分に与えられた仕事をしながら、常に先輩たちの動きを横目で見て、どんなふうに動くと効率よく仕事ができるか、手つき、作業の順番、どうすれば効率よく進めることができるか、先輩の動きを真似して覚えました。

帰りの電車に乗ったらできるだけ座り、カバンから手帳を出して、まずは今日の反省と料理の復習をします。続いて翌日の仕込みの段取りと順番を書き出し、その後カバンに忍ばせている料理専門誌を読み、いつかこんな料理を作るぞと気持ちを前向きにします。

電車で座るコツがあります。もうすぐ降りようという人は、眉毛と眉毛の間あたりに力が入って前に盛り上がってきます。その人の前に立って待つと、次か次の次の駅で降りて席が空きます。

寮に着いたら素早くお風呂で体をき

れいにします。そして料理単語を覚え、素材ごとの火入れ温度による変化の違いや、調理の味の組み立て方などの調理科学の勉強をします。

頭が疲れたら寝床に入り、料理本のトップシェフたちの料理の写真を眺めて、自分もいつかはこんな料理が作れるようになるんだと、幸せな気持ちになりながら寝ます。この一連を毎日繰り返していました。

分からないことが出てくると、自分が納得するまで当時のシェフや先輩たちに質問しました。

毎日私があまりにも質問攻めにするので、先輩たちには嫌がられました。そこで、教えてもらうために使い勝手のよい部下になる努力をしました。

朝、一番乗りで厨房に入り、先輩たちが来る頃には先輩たちの切り出しの仕事を終え、きれいなタオルとまな板をセットしておき、気持ちよくあいさつをします。さらに先輩の仕事を横目で見ながら、いまボウルが必要だ、次にレードルを使うはずだというときに、タイミングを合わせて調理器具を差し出します。そうして隣にいると便利なアシスタントになる努力をしました。

未熟な一人の調理人が今どんな段階にいて、どう努力しているかは、同じ道を通ってきた先輩たちには見えているものです。そういうことが伝わると、全てのことを教えていただけるようになりました。

調理場は、仕事ができる人間が上に上がっていく、実力主義の世界です。技術と知識が身につくほどに、優先的に良い機会はめぐってきます。

こうして料理人としての素養を身につけて初めて、独立の二文字が見えてきます。

東京や地方都市などの都会のレストランと、地方の田舎のレストランでは、シェフに求められる実力の軸は少し違ってきます。

東京のレストランは、超激戦区の中でまずは生き残らないといけません。洗練された料理を出す店ばかりの中で光を放つメニューを持っていないと、生き残りが難しいです。料理の腕、新しい料理を生み出せる能力、そして高いプレゼンテーション力が必要です。

私が初めて銀座に出店したときには、どこの店でもやっていないことに挑戦し、オープンして瞬く間にランチが平均2回転半する店になりました。

そのメニューは、一つのお皿の中にメインとパスタと副菜を3つ並べて出すというランチプレートです。名付けて「三段プレート」。

お店の名前が「ヤマガタサンダンデロ」（庄内弁で山形産なんでしょ？という意味）でしたのでその店名と、食べ方が三段階あるという意味を掛け合わせたネーミングです。

これは3つをそれぞれ独自に食べてもおいしいけれど、メインとパスタ、メインと副菜、パスタと副菜、あるいは3つ全て、合わせて7種類の味が楽しめるというプレートで、そのどの組み合わせで口に運んでも、味がバッチリ合っておいしいというものです。

厨房はこの3品を同時に出すので、人手とタイミングを合わせるコンビネーションの技量が要ります。

パスタは当然作りたて、メインも作り置きではなく火入れをした肉または魚、そこに作り置きではない副菜ですから、初めて東京に進出するお店としてはハードルの高い挑戦でした。

しかし生き残りをかけていたので、どんなに大変でも貫き通しました。

三段プレートは、ランチタイムのひとときに、ワンランク上の食べる楽しみに触れることができ、3品の組み合わせも季節や日によって食材が変わりますので、リピーターと口コミで評価が広まりました。ヤマガタサンダンデ

地元山形県域放送のテレビ番組では、生産者の出演を積極的に提案します。名付けて「生産者スター作戦」。焼畑農法で藤沢カブを作っている後藤勝利さん清子さん夫妻。勝利さんはどんどん有名になって後に映画にご出演。

朝の人気全国放送生番組に出演したときには、名物アナウンサーに山形の食材のおいしさを知っていただきたい一心で、アレンジした現代版芋煮を作りました。試食後「山形の食材うまいね～」と言っていただき、心の中でガッツポーズ。

ロは多くの方に知っていただける店になり、オープン早々にランチが2～3回転し、ランチが呼び水となり夜の席も埋まる店になりました。

このように、お客様を集める特徴あるメニューを持つこと以外にも、多様な業界のお客様に対して満足のいくおもてなしをするための演出力や話力、メディアへの対応力が必要です。自身のオリジナリティーを上手に相手に伝えることができて初めて、店の名は広まっていきます。

都市部ではメディアとのお付き合いはとても大切ですので、店の戦略の一つとして考えます。

東京は料理の格付け本が遠くのお客様を呼んでくれます。そこを目指すのも一つの方法です。しかし一つの本の評価に迎合する料理にならないように自分を律することも大切です。

難易度が高いのはテレビやネットメディアの生放送です。特にテレビ番組は秒単位でコマーシャルが入る時間や終わる時間が決まっているので、そこに合わせて料理を進めないといけない。しかも場所がテレビ局のスタジオだったり、畑や海岸の砂浜だったりしますので、緊張度の高い中で進行しなければならない。

そういう時には思いがけないアクシデントがたいてい起きるので、それを何事もなかったかのように予定通りに着地させるのは、自分自身の料理の腕とプレゼン能力しかありません。

このように、東京では自分を前に出す能力が絶対条件になります。

ところが、地方は違います。

東京は、まず仕事ができて2番目に人柄が大事、という価値観でレストランはやっていけますが、地方は人柄がよいことが大前提でその次に重視するのが仕事です。

地方でレストランのシェフを目指したい、地方で独立開業したいなら、地域に調和できる人間力が大切。

なぜなら、東京は一見さんのお客様だけで回していくことが可能な市場ですが、地方はそうはいかないからです。

第1章に書いたように、遠くからお越しいただくお客様と、地元のファンの、2本の柱の両方を太くしていくことが重要なのです。

そのためには、地域の人たちと関わって、地域社会を支える一員に、自分自身がなることです。

その地域に根付いている習慣や、古くからある風習、行政や自治会との付き合い、商店街や農水産組合との付き合い、集落の掃除や挨拶回り、個々の生産者の皆さんとの付き合いを大切にします。

いま地方回帰が進んでいますが、田舎で成功する絶対条件は、自分が人を好きな人間であることです。田舎で敵を作ってはいけません。

これは避けて通れない道と思っていますが、田舎では地域の人間同士の関わりが深い分、対立やいじめが多かれ少なかれあります。自分のすることに賛成してくれる人もいれば、反対の人もいる。噂話もあります。

私は田舎に帰ってからは、どちらかと言うと一匹狼タイプの人間でしたので、地域の先輩からいじめられることが多かったです。

そこは料理技術を高めることで、いじめられないようにしました。私は、仕事をする中で実力の圧倒的な差を見せることで、攻撃されないようにしました。自分が精神的ダメージを受けないための防御策です。

ちなみに東京でフレンチレストランの花形のソース係を任されたのも、地元鶴岡のホテルで25歳で料理長に選ばれたのも、いじめられたくない一心で実力をつけたからでした。

人を味方につけることも大切です。

鶴岡市の行政と飲食業界と文化歴史それぞれに関わる市民が力を合わせて頂いたユネスコの「食文化創造都市ネットワーク」認定。足並みをそろえることができたからこその成果でした。

「食の都庄内」の取り組みは地元の料理人の先輩方と。まん中は酒田市で庄内の洋食文化を牽引してきたル・ポット・フーの故太田政宏シェフ。とても尊敬する、偉大なシェフでした。

ホテルの調理場で仕事をしていたとき、毎日大量に出る牛乳パックのゴミを昼休みに一人でひたすらハサミでカットしていました。最初はあいつあんなこと始めてと陰で言われましたが、意味のあることを黙々とやっていると、次第に洗い場のおばさんたちが手伝ってくれるようになり、後輩もするようになり、と場の空気が変わってきました。笑われても、けなされても、貫くことで周囲が変化することもあります。

独立して自分のレストランを開業した当初も、なかなか周囲に認めてもらえませんでした。

あいつ何やってんだ？

あいつの料理、変じゃない？

いろんな噂を立てられてました。

と言うのも、当時の私は、山で取ってきた野草を使っていたり、湧き水を使った味をつけない鯛と水の料理なんていう、はちゃめちゃな料理を次々に出したりしていましたから、「ちょっと変わっている」と見られていたのです。

奇をてらったわけではなく、自分の料理への信念を貫いていたわけですが、やはり外側から見ると簡単には理解されない。

しかしそれも、じゃんけん作戦で切り抜けました。

周囲と歩調を合わせていると、いじめられた時に、助けてくれる人が現れるのです。自分がグーで、グーに勝つパーの人にいじめられても、パーの人より強い、地域のチョキの人が私を庇ってパーをやっつけてくれる。じゃんけん作戦は私を助けてくれました。

そのうち私は、『情熱大陸』という人気番組に出たことで、そうした人のしがらみから脱却することができました。遠方の大多数から認められる機会を得ることも、田舎で強く生きていくための一つの方法です。

地元で認められて、遠くの人に認められて、初めてブランドになれると知りました。町の自慢になるレストランになって初めて、田舎でブランドが築けるのです。

いつも心の中に持っていたのは、私が最後に修行した店の、私の師匠の後藤光雄シェフの言葉です。

「奥ちゃん、君のここにコスモがあるから、それを信じて」

みぞおちをつかんでそう言われた場面をいつも思い出しました。

つまり田舎では、人間力を高めていく、自分との闘いがあるのです。地域と関わりながらも自身の信念を貫くための、人間力の鍛錬です。

そうこうしているうちに、自分が話したこともない人でも、私の預かり知らぬところで私を助けてくれるようになりました。

例えばタクシーの運転手さんは、私の店にお客様を乗せてくるときに、私のことを話してくれます。

あの人は若い頃苦労してね、この前も地元の催しに出てこんなことしてね、という風にお店に連れていく道すがら話してくれる。お客様にとってはこれから行くレストランのプロローグがタクシーの中で始まるのです。

タクシーの運転手さんはいつもお世話になっていたので、タダにするから食べに来てと誘っていたのですが、タダだと気兼ねしてなかなか来てくれない。そこで冬のお客様が少ない時期に、半額でご案内していました。

お世話になった恩返しと思ってしたことが、逆に助けてくれることになる。

地域に寄り添って、足並みをそろえていると、そんな風に助け助けられの互助が自然と深まります。

すると、そうして仲良くなっていった地域の皆さんと一緒に、未来像を語り合えるようになります。

修業のコツ
～いかに自分を早く成長させるか

料理人を目指して修業する店を決めるときに一番大事なことは、その店の料理を食べて、ピンと来るかどうか。とても大事なことなので、自分自身の感覚を一番大切にしてください。

私の会社に面接に来る学生や若手の皆さんは、山形県人以外が多いので、私の店の料理を食べたことがない場合がほとんどですから、面接の後で必ず食事をしてもらいます。

そして、料理にピンと来たら入社して、もし来なかったら入らない方がいいよ、と話します。

鶴岡駅前のホテルで料理の他にウエディングケーキを毎週末徹夜で作っていたころ

料理を食べて感動すると、結果的にその店で仕事を早く覚えられます。逆にピンと来るものがないと、頭ではやろうと思っても体が覚えようとしないし、最終的にその店にいても伸びない。

食べたときに、「この料理、好き！」と心が動く瞬間があるかどうかを大切にしましょう。

そしてアル・ケッチァーノでは、入社をすると、社会人になってからの勉強の仕方をまず教えます。

初めに店の仕事をしながら修業と修行を同時に行うことを理解します。

「修業」は、料理の知識や技術を学ぶこと。これは生業(なりわい)を修得することです。

調理技術を身につける、素材に合わせた調理法を覚える、素材の扱い方を覚える、基本的な料理を覚える。技を全て手の内に入れ、知識を蓄えることが修業です。

一方「修行」は、人間力の鍛錬です。自分が人に対して良い行いをする人間になるという意味です。

人間力は、人と関わったりぶつかったりしながら自分で広げ、また深めていくものです。自分自身に向き合うことで、自からを成長させる。

この修業と修行の両輪で、いま自分がどの段階にいるかを自覚すると、迷いがなくなり、自分が厨房で「今日」「今」、やるべきことが明確になります。

私の店で新人に配るのは「料理人の成長段階」の紙です。

自分が今どこにいて、自身のこれからの成長はどんな道なのかをイメージすることから始めます。

何歳でどの段階に到達するかの年齢は、自分で決めて書き入れます。こうして未来設計図を作る。

すると、調理場で自分が何を目標に今この仕事をするのかの心持ちが決まり、集中できます。やらされているのではなく、自分のためにやるという自覚が持てると、覚えるスピードがにわかに早まるのです。

イタリア料理、フランス料理、お菓子の系統図も配ります。

この料理の分類図は、どちらも私が若い頃の80年代後半に、自分のために作ったものから改訂しました。

東京で修業をしているとき、親の借金を返して実家を継ぐために1日でも早く田舎に帰ろう、そのために料理をできるだけ効率よく覚えたいと考え、日々の営業の中で次々に目の前に現れる新しい料理を自分でカテゴリー分けしました。

分類して覚えると、自分の得意不得意や修業が抜けている所が分かります。そしてこの図が頭の中にあると、イタリアン、フレンチ、どちらかのキッチンに突然入ることになっても、すぐにチームの一員になれます。メニュー開発にも役に立つ。

「イタリア料理のとらえかた」は、パスタを除いたイタリア料理の料理名、いわばお品書きをカテゴリー分けしたものです。

最近ではメニュー名に、フランス料理のように調理法が書き込まれることもありますが、基本はこれらの料理です。

コントルノ（付け合わせ）は、以前はメイン料理に添えて出されていましたが、最近では前菜として注文されることが多くなっていますので、上段の前菜に含めて覚えます。

これらのお品書きに合わせて、下

段の調理法とソースを覚えれば、パスタ以外のイタリア料理をほぼ全て覚えたことになります。

パスタは、ソースごとの分類があります。私のパスタの専門書「ゆで論」を参照してください。オイル、トマト、クリームの各ソースの、イラスト入りの分類図があります。

「フランス料理の第一段階」は、フレンチの調理の基本とソースをカテゴリー分けしたものです。

たとえフレンチに進まない料理人でも、この分類を一通り覚えておくと、将来いろんな場面で料理人として対応できます。新しい料理を考えるときにも、フレンチの考え方は参考になります。

また、フランス語の料理用語は世界の厨房で通用するので、覚えておいて損はありません。例えば外国で現地スタッフを従えて料理をすることになった際に、一通りの指示が出せます。

もう一つの分類図はお菓子です。生地を中心とし、クリームとどう組み合わせるかで名前が付けられ分類されます。

組み合わせのパターンをひと通り覚えておくと、どんな場面でもドルチェで困ることがありません。

現代の若い人たちはスマートフォンで何でも調べる癖がついています。いつでも情報が手に入るから、こうした料理の基本的なことを覚える意味も分からない。

しかし、これははっきりと断言しますが、どの料理も基本が頭に入っていないと、料理が薄っぺらくなります。

スマホ画面の先にあるのは、情報の断片です。

修業で身につけるべきは、情報ではなく知識であり料理体系です。

特に好きな分野は後の特技になって行きますから、知識を深め、疑問は徹底的に調べ、自分の中に整理して記憶し、そこに自分自身の考えを織り込み、統合して完全に自分のものにする。

そこから新たな料理は生まれます。

私は新入社員には、この紙を全部壁に貼って、覚えた料理に線を引いていきなさいと教えています。これをちゃんと実践している子は、成長が早いです。

修業の本質は、自分の思いを形にできるようになるための鍛錬です。柔道、剣道、華道、茶道のように「料理道」があると私は考えています。一切合切を捨て、それだけを一心不乱に突き詰めて、手の内に入れ、それをいつでも出せるまでに自分自身を鍛える。

私もいまでも修業をしています。54歳の年末は、そばの修業をしました。

私は海外で仕事をすることが毎年ありますが、海外に行くと日本らしさを求められることが多々あります。

それがきっかけでこれまでも、寿司が握れるようになり、だしも追求し、しょう油や味噌の外国人に好まれる使い方を見つけました。

そんなわけで、そばの魅力を海外で披露することがあってもいいなと思い、誰かに頼まれる前に自分の手の内にしておこうと思い、そばを勉強することにしたのです。

私の修業の仕方はこうです。まず期限を区切ります。そして目標を決める。２０２２年の年末に、お客様に年越しそばをお出しする。これが目標です。

そこまであと1カ月。この間に、集中してそばの勉強をします。

日本のそばの産地、そばのルーツ、そばという植物、徹底的に調べます。

そして朝、昼、晩、可能な限りそばを食べます。出張はその土地のそばを食べることができるチャンス。時間がゆるせば一度に2つの店を回ることもあります。そのくらい貪欲に食べる。

そうしてそばを食べ続けていると、最初はおいしいと思って食べたそばも、だんだん悪いところが見えてきます。苦味が嫌になってきて、そばがまずいと感じるようになります。

すると、なぜ外国人のウケが悪いか、なぜ大陸に蕎麦粉はあるのにそば文化がないのか見えてくる。多面的にそばを探るのです。

食材の欠点は、新しい料理のアイディアのおおもとですから大事にします。

そして、そば職人に会いに行って打ち方を教えていただき、そばの産地に行って本物の味を確かめ、体と頭全部でそばを覚えこむ。そして本番に挑む。

そばつゆは、和食料理人だった奥田家の父親の配合です。実際にお客様に感想も伺いながら、自分の手の内に入れていく。

これが私の修業のやり方です。

18歳

生命維持

▼調理場で生き残る
▼料理人として成長する
▼人として成長する

21歳

体力づくり

▼料理人としての基礎体力を付ける

24歳

集団への仲間入り

▼調理場で必要とされる人になる
▼自分が一番になれる得意技を持つ

25歳

知能向上

▼調理知識を習得する
▼精神力を向上させる

28歳

知的行動力

▼自分の考えから新しい料理を作ることができる

【料理人の成長過程】

自分は何をしに生まれてきたのかを理解し、行動する

30歳 手段活用能力 身体自立

- チームリーダーとして部下を動かすシステムを構築できる
- 相手の立場に立てる、人の気持ちがわかる
- 人に教えることができる
- アクシデントを瞬時に判断しプラスに転じることができる

32歳 業を起こす 商いができる

- さまざまな業界の人たちへの対応能力を身に付ける
- 利益を生み出せる
- 人に不快感を与えない人間力を向上させる
- 商品を創り、売り、収益を上げられる

36歳 社会的役割

- あらゆる人に自然体で対応できる
- 自分だけの特殊な技能を社会に役立てることができる

≫ お品書きの集合体

＊ただしフランス料理の影響で調理法などを表記するメニューが増えている（Primoを除く）

前菜

卵・粉・チーズ料理

チーズ
- カプレーゼ
- スカモルツァ パデッラータ
- モッツァレラ インカロッツァ

卵・粉
- トルティーノ
- フリッタータ
- ゼッポリーネ
- パネッレ
- ポレンタ
- アッラスコリーナ

パン料理

- パンツァネッラ
- ブルスケッタ
- パッパアルポモドーロ
- リッボリータ
- アランチーニ
- カネーデルリ

肉

生
- カルネクルーダ
- タルタータ
- カルパッチョ
- プロシュート料理色々
- サラミ料理色々
- ブレザオーラ
- スペック

加熱
- ヴィッテロトンナート
- サルシッチャ
- ガランティーナ
- テリーナ
- ポルケッタ
- トリッパ料理色々
- ハム料理色々
- 肉のパテ
- 内臓料理

付け合わせ

- メランツァーネアラパルミジャーノ
- チコーリア　インパデッラ
- ブッロディスピナーチ　サルタータ
- ソッタチェート
- マルメラータ
- ソットーリオ

メイン

肉

牛
- ビステッカ フィオレンティーナ
- アロースト
- タッリアータ
- アッラルピーナ
- コーダアッラ ヴァチナーラ
- インボルティーニ

羊・山羊
- スコッタディート
- コラテッラダニエッロ
- アッラカチャトーレ
- スティンコ
- ブラザート
- アロースト

鶏・鳩・鴨
- アルパターテ
- アルマットーネ
- アルペペローネ
- カチャトーレ
- アロースト
- ギオッタ

煮込み
- インヴォルティーニ
- ボッリートミスト
- ペポーゾ
- ストラコット
- ブラザート色々
- フェガートアッラ ヴェネツィアーナ
- トリッパ

野生肉
- 鹿
- 猪
- 野兎
- 野鳩
- 野鴨
- キジ
- うずら

---

fritto ………………… 揚げ物
alla mugnaia …… ムニエル
impanato ………… パン粉焼き
picata………………… ピカタ
sott' aceto ……… 酢漬けした
sott' olio ………… 油漬けした
sugo ………………… ブイヨンで煮た

ソース

- アンチョビソース
- アンチョビケッパーソース
- サルモリーリオソース
- ケッカソース
- サルサペヴェラーダ
- バルサミコソース
- ポルチーニソース
- アーグロドルチェソース
- サルサヴェルデ
- 豆のソース
- 焼き汁ソース
- マルサラソース

イタリア料理のとらえ方

Antipasti

魚

生

- カルパッチョ
- カッポンマーグロ
- アリーチマリナーテ
- ペーシェタルタータ
- ペーシェマリナート
- サルモーネ アッフミカータ
- ペーシェクルーダ アルリモーネ
- ペーシェクルーダ インポルティーニ
- ペーシェプロシュート

加熱

- エスカベーチェ
- サルディンサオール
- カルピオーネ
- インサラータディマーレ
- イカの墨煮
- バッカラマンテカート
- ベッカフィーコ
- タコとジャガイモ
- フリットミストディマーレ
- ポルポアッフォガート
- ムースディペーシェ

野菜

生

- インサラータ
- ピンツィモーニオ
- バーニャカウダ

加熱

- ソッタチェート
- 豆のサラダ
- ペペロナータ
- カポナータ
- 野菜のグリーリア
- ソットーリオ

Contorno

- アスパラ料理
- オリーブ料理
- カルチョーフイ料理
- 豆の煮込み
- ポルチーニ料理
- キノコ料理
- チャンボッタ
- ジャガイモ料理
- ポレンタ
- ヴィニャローラ
- フンギトリフォラーティランパショーニ
- ヴェルドゥーレグリーリア

Secondi Piatti

魚

煮込み

- リヴォルネーゼ
- アクアパッツァ
- ブロデット
- カッチュコ
- ボッリータ
- ズッパディペーシェ
- バッカラ ヴィチェンティーナ
- 干し鱈料理

オーブン料理

- アロースト
- カルトッチョ
- ジャガイモ
- アルパターテ
- イゾラーナ
- ストッカフィッソ
- ペーシェアンモッリカート（インパナート）

ウサギ

- イスキア風
- リグーリア風
- コニッリオ ポルケッタ

豚

- カッソエウラ
- アリスタ
- ポルチェッドゥ
- サルシッチャ
- スティンコディ マイアーレ
- ポルケッタ

仔牛

- コストレッタ ミラネーゼ
- サルティンボッカ
- スカロッピーナ
- オッソブーコ
- ブラザート
- アッラクレーマ
- フィナンツィエラ

調理法

Ai ferri	焼いた
saltato	ソテーした
alla griglia	網焼き
alla gratella	網焼き
alla brace	炭火焼
sulla piastra	鉄板焼き
sformato	型に入れて焼く
al forno / In forno	オーブン焼き
arrosto	ローストした
al cartoccio	包み焼き
al sale	塩釜焼き
al vapore	蒸した
cotto	加熱した
spiedina	串焼き
bollito	ゆでた（肉）
lesso	ゆでた（肉）
intingolo	煮汁で煮た
inbrodo	スープ仕立て
stufato	長時間の煮込み
brasato	蒸し煮
storacotto	短時間の煮込み

≫ 加える食材でメニュー名が変わっていく

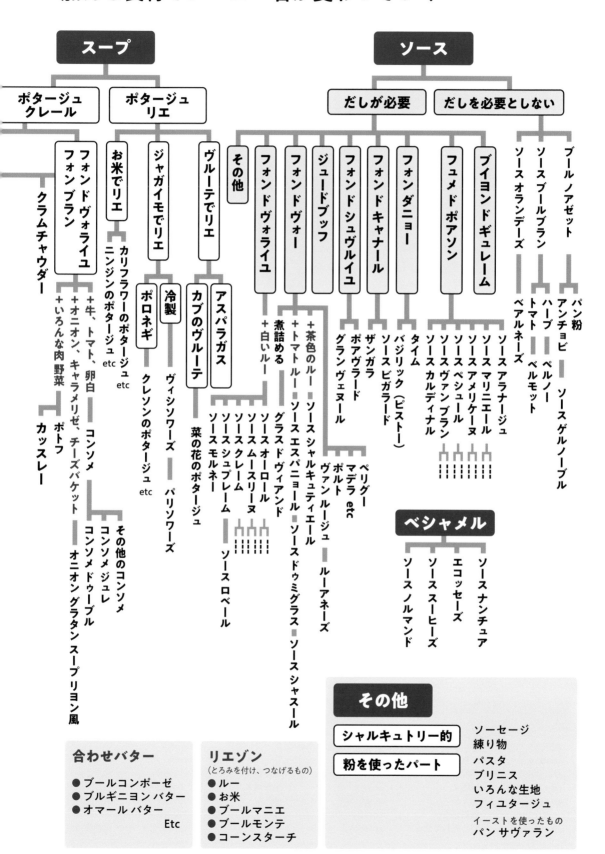

スープ

- ポタージュ クレール
  - クラムチャウダー
  - フォン ド ヴォライユ / フォン ブラン
    - ＋いろんな肉 野菜
      - ポトフ
      - カッスレー
    - ＋オニオン、キャラメリゼ、チーズバケット
      - オニオン グラタン スープ リヨン風
    - ＋牛、トマト、卵白
      - コンソメ
        - コンソメ ドゥーブル
        - コンソメ ジュレ
        - その他のコンソメ
- ポタージュ リエ
  - お米でリエ
    - カリフラワーのポタージュ etc
    - ニンジンのポタージュ etc
  - ジャガイモでリエ
    - ポロネギ
      - クレソンのポタージュ etc
    - 冷製
      - ヴィシソワーズ
        - パリソワーズ
  - ヴルーテでリエ
    - カブのヴルーテ
      - 菜の花のポタージュ
    - アスパラガス

ソース

- だしが必要
  - その他
  - フォン ド ヴォライユ
    - ＋白いルー
      - ソース オーロール
      - ソース ムースリーヌ
      - ソース クレーム
      - ソース シュプレーム
        - ソース ロベール
      - ソース モルネー
  - フォン ド ヴォー
    - 煮詰める
      - グラス ド ヴィアンド
    - ＋トマトルー
      - ソース エスパニョール
        - ソース ドゥミグラス
          - ソース シャスール
    - ＋茶色のルー
      - ソース シャルキュティエール
    - ペリグー
    - マデラ etc
    - ポルト
    - ヴァン ルージュ
      - ルーアネーズ
  - ジュー ド ブッフ
  - フォン ド シュヴルイユ
    - ポアヴラード
    - グラン ヴェヌール
  - フォン ド キャナール
    - ザンガラ
    - ソース ビガラード
  - フォン ダニョー
    - タイム
    - バジリック（ピストー）
  - フュメ ド ポアソン
    - ソース アラナージュ
    - ソース マリニエール
    - ソース アメリケーヌ
    - ソース ペシュール
    - ソース ヴァン ブラン
    - ソース カルディナル
  - ブイヨン ド ギュレーム
- だしを必要としない
  - ブール ノアゼット
    - パン粉
    - アンチョビ
      - ソース ゲルノーブル
  - ソース ブール ブラン
    - ハーブ
      - ペルノー
    - トマト
      - ベルモット
  - ソース オランデーズ
    - ベアルネーズ

ベシャメル

- ソース ナンチュア
- エコッセーズ
- ソース スービーズ
- ソース ノルマンド

合わせバター

- ブールコンポーゼ
- ブルギニヨン バター
- オマール バター

Etc

リエゾン

(とろみを付け、つなげるもの)

- ルー
- お米
- ブールマニエ
- ブールモンテ
- コーンスターチ

その他

シャルキュトリー的
ソーセージ
練り物

粉を使ったパート
パスタ
ブリニス
いろんな生地
フィユタージュ
イーストを使ったもの
パン サヴァラン

【フランス料理のとらえ方 第１段階】

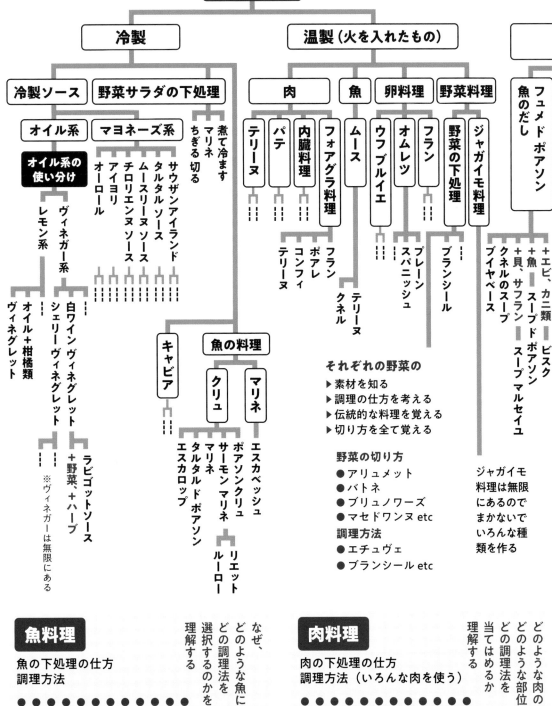

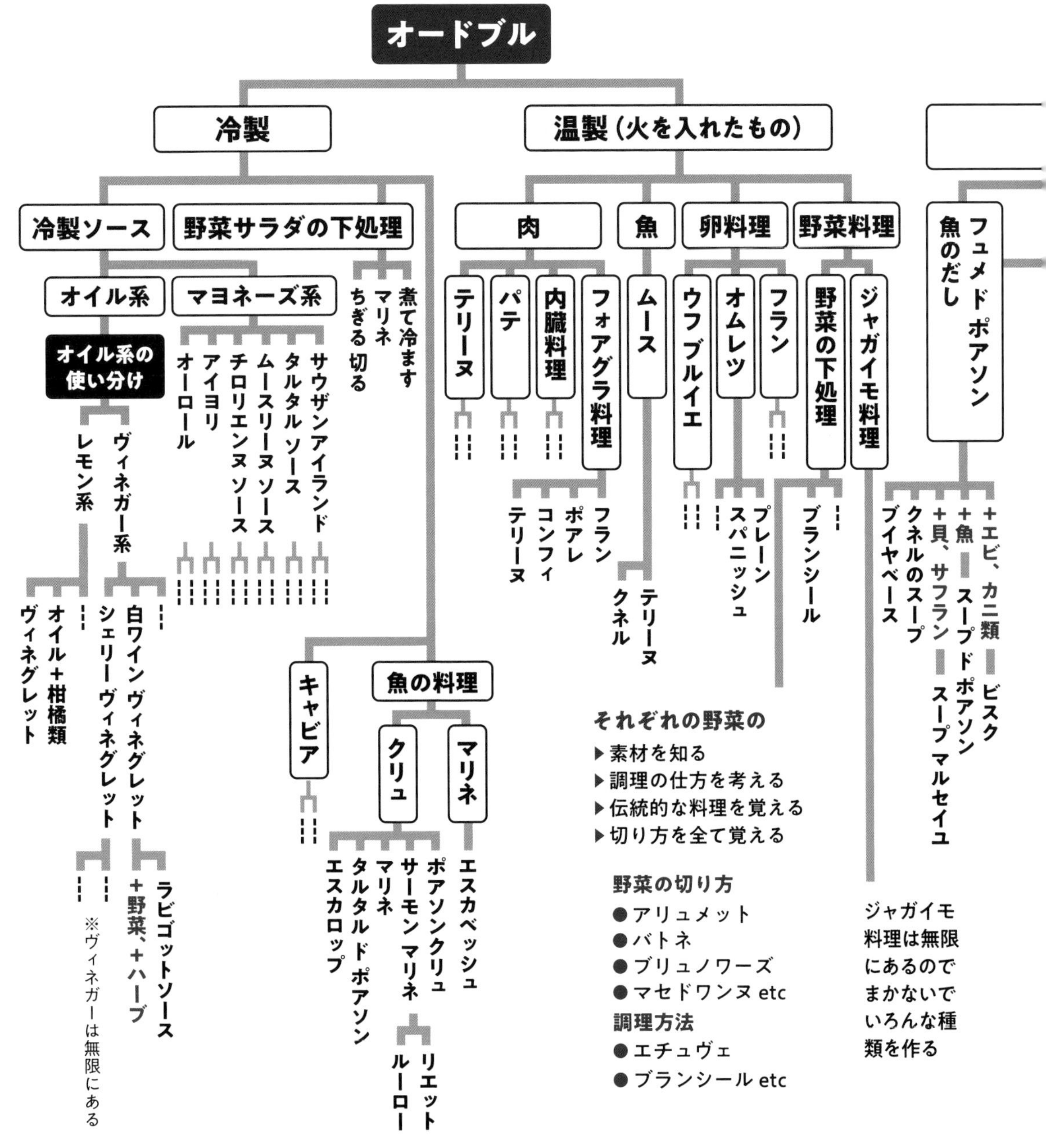
オードブル
冷製
温製（火を入れたもの）
冷製ソース
野菜サラダの下処理
オイル系
マヨネーズ系
オイル系の使い分け
レモン系
ヴィネガー系
オイル＋柑橘類
ヴィネグレット
白ワインヴィネグレット
シェリーヴィネグレット
ラビゴットソース
＋野菜、＋ハーブ
※ヴィネガーは無限にある
オーロール
アイヨリ
チロリエンヌソース
ムースリーヌソース
タルタルソース
サウザンアイランド
煮て冷ます
マリネ
ちぎる 切る
キャビア
魚の料理
クリュ
マリネ
エスカベッシュ
ポアソンクリュ
サーモンマリネ
マリネ
タルタルドポアソン
エスカロップ
リエット
ルーロー
肉
魚
卵料理
野菜料理
テリーヌ
パテ
内臓料理
フォアグラ料理
フラン
ポアレ
コンフィ
テリーヌ
ムース
テリーヌ
クネル
ウフブルイエ
オムレツ
フラン
プレーン
スパニッシュ
野菜の下処理
ブランシール
ジャガイモ料理
それぞれの野菜の
▶素材を知る
▶調理の仕方を考える
▶伝統的な料理を覚える
▶切り方を全て覚える
野菜の切り方
●アリュメット
●バトネ
●ブリュノワーズ
●マセドワンヌ etc
調理方法
●エチュヴェ
●ブランシール etc
ジャガイモ料理は無限にあるのでまかないでいろんな種類を作る
魚のだし
フュメドポアソン
＋エビ、カニ類 ― ビスク
＋魚 ― スープドポアソン
＋貝、サフラン ― スープマルセイユ
クネルのスープ
ブイヤベース

魚料理

魚の下処理の仕方
調理方法

- 真空調理
- ムース
- パイ被せ
- 岩塩包み焼き
- 包み焼き
- グリル
- ムニエル
- ヴァプール
- ソテー
- フリット
- ブレゼ
- ポシェ

なぜ、どのような魚にどの調理法を選択するのかを理解する

肉料理

肉の下処理の仕方
調理方法（いろんな肉を使う）

- 真空調理
- 低温調理
- ブラック焼き
- ラグー
- コンフィ
- 包み焼き
- ロースト
- グリル
- ポアレ2
- ポアレ1
- ブレゼ
- ブイイ

どのような肉のどのような部位にどの調理法を当てはめるか理解する

>> 組み合わせで名前が変わっていく

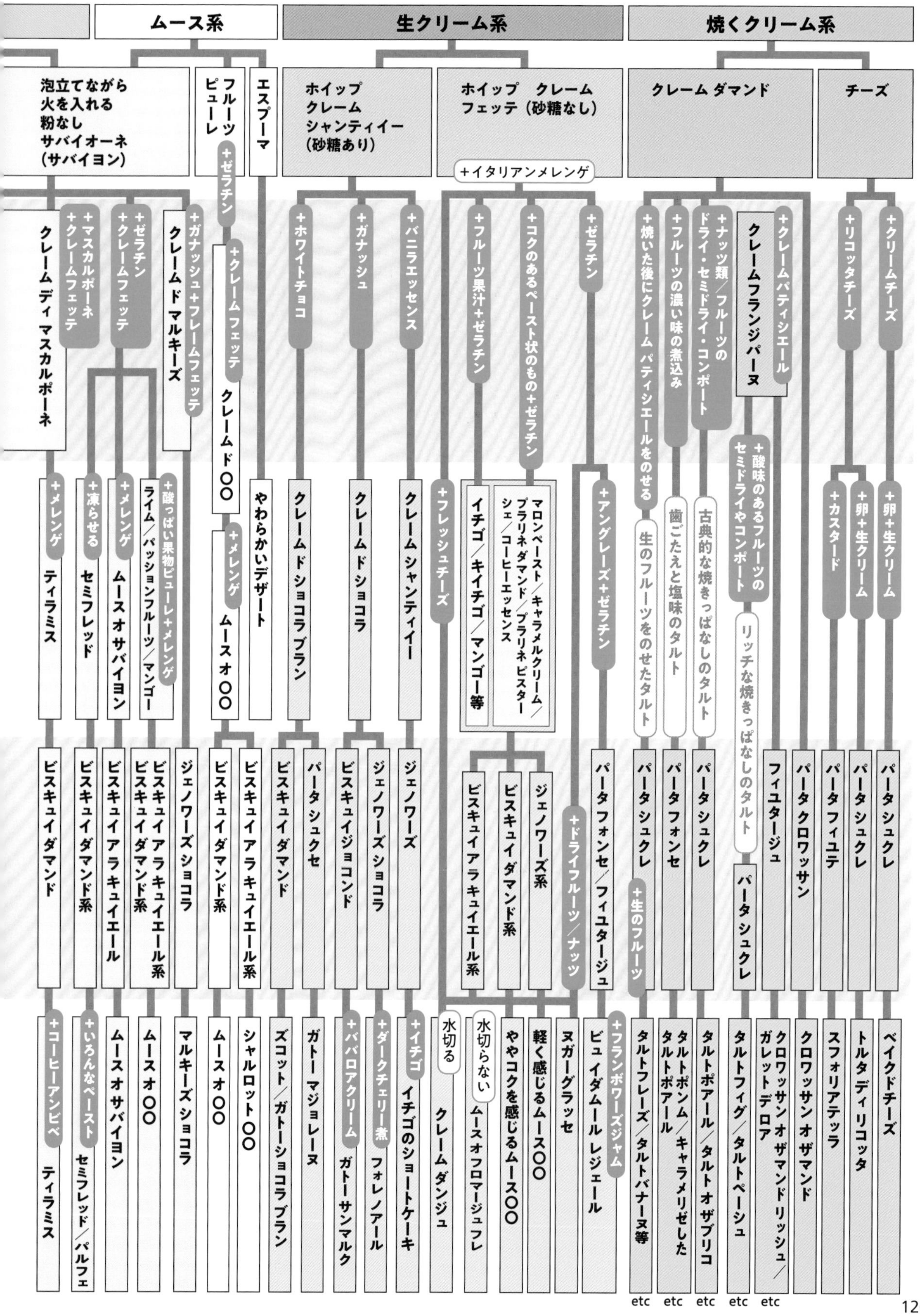

ムース系
生クリーム系
焼くクリーム系
泡立てながら 火を入れる 粉なし サバイオーネ （サバイヨン）
フルーツ ピューレ
エスプーマ
ホイップ クレーム シャンティイー （砂糖あり）
ホイップ クレーム フェッテ（砂糖なし）
クレーム ダマンド
チーズ
+イタリアンメレンゲ
クレーム ディ マスカルポーネ
+メレンゲ
ティラミス
ビスキュイダマンド
+コーヒーアンビベ
ティラミス
+マスカルポーネ +クレームフェッテ
+凍らせる
セミフレッド
ビスキュイダマンド系
+いろんなペースト
セミフレッド／パルフェ
+ゼラチン +クレームフェッテ
+メレンゲ
ムースオサバイヨン
ビスキュイアラキュイエール
ムースオサバイヨン
+酸っぱい果物ピューレ+メレンゲ
ライム／パッションフルーツ／マンゴー
ビスキュイアラキュイエール系 ビスキュイダマンド系
ムースオ○○
+ガナッシュ+フレームフェッテ
クレーム ド マルキーズ
ジェノワーズショコラ
マルキーズショコラ
+ゼラチン
+クレーム フェッテ
クレーム ド ○○
+メレンゲ
ムース オ ○○
ビスキュイダマンド系
ムースオ○○
ビスキュイアラキュイエール系
シャルロット○○
やわらかいデザート
+ホワイトチョコ
クレーム ド ショコラ ブラン
ビスキュイダマンド
ズコット／ガトーショコラ ブラン
パータ シュクセ
ガトー マジョレーヌ
+ガナッシュ
クレーム ド ショコラ
ビスキュイジョコンド
+ババロアクリーム
ガトー サンマルク
ジェノワーズショコラ
+ダークチェリー煮
フォレノアール
+バニラエッセンス
クレーム シャンティイー
ジェノワーズ
+イチゴ
イチゴのショートケーキ
+フレッシュチーズ
水切る
クレーム ダンジュ
水切らない
ムースオフロマージュ フレ
+フルーツ果汁+ゼラチン
イチゴ／キイチゴ／マンゴー等
+コクのあるペースト状のもの+ゼラチン
マロンペースト／キャラメルクリーム／プラリネダマンド／プラリネ ピスターシェ／コーヒーエッセンス
ビスキュイアラキュイエール系
ビスキュイダマンド系
ジェノワーズ系
ややコクを感じるムース○○
軽く感じるムース○○
+ゼラチン
+アングレーズ+ゼラチン
パータ フォンセ／フィユタージュ
+フランボワーズジャム
ビュ イダムール レジェール
+ドライフルーツ／ナッツ
ヌガーグラッセ
+焼いた後にクレーム パティシエールをのせる
生のフルーツをのせたタルト
パータ シュクレ
+生のフルーツ
タルトフレーズ／タルトバナーヌ等
+フルーツの濃い味の煮込み
歯ごたえと塩味のタルト
パータ フォンセ
タルトポンム／キャラメリゼした タルトポアール
+ナッツ類／フルーツの ドライ・セミドライ・コンポート
古典的な焼きっぱなしのタルト
パータ シュクレ
タルトポアール／タルト オ ザブリコ
クレーム フランジパーヌ
+酸味のあるフルーツの セミドライやコンポート
リッチな焼きっぱなしのタルト
パータ シュクレ
タルトフィグ／タルトペーシュ
+クレーム パティシエール
フィユタージュ
クロワッサンオ ザマンドリッシュ／ガレットデロア
パータ クロワッサン
クロワッサン オ ザマンド
+リコッタチーズ
+カスタード
パータ フィユテ
スフォリアテッラ
+卵+生クリーム
パータ シュクレ
トルタ ディリコッタ
+クリームチーズ
+卵+生クリーム
パータ シュクレ
ベイクドチーズ
etc
etc
etc
etc
etc

生地とクリームの組み合わせ

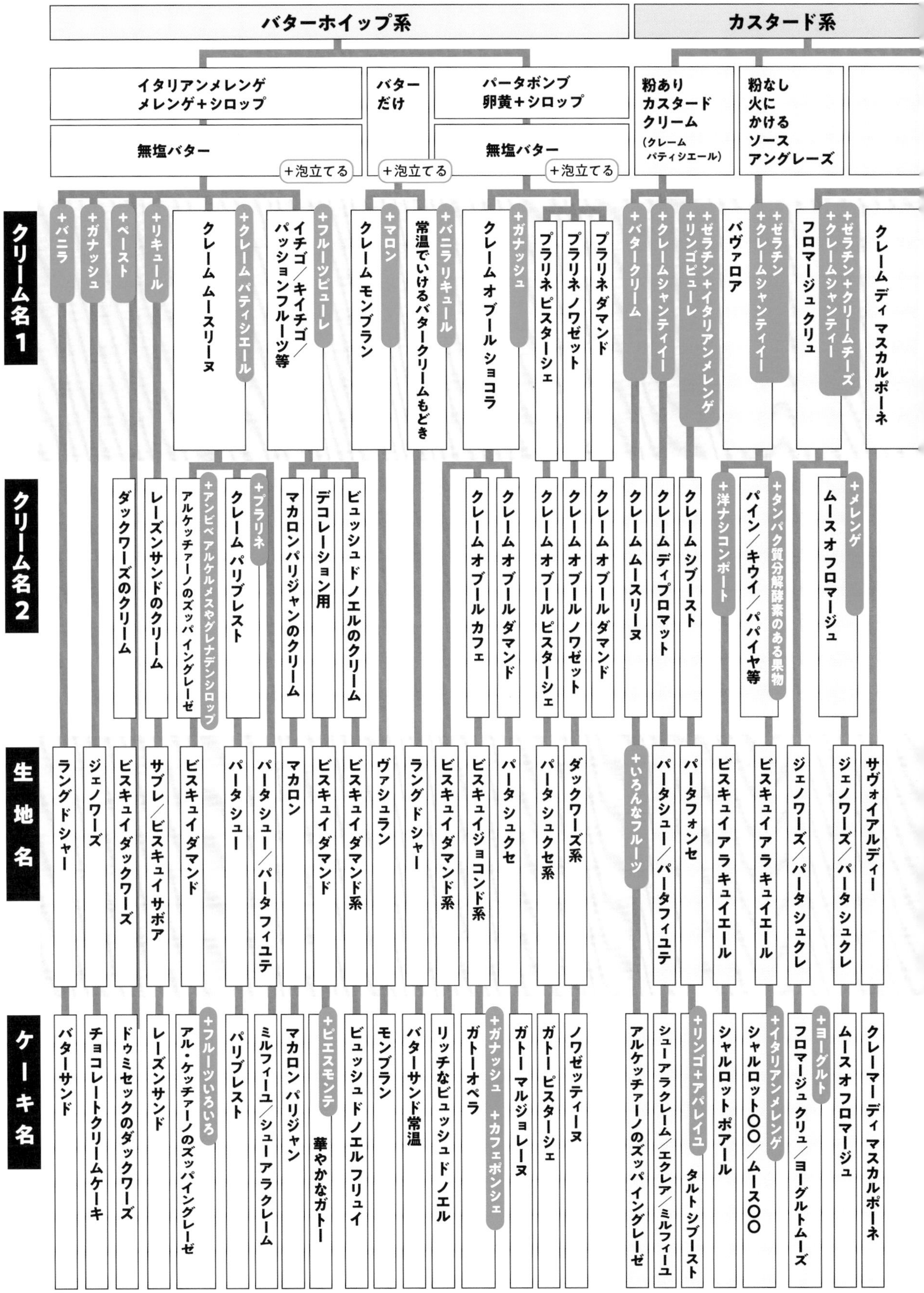

バターホイップ系
カスタード系
イタリアンメレンゲ
メレンゲ+シロップ
無塩バター
+泡立てる
バターだけ
+泡立てる
パータボンブ
卵黄+シロップ
無塩バター
+泡立てる
粉あり
カスタード
クリーム
(クレーム
パティシエール)
粉なし
火に
かける
ソース
アングレーズ
クリーム名1
クリーム名2
生地名
ケーキ名
+バニラ
+ガナッシュ
+ペースト
+リキュール
クレーム ムースリーヌ
+クレーム パティシエール
イチゴ／キイチゴ／パッションフルーツ等
+フルーツピューレ
クレーム モンブラン
+マロン
常温でいけるバタークリームもどき
+バニラリキュール
クレーム オ ブール ショコラ
+ガナッシュ
プラリネ ピスターシェ
プラリネ ノワゼット
プラリネ ダマンド
+バタークリーム
+クレームシャンティイー
+ゼラチン+イタリアンメレンゲ
+リンゴピューレ
バヴァロア
+ゼラチン
+クレームシャンティイー
フロマージュ クリュ
+ゼラチン+クリームチーズ
+クレームシャンティー
クレーム ディ マスカルポーネ
ダックワーズのクリーム
レーズンサンドのクリーム
アルケッチァーノのズッパイングレーゼ
+アンビベ アルケルメスやグレナデンシロップ
クレーム パリブレスト
+プラリネ
マカロンパリジャンのクリーム
デコレーション用
ビュッシュドノエルのクリーム
クレーム オ ブール カフェ
クレーム オ ブール ダマンド
クレーム オ ブール ピスターシェ
クレーム オ ブール ノワゼット
クレーム オ ブール ダマンド
クレーム ムースリーヌ
クレーム ディプロマット
クレーム シブースト
+洋ナシコンポート
パイン／キウイ／パパイヤ等
+タンパク質分解酵素のある果物
ムース オ フロマージュ
+メレンゲ
ラングドシャー
ジェノワーズ
ビスキュイダックワーズ
サブレ／ビスキュイサボア
ビスキュイダマンド
パータシュー
パータシュー／パータフィユテ
マカロン
ビスキュイダマンド
ビスキュイダマンド系
ヴァシュラン
ラングドシャー
ビスキュイダマンド系
ビスキュイジョコンド系
パータシュクセ
パータシュクセ系
ダックワーズ系
+いろんなフルーツ
パータシュー／パータフィユテ
パータフォンセ
ビスキュイアラキュイエール
ビスキュイアラキュイエール
ジェノワーズ／パータシュクレ
ジェノワーズ／パータシュクレ
サヴォイアルディー
バターサンド
チョコレートクリームケーキ
ドゥミセックのダックワーズ
レーズンサンド
+フルーツいろいろ
アル・ケッチァーノのズッパイングレーゼ
パリブレスト
ミルフィーユ／シューアラクレーム
マカロン パリジャン
+ピエスモンテ
華やかなガトー
ビュッシュドノエル フリュイ
モンブラン
バターサンド常温
リッチなビュッシュドノエル
ガトーオペラ
+ガナッシュ +カフェポンシェ
ガトー マルジョレーヌ
ガトー ピスターシェ
ノワゼッティーヌ
アルケッチァーノのズッパイングレーゼ
シューアラクレーム／エクレア／ミルフィーユ
+リンゴ+アパレイユ
タルトシブースト
シャルロットポアール
+イタリアンメレンゲ
シャルロット○○／ムース○○
フロマージュクリュ／ヨーグルトムーズ
+ヨーグルト
ムース オ フロマージュ
クレーマーディ マスカルポーネ

調理人から料理人へ
〜中川遼太郎君

いま、アル・ケッチァーノグループのいくつかの店のパスタ場を渡り歩いて、奮闘している若手スタッフがいます。中川遼太郎君です。

彼は新人の頃、本店での修業中に脱走事件を起こしましたが、私が迎えに行って連れ戻し、そこからやめずにがんばって、いまも修業を続けています。

パスタ場は、イタリア料理人への登竜門で、ここを乗り越えられるかどうかで一人前の料理人の道に進めるかが決まる、勝負の段階です。

辞めたいと一度は逃げ出した中川君でしたが、そんな自分を乗り越えて、夢をあきらめないで、今日も自分と闘っています。

脱走した日のことです。キッチンから「遼太郎が見当たりません」と電話があり、様子を聞いて、ああ逃げたなとすぐに分かりました。

スタッフたちは、突然いなくなったので、忙しいのにあいつはどこへ行ったと怒っています。

私は、たぶん鶴岡駅からＪＲに乗ったんじゃないかな、栃木出身だから南下しているに違いないと思いました。迷子を探す親の如く、不思議といる場所がどこかがわかる。私にとって中川君はそんな子です。

するとスマートフォンの電話の呼び出し音が鳴りました。画面を見なくとも誰からなのか分かります。

「シェフ、あの…」

予感は的中、中川君でした。

「どこにいるの?」

「あの〜なんか難しい字です。ネズミ? ネズミガセキ?」

「あぁ! それ、俺の実家のそばの駅だ。俺そこから毎日乗って学校行っていたんだよ。いやあ、やっぱりお前、縁があるなぁ。駅の隣に港があるから、そこで待っていなさい」

私はすぐさま車に乗り込み、鼠ヶ関駅に向かいました。店からは40分ほどのところです。

駅に着くと、中川君が所在なくうろうろしていました。声をかけても、私の目を見ることができず、うつ向いています。

「シェフあのう、僕、もう無理です」

中川君は店を辞める話をしようとします。

昼前の電車に乗って今に至る中川君、私はお腹が空いているに違いない、体の細胞が締まって固くなってると思い、まずは腹を満たす算段を考えます。

すると、なんと港でちょうどいいことに、地元の特産品を展示販売する小さな催しが開かれています。

しかも地元特産のエビ汁がいい香りを漂わせて絶賛販売中。まずは熱々のエビ汁を買って、中川君に飲ませ、細胞を緩めようと考えました。

次に気分転換で出店の見物です。水揚げされたばかりの新鮮な魚介や魚の加工品などの店があり、その一角に刃物屋さんが出店していて包丁を半額で売っています。

私はチャンス!とひらめきました。

「君、運がいいね! ここで包丁が半額で売られているということはね、君は料理人を続けなさいということだよ。よし、特別に新しい包丁を買ってあげる」

もう店を辞めるつもりの中川君は要らないと言います。

「君が好きなアニメのキャラクターは聖闘士星矢の乙女座のシャカだったよね? よし、シェフがお前に聖剣を与えよう」

「いや、シェフ、僕もう包丁は持ちません…(それに乙女座のシャカは剣持ってません)」

「ほら、買った。これ持ってごらん」

買った包丁を手渡すと、中川君は持ち手を握ったのです。

「もーっちゃった、持っちゃった。聖剣持っちゃった」

そして中川君を乗せて、車で鶴岡に帰ります。

私はそこで、まだ辞めることを決断するのは早い、君はこの先必ず仕事ができるようになるから、ここで自分を乗り越えてみようという話をしました。

「遼太郎、お前、料理まだ好きなんだろ? やれるね?」

「…やります」

蚊の鳴くような返事です。

「よし、シェフがいいこと思いついた」

その後、パスタの指導書「ゆで論」を手書きで写した紙を貼っていた。努力が垣間見えました。

エビ汁で、まずは閉じてしまった心を開きます。

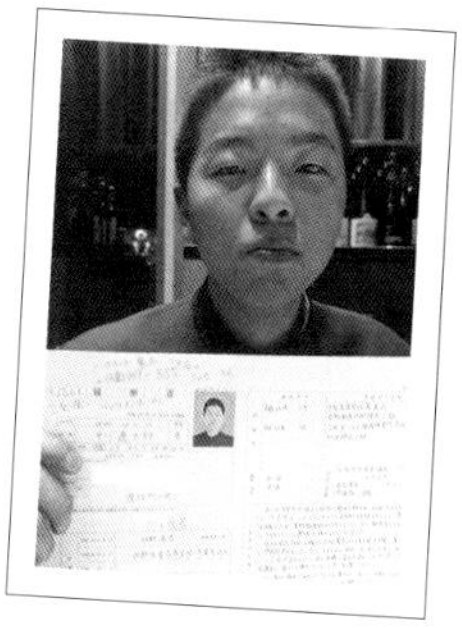

入社する前の中川君。まだあどけなさが残ります。

一つ壁を乗り越えると、それは表情に現れます。これからも自分を信じて！よい料理人になりますように。

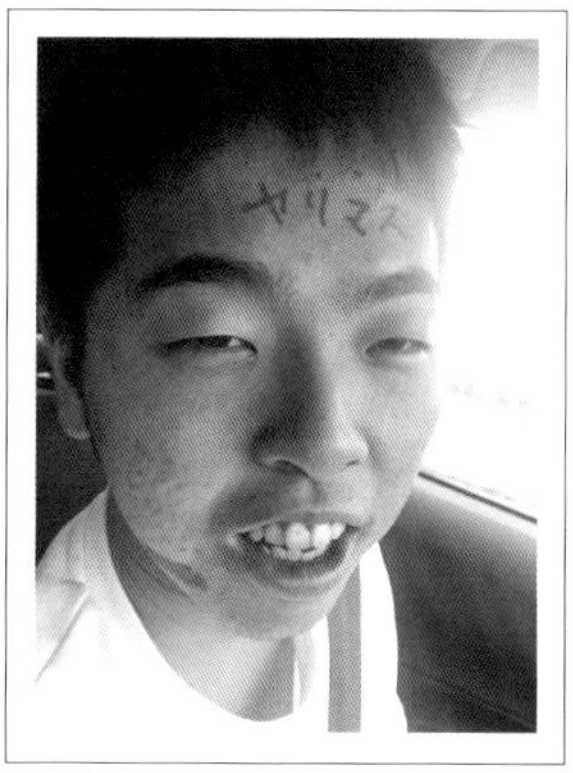
ヤリマス

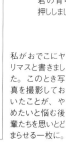

私がおでこにヤリマスと書きました。このとき写真を撮影しておいたことが、やめたいと悩む後輩たちを思いとどまらせる一枚に。

半額

包丁半額セール。このめぐり合わせが中川君の背中を後押ししました。

　私はマジックを取り出して、中川君の顔に「ヤリマス」と書きました。中川君が抵抗したので、顔のあちこちに赤い線が引かれてしまいました。

「シェフが一緒に行ってあげるから、店に戻ろう」

　私に引きずられるようにランチ営業後の店に入った中川君。

　料理長をはじめみんながすごい形相でクルッと振り返ってこちらを見ます。

「おう、なんなんだお前はぁ…ぶふふっ」

　怒ろうと思ったのに、中川君の顔を見て笑いを堪える先輩たち。そしてもう一度頑張るつもりなのだと一目でわかる「ヤリマス」。中川君も先輩たちを前に謝ります。

　まだ経験が足りなくて仕事が思うようにできない中川君と、仕事を覚えて厨房のリズムについてきてほしいと思っている先輩たち。

　そのどちらの気持ちもごもっともなので、一触即発の場の空気を変えてあげるための「ヤリマス」。

　中川君はその後しばらく修業を続けた後、私がプロデュースしている福島のレストランで2年近く経験を積んで、再び本店に戻りパスタ場を経験し、現在は彼の故郷の宇都宮で働いています。

　料理人ではなく、まだ調理人です。

　レストランはひとつの有機体のように動きます。その中で、ベテランの先輩たちと一緒に同じ波に乗るには、ベテランと同じレベルの調理のスキルが必要、自分に求められていることを見極めてこなす判断力が必要、料理のセンスも必要、経験と知識の統合も必要です。

　そこまでできて、初めて調理人です。

　そこから全体の流れを見渡しながら流れを作る一人になり、創意工夫をし、ホールスタッフやお客様までを一体化させながら、一度の食事というステージの幕開けから幕引きまで演出できるのが料理人です。

　修業中、調理人としての仕事の一つ一つを手の内に入れるまでには時間がかかります。これは本番の大波の中で、体験を重ねていくしかありません。

　頭で理解していることと、その通りに体を動かせることは違います。

　頭と体を統合できるまでになるには、調理場で場数を踏むしかない。要領がよければ、頭と体の統合が早く進みます。不器用で手足を動かすのが苦手であれば、時間がかかります。

　このために私が薦めているのが、頭と体の統合を助けてくれる、お風呂に毎日60秒潜る訓練です。自分の体に秒針を作って、周囲に振り回されない自分を作る。追い込まれたときに、気持ちが舞い上がることを防いでくれます。

　初めから完璧にできる人はいません。ましてや先輩たちと同じようには動けません。

　大切なのは、どうやったら上手にできるようになるかを諦めないで自分でやり方を考えて、進歩できるように工夫してみること。

　自分に何が足りていないかを指摘してくれているのが先輩です。

　それを怒られてばかりいると受け止めないで、指摘してくれていると受けとめる。

　その指摘を自分の課題と認識して、一つ一つをクリアして、上達していく自分を認識しながら一歩一歩登っていく。

　中川君は、要領のよい新人ではありませんでした。先輩からもだいぶ怒られていましたし、料理長からこ

インタビュー

料理は、僕の糧で僕の宝

中川遼太郎君

　中学の時に料理人になりたいと思い、調理科のある高校に行きました。学校にあったマンガで見た、カンテサンスの岸田周三シェフやすきやばし次郎の小野次郎さんをシンプルにかっこいいと思い、自分もかっこいい料理人になりたいと思いました。そこから家で自己流で料理をするようになって、いつかかっこいい男になってやると思っていました。

　奥田シェフとの出会いは、学校に銀座のヤマガタサンダンデロの求人が来ていたことがきっかけです。

　見学に行ったら厨房の雰囲気が厳しそうな感じがしましたが、でもせっかくやるからにはこういう所でやるのもいいかなと思い直して、希望し採用されました。

　実際に厳しくて、辞めたくなったことは何回もありました。

　いま、本店のパスタ場に配属されて2カ月ほど経ちますが、前にいた福島の店とは大変さが全然違って、苦労しています。

　この会社で働くようになって、「ゆで論」というパスタのゆで方を知って、いままで気にしたことの無いようなことまでシェフは細かく考えていると知りました。

　そこまでやるのかと思いながらも、実際にこのやり方で作るとおいしいですし、ゆで論に関してはまさにシェフの技だと思います。ゆすぎの塩分量の調整とか、まだ自分には難しいです。

　シェフの講演会で、僕の脱走について披露されているのは聞いています。

　脱走したその日は、朝のセッティングだけやって、タクシー呼んで鶴岡駅まで行って、南に行こうと思ってたまたま来た電車に乗りました。

　前日の夜に、先輩たちからいつものように当たり前のことを注意される中で、もうそれ以上先輩の言葉とか何も受け入れられなくなって、「もうこれ以上無理だ」って自分の中で何かが弾けて。それで翌日逃げ出しちゃったんで。

　新潟まで行ってやると思ったら、その電車は新潟まで行かず、うんと手前の鼠ヶ関駅止まりでした。

　全く知らない所で降ろされて、途方に暮れて、しょうがなくシェフに電話しました。

　そしたら「そこで待ってなさい」と言われて、シェフが迎えてに来てくれました。店に戻って先輩たちに謝って、引き続き仕事をさせていただきました。

　いま、講演会でシェフはこの話をよくするんですけれど、得したと思っています。

　僕の下の新入社員の子たちは、授業で講演をしたシェフのスライドで僕のあの写真（前ページ）を見てから入社しているんですよ。そうすると、中川さん有名ですよとか言われて（笑）でも僕のことを

いつは無理ですからはずしてくださいと電話がかかってきたこともありました。

けれど、料理が好きだということは伝わってきました。性格も良い。

もし中川君がこのとき辞めていたら、なりたい自分になれる機会が永遠に失われていたかもしれません。

たとえ思うようにできなくて、自信が持てなくなってしまっても、そこを乗り越えるのは、自分自身でしかないのです。

中川君はそこを乗り越えました。

どんなに押しつぶされそうになっても、調理場に入って、ただ手を動かすのではなく、上手な先輩たちの動きを見ながらリズムを真似してみることです。

これを繰り返しているうちに、チームの中で、いつどのように手を動かしたらみんなと同じ波に乗れるかが、あるとき見えてきます。

そして同じ波に乗れた瞬間、自分の中に小さな喜びが生まれます。

それが自信となり、力となり、自分が仲間の力になれる日が必ずやってきます。

その経験の積み重ねが、あなたの未来を形作ります。

知って、下の子たちがやる気になってくれたらと思っているので。

だから、逃げて、みんなのためになって、僕は得しています。

僕の例をあげて辞めるのを思いとどまった後輩も実際にいると聞きました。本の掲載もＯＫです。写真も使ってください。

あのとき、本当に辞めなくてよかったと思っています。

あの後、気持ちを切り替えるために厨房ではなくホール（レストランでの接客）の仕事もさせてもらって、また違う視点でレストランの仕事を見ることができました。

その時の先輩たちには、だいぶいろんな指摘をされ続けましたけれど、僕のために言ってくれていたことは今ならわかりますし、一番厳しかった当時の吉田料理長とは今でも親交があります。もう今は別のお店で働いていますけれど、先日も「月山筍採りに行こう」と誘ってくれました。

今でも厨房で先輩たちから指摘されることは多々あります。でも言われるのはいいんです。言われなくなったらおしまいだと思っているので。

僕は、辞めたいと思っても、嫌になっても、やりたい仕事は何と聞かれたら料理なので。

これが僕の糧だし、武器だし、僕の人生はこれだと決まっているんだという…なんだろうな宝というか、そういうものです。

理想の料理人としては、自分がおいしいと思う料理をたくさんの人に食べてもらって、おいしいと言ってもらえたらいいなと、そういう料理人になりたいです。

今は本店の料理をしっかり守らないといけないという気持ちです。

そのために、時間の使い方がもっと上手くなるようにがんばりたいです。仕込みとか準備の段取りをもっと細かくやりやすい状況に持っていくのが今の課題です。毎日毎日、どうしたらいいかと考えながらやっています。

奥田シェフは、本当にすごい人だと思います。高校時代はぜんぜん成績よくなかったと言っておられましたが、そこから世界に通用する料理を作るシェフになるのは、めちゃくちゃ努力したんだと思います。

いろんな努力をして、今のシェフがあるんじゃないでしょうか。そういう意味で「努力の天才」だと思います。天才と努力は別じゃないですね。努力があって、その結果として今があって、でもなお努力しているという。

世界に名を連ねる料理人ですら、そういう努力をしているので、シェフを見ていると、自分も努力しているんだとは言えないです。やってますけれど、足りないですよね。

可能性を広げた「風呂に60秒潜る訓練」

～渡部駿君の場合

修業中の若いスタッフには、私なりのやり方でいろいろなことを教えます。

調理技術や料理の具体的なことは、先輩から後輩へと伝わる流れができていますから、そこはあまり口を出しません。それらは日々の営業の中で、実践を通して学ぶ部分。

私は物の見方や考え方、捉え方を教えてあげるようにしています。

例えば、厨房での先輩の縄張りの見極め方や、無駄に怒られないための〝シャクに触らない後輩〟になる方法、皿の素早い出し方、他のスタッフとの呼吸の合わせ方、などなど。

これらのことは、日本だけでなく、世界のどの国のレストランでも働けるスタッフとして、生き抜く知恵でもあります。

教えたことを実践している子は仕事を覚えるスピードが速いですし、出世、独立していきます。

一見すると馬鹿馬鹿しいと思われることも含めた、私の教え全てをその通りに実践して、急成長した弟子がいます。渡部駿（はやお）君です。

彼は山形県酒田市出身で、調理師専門学校を卒業後して、私の会社に就職しました。

渡部くんは、私が教えても真剣に取り組む人がいなかった「お風呂に60秒潜る訓練」を言われた通りに実践した最初の子です。

この訓練をひと言で言うと、集中したときに感覚を研ぎ澄ませることができるようになる訓練です。私もずっと実践しています。

他にも嗅覚が鋭くなり、風邪を引かなくなり、生放送にも強くなり、パスタのゆで上がりや食材の火入れにタイマーが要らなくなりました。

本当にいいことずくめなのです。

ではなぜ、お風呂に毎日潜ることが、これらのいろんな成果をもたらすのでしょう。

それは、時計の秒針のリズムが、自分の体内に刻み込まれるからです。

やり方はこうです。

お風呂に入ったとき、頭の先まで潜って60秒数えます。初めてだと20秒も持たないかもしれません。

無理しないで、できる長さから始めます。頑張りすぎて溺れないように気をつけてください。

息を止めてお湯の中に潜ると、そこは自分だけの世界。この感覚を知ることが大事です。

厨房で集中したいときや冷静になりたいときにこの状況を思い出せばよいのです。失敗したときにも、この感覚を思い出すと、焦ることなく気持ちを整えて瞬時に次の行動に切り替えられます。

お湯に閉ざされた中で、1、2、3、4と1秒ごとの時間の間隔を意識しながら数えます。そうすると時間に乗ることができるようになります。

限界まで数え、もう苦しい、もうだめとなったら、頭で考えるまでもなく体が湯船からザバッと飛び出るでしょう。

そのときに、心と体が一つになります。これを毎日繰り返すことで、自分の気持ちに、体がすぐに反応するようになります。

毎日実行していると、時間を「粒」で感じられるようになります。普段から1秒を意識する習慣がつき始め、時計と同じリズムで生活するようになります。

すると、まずは厨房で仕事の時間の流れを操れる人になれます。

さらに、自分が上の立場に上がっていったときに、周りのスタッフが、自然と自分についてくるようになります。

渡辺君が私の店に入り、1年ほどしたころに私の「エコヒイキ組」に入りました。

私は素養がある人には、どんどん深いところを教えていきます。

そのときにこの「お風呂に60秒潜る訓練」を教えたのですが、彼はすぐに実践し、みるみる頭角を表し始め、同期や先輩を追い越して仕事を覚えていきました。

仕事を覚えるスピードが早くなってきたので、テレビの生放送や、大人数のフェアの助手など積極的に帯同させました。現場に出ると、新し

エコヒイキ組に入った弟子は、イベントで経験を積ませます。このときの料理は140人前。短時間で一から準備をし、失敗しても、滞っても、何が何でも自力でやり遂げさせます。こうして現地の初対面の多くのスタッフに、どう指示を出して動かしていくかを学ばせます。

20

オステリア・フランチェスカーナのマッシモ・ボットゥーラシェフと。

海外のイベントにも同行させて「何があっても、何が無くても、どんな環境でも」料理ができるように指導。

仕事の技を早く覚えるコツは、上手な人を見て自分もなりきること。人の仕事をよく見ている人ほど成長が早い。

い環境での周囲への気配りを経験しますます。どんどん自分のものにしているのが分かりました。

私は渡部君にイタリア行きを薦め、シェフに気に入られることと、１日１日を大切に、そして毎日その日の自分を超えなさいと言って送り出しました。

はじめにミラノのミシュラン一つ星のヴィーガン料理店「ジョイア」に入り、他のスタッフからも信頼を得て給料ももらえるようになり、次にモデナにある、「オステリア・フランチェスカーナ」というレストランを紹介してもらいました。「世界のベストレストラン50」で２０１７年から２年連続で一位に選ばれた店です。

まずは系列店の「フランチェスケッタ」というビストロで働きましたが、程なくしてシェフのマッシモ・ボットゥーラさんから信頼を得て、仕込みスタッフの指示係を任されました。その後本店に異動し、マッシモシェフの日本新規出店に合わせて、日本に帰国しました。

渡部君は日本でいま、マッシモシェフの銀座の店「グッチ・オステリア・ダ・マッシモ・ボットゥーラ」で、イタリア人シェフの元で日本の食材調達や日本人スタッフの取りまとめるスーシェフをしています。

さて、お風呂に60秒潜ることで体内に時計のリズムができ、結果的に出世できるのは一体なぜだと思いますか？

メトロノームを何台も並べて、同じ目盛りに重りを設定し、バラバラに動かし始めると、初めはランダムに動いていたのに、しだいにリズムがそろいだし、最終的には一緒に動きます。「同期現象」と言います。

これと同じことが厨房で、自分を中心に起こるのです。

テンポよく仕事ができる人は、調理場に限らずどこにいても存在として心地いいのです。だから自然現象として、周りが同調してついていく。

自ずと信頼が高まり、調理場なら部下が効率よく仕事の流れに乗ってくれるので良いチームが築けるようになり、そのことがスーシェフ、支店のシェフになれる人材にしていく。

お風呂に60秒潜ると出世できると聞くと、エキセントリックに聞こえるかもしれませんが、これは体と精神の鍛錬です。

心身を整えることは、仕事の成果につながるということなのです。

ガストロノミーツアー成功の秘訣

この20年くらい私が地元庄内で続けてきたのが、ガストロノミーツアーです。

このツアーは、銀座にある私の店によくお越しになる食通のお客様や料理研究家が「産地を見たい」とおっしゃったことから始まりました。

まだガストロノミーツアーという言葉も、グリーンツーリズムという言葉もなかった時代のことです。

私の銀座のレストランでは、私の地元庄内の食材で料理を作っています。

普段食べたことのない食材の持ち味に感動したお客様に、私はいつも、どんな畑でどんな人の手によって育てられているのかを説明するのですが、それを実際に見てみたいとおっしゃるのです。

なるほどと思った私は、手弁当で皆さんを案内することにしました。

移動は私の自家用車。定員は、車1台に乗れる人数の4人で、いつも私がお世話になっている生産者を数件、訪ね歩きます。

訪ねた先では、産地の周辺の自然のこと、歴史のこと、生産者の仕事に対する思いを聞きます。

めぐった生産者からはそれぞれの生産物を購入したりご厚意でいただいたりして、店に持ち帰り、その日のディナーでお出しします。

お客様は食材の物語を知った上で食べますので、よりおいしさを感じ、東京で食べたときの何倍も満たされる。

やがてこのツアーは、口コミによって広がります。

あるとき、日本野菜ソムリエ協会の皆さんから、自分たちのグループでこのツアーをしてほしい、と相談されました。そこで案内する車が、私の自家用車から、小型のマイクロバスになりました。

またあるときは、経営者を対象とした特別な研修という形で、私の講演会も入って一人数十万円のツアーになりました。

それを知った旅行代理店が、これは旅行商品になると考えて、「奥田政行とめぐる庄内ツアー」を企画販売するようになりました。乗り物が大型バスになりました。

小さな乗用車1台から始まり、大型観光バスの旅行にまでなったこのツアー。最初から変わらないのは、私のバスガイドです。

このツアーに参加した皆さんは、本当にいい顔になるんです。

私にとっては昔からある風景、昔からある食べ物、昔からある暮らしを土台とした生産者の皆さんの生き方なのですが、都市部に暮らすお客様にとってそれは、初めて知ることになる非日常だということも実感しました。

さらに、庄内の生産者の話はどの方も、謙虚でありながら迫力がある。生産物にかける思いの気迫が伝わると、お客様たちは皆、感動しています。

そしてその夜にはそれらが料理となって、目の前に登場するのです。

一緒に訪ねたメンバーと、その日1日の感想を語り合いながら、お酒も飲みながら、味わう。

手応えを感じた私は、これは県の事業として展開することで山形県全域に広がり、意義も高まると思い、山形県庁に企画書をファックスで送ります。

タイトルは「食ツーリズム」。

食通の方々に集まってもらい、観光するのでツーリズム、そしてリズムよく生産地をみんなで回ろうという言葉を掛け合わせたネーミングです。

山形県の全域に点在する在来作物や生産方法にこだわった作物を知ってもらうのが目的です。

主に都市部のメディアの人や飲食業界の人を集め、産地をめぐり、そこには在来作物の研究者の山形大学農学部の江頭宏昌先生や地元の専門家も同行してもらい、生産者の話と合わせて生産物の歴史や科学的な側面を解説します。そして最後にホテルの宴会場で、お料理で味わってもらうツアー。

東京から料理人をご招待し、メディアの方には何らかの情報発信をしてもらう条件で、それ以外の方も消費につながるアクションをしていただくお願いをして、参加してもらいます。

いまではガストロノミーツアーと

田んぼや畑の真ん中が、大きなバスが停まる観光地になりました。お客様が降りてくるこの瞬間、なんとも言えない誇らしい気持ちに毎回なります。

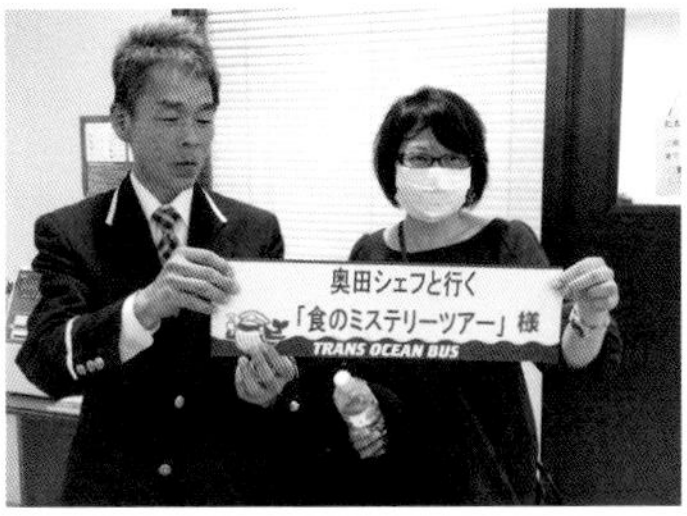
奥田シェフと行く
「食のミステリーツアー」様
TRANS OCEAN BUS

地元の観光業の皆さまと一緒に庄内を盛り上げています。

もうバスガイドもすっかり板につきました。

呼ばれるようになったこの旅行。成功させるのにはコツがあります。

生産者と生産者の間の移動時間を20分以内にすること。私の庄内では15分を基準に考えています。

移動時間が15分くらいだと、次の目的地までの間のバスガイドもテンポよく話を展開でき、盛り上がったお客様の気持ちを持続することができます。

ここの時間が長すぎると、移動そのものの時間的割合が大きくなり、気持ちが盛り下がってしまう。

また生産者だけでなく、合間に観光地や直売所も寄ります。有名な観光地を訪れた経験は心に残りますので、その思い出と一緒に生産者のことも記憶に残してもらう作戦です。

庄内は東北で一番の国宝と重要文化財の数を誇りますので、見せ場には事欠きません。

また、普通なら誰も訪れないところも観光地にしてしまいます。

例えば、庄内の在来作物の代表とも言える「だだちゃ豆」、その畑を見に行った後に、地元の人も訪れたことがないような、だだちゃ豆の最初の種を蒔いた人のことを書いた石碑に立ち寄ります。

誰も来る人がいないため、石碑の周りは草ぼうぼうだったりするわけですが、それも「おいしいだだちゃ豆が今日食べられるのはここに書いてある人のおかげです、みんなで感謝を込めて草をむしりましょう！」とイベントにしちゃいます。

お客様も、どれどれしょうがないねと苦笑しながらむしってくれる。良いことをしたので、清々しい気持ちになります。するとその夜に食べるだだちゃ豆料理はまた特別においしくなり、翌日帰る前に直売所に寄ると、たくさん買ってくださり、お土産とともにそれぞれのご自宅で、だだちゃ豆物語が語られるわけです。

ガストロノミーツーリズムでお世話になった生産者には、お礼もきちんとします。

作業の手を止めて、私たちのために時間を作ってくださっています。時には、本来だと出荷することになるはずだった生産物を視察用、試食用で提供してくださることもあります。

私は現地で参加者一人ワンコイン（500円）のカンパを集めて渡したり、生産者も最後の食事にお招きしてお金を頂戴せずにお料理を食べていただいたりします。

ある日の

TSURUOKA

奥田政行と行く 食の聖地ツアー

鶴岡駅集合

寶

善宝寺で魚の供養塔にお参りして手を合わせる。日本人は手を合わせるのが好き。心が落ちつきます。

魚に感謝の手を合わせた後は**加茂水族館**で生きている魚を見ながら目利きの仕方を学ぶ。

本長

百年あまりの伝統を持つ漬物店**本長**に行き、庄内の在来作物が残った訳を知る。

菅原鮮魚でその日食べたい魚を目利きを学びながらみんなで選ぶ。

最高級の**だだちゃ豆の畑**を見て周囲の山の地形と適地適作の関係を読み取る。

洞窟の中のワインセラーを見に行く。

ガストロノミーツアーは人気を呼び、あるときには私が同行しないパターンも含めて昼2回、夜2回の団体客がレストランにお越しになり、1日で150人が来店したこともありました。

このツアーが1泊2日だとすると、宿泊や他でする食事、直売所やお土産店にも売り上げが上がりますし、地元のバス会社も商売になる、旅行代理店にも利益が出る。そして食材も、直売所や土産店にリピーターがついて、特産品が庄内の外に流れていく道ができる。レストランを核にして、地産地消、地産他消、地産訪消のいろんな流れが生まれるのです。

さらに庄内のガストロノミーツアーはここで終わりません。実はここから、新たな人の交流が始まっていきます。

アル・ケッチァーノでの食事のときにお客様と生産者とを一緒のテーブルにして食べていただくと、自然と生産者のお国自慢が始まります。

自分が作っている作物の話だけでなく、冬の寒鱈は日本一うまいとか、秋に目の覚めるような真っ赤なカブが取れるよとか、地域の食材について「ここに来なければ食べられない

井上農場で現代農業を教えてもらう。

生えているもの全てが食べられる**秘密の山**で、野菜の原型は山菜と野草だと知る。

羽黒の羊の放牧を見ながら山を降り、羊舎にも寄って、エサのだだちゃ豆を狂ったように食べる羊の様子を観察する。

山澤ハーブ研究所で自家採取の作物の勉強をし、オーガニックの本質を知る。

羽黒山山頂にある宿坊**斎館**で、山伏を知り、精進料理をいただく。

最後は農耕信仰の神様でもある**羽黒三山神社**をお参りし、国宝の**羽黒山五重塔**で記念撮影。手を合わせて始まり、手を合わせて終わる、食べ物に感謝する崇高なツアーになります。

直売所**あねちゃの里**でお土産を買い、飲食店は取引が始まる。

アル・ケッチァーノ

見てきた食材を使い生産者と一緒にフルコースを食べる

よ」と、本当のうまさを知っているので、それはもう饒舌（じょうぜつ）になって語ります。

するとお客様は興味津々になって、その季節の予約をして帰ったり、次に家族を連れて来たりしてくれる。

また、私が講演に呼ばれることもありますし、ツアーに参加した料理教室の先生が教室の生徒さんを募ってツアーを企画したり、生産者のグループがツアーで来て生産者同士の悩み相談の交流の場ができたりします。

ガストロノミーツアーは、縦横無尽に人をつなげるツアーなのです。

海外で日本の食文化をPRするときのコツ

私の最初の海外フェアでは、寿司を握りました。私の寿司人生はここから始まった。

鶴岡の食材を一緒に宣伝した仲間たちです。みんなの気持ちが一つであることが、大きな成果につながります。

B001
C650

スペイン・ミラノ博覧会のだだちゃ豆PR会場。

海外のイベント会場やレストランで日本の食材や食文化を紹介する機会をこれまでに28回いただきました。場数を踏んでいくと、成功と失敗のシナリオが見えてきます。

大切なのは、その日その時、その場にいらっしゃるお客様が望んでいることをすることです。

例えば、2015年のミラノ国際博覧会に、私のレストランの本店がある鶴岡市がブースを出展するということで、私はその会場でだだちゃ豆をPRする役割を命ぜられました。

こうした企画は通常ですと、行政の予算でまとまった食材を調達し、人員も確保して海外に行き、お金を払ってブースやステージを借り、そこで用意した食べ物を試食してもらったり配ったりして「よかった、よかった」で終わります。

しかし私は思いました。

日本のエダマメは世界中でブームになっていますが、私は風味、食感ともにエダマメの王様がだだちゃ豆だと確信していますので、ということはだだちゃ豆は世界一のエダマメということになりますから、そのことをしっかりPRして、最終的に輸出できるところまでつなげたいと考えました。

ミラノの会場に集まったお客さんたちは、その多くがイタリア人。お祭り好きな国民性を頭に入れて、演出をどうするか、頭をひねります。

まずは大画面のスクリーンで、鶴岡の人たちが、集って山盛りのだだちゃ豆を食べている様子を見せます。

だだちゃ豆の聖地とも言える白山地区では普通の光景なのですが、イタリアではエダマメは高級食材ですから、エダマメをモリモリ食べている姿を見てイタリア人たちはびっくりします。

そこに今度は、羊が餌にだだちゃ豆を狂ったように食べている映像が続きます。

見ているお客さんたちは、え⁉日本では羊がエダマメ食べるの？ イタリアの羊は草ばかり食べてるっていうのに⁉ とエダマメの価値観が崩壊して何が何だかわからなくなる。

みんなの頭が混乱しているところに、私がステージにおもむろに上がり、マイクを使ってイタリア語で呼びかけます。

「どう？ エダマメおいしそうでしょう？ あなたたちはキング・オブ・エダマメを知ってるかな？ ダダチャ

在スペイン大使館で作った料理の数々。料理人の仕事は人を喜ばせること。期待以上の結果を出すことを毎回心がけています。

GRUPO GOURMETS

スペインマドリッドの国際グルメ博覧会ではマグロを解体。海外のイベントではマグロの解体ショーを求められることが度々ありますので、さばけるようになっておくことも必要。

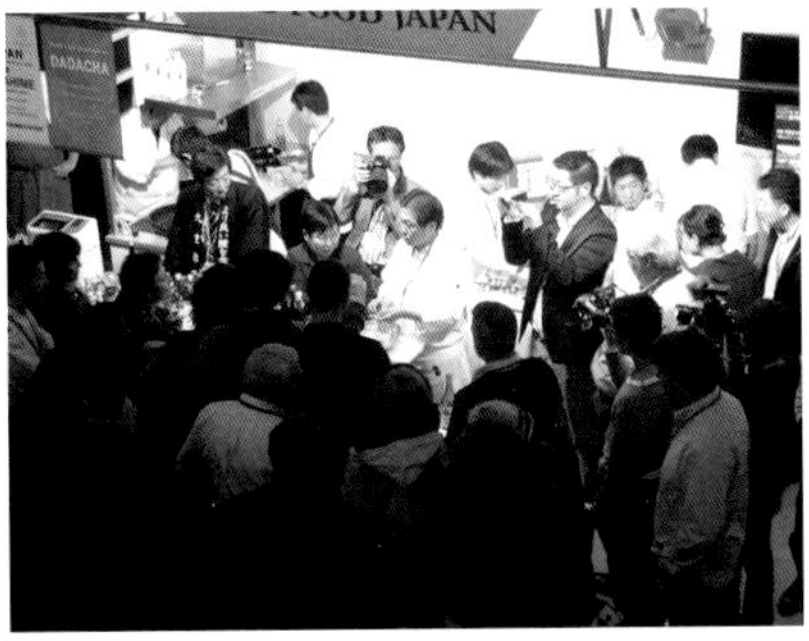

人が集まる仕掛けを毎回必ず考えます。焦がしチャーハンでおいしそうな香りが会場に広がるようにしたり、今ここでしか食べられないという寿司ネタで人を集めたり。

マメって言うんだ！　みんな、食べたい？」

と盛り上げながら呼びかけます。

　すると、

「食べたい！　食べたい！」

と方々から声があがります。私は
「ダダチャマメって叫んだら食べさせてあげるよ！」

と言ってコールを促します。

「ウノ、ドゥエ、トゥレ、（1、2、3）ダダチャマメ！」

　会場はダダチャマメ、ダダチャマメとコールが始まり大盛り上がり。

　会場中に響き渡る大きな掛け声に、周りからお客さんたちが何事だと集まってきます。

　興味を持って近寄ってきた人たちに、市役所の職員の人たちが「プレーゴ、プレーゴ（どうぞ）」とブースに集まるように促します。

　するとますますダダチャマメコールが大きな声になって、まるでコンサート会場みたいになります。

　脇では装束を身に着けた出羽三山の山伏たちがホラ貝をブオォ〜、ブオォ〜と吹き鳴らします。集まった人たちはみんな大興奮。

　だだちゃ豆コールがだんだん早くなっていき、ピークに達したら、

「さあ、食べさせてあげるよ！」

とスタッフ全員で、だだちゃ豆を配ります。

　このとき試食用に作ったのは、塩ゆでしただだちゃ豆と、だだちゃ豆のリゾット。

　みんな笑顔で「ボーノ、ボーノ」（おいしい）「これが世界一おいしいダダチャマメか！」と言って食べています。

　してやったり！　大成功です。

　結果的にその会場のそれまでの来客人員を抜いて、多くの人に鶴岡特産のだだちゃ豆の味を知っていただくことができました。

　この博覧会には、日本の他の自治体も参加していて、他の皆さんは大規模なブースを設営。

　鶴岡市はそれに比べると予算規模が少なかったわけですが、このように工夫次第で、最大の効果を狙えるわけです。

　このときにどんな料理を配るかも、実は考え抜いて決めています。

　イタリアでは素材の味を大事にしますから、ただ塩ゆでしただけのだだちゃ豆の味は間違いなく大好きな民族です。

　そしてイタリアには米文化があります。特に北イタリアの人たちはリ

ゾットが好き。鶴岡の米と一緒にアピールできることもあり、だだちゃ豆のリゾットにしました。味付けは極めてシンプルにして、だだちゃ豆の味が際立つようにしました。

　これがもしフランスならジャガイモ料理にしますし、スペインならパエリア、中国なら炒飯にします。

　さて、普通はここで、よかったよかった、と終わるのですが、そこで終わらせないのが私です。

　会場に来た人たちは食の業界の方が多いのですが、声をかけてくれた人や会話をした人とは必ず名刺交換をし、イベントが終わった夜、名刺の中から飲食店を見つけて、書いてある住所を頼りに店に行きます。

　そして、店の客になりながら、さっきはありがとうと礼を述べ、このダダチャマメをいくらで取引してくれるか、交渉します。

　そしてミラノの日本食材卸し問屋さんに、「１kg〇〇ユーロで買うよ」と言ってくれた店を紹介して、金額のことも伝えてつなぐのです。

　ここまですることによって、卸店は採算が具体的な数字で見通せます。

　こうしてだだちゃ豆の輸出が始まりました。

　買ってくれるところが明確になり、採算の目処が立てば、輸出は始められるのです。

　このような場に参加する機会を得た際には、その食材の魅力を最大限引き出して、なおかつ最大の効果を目指すのが私の役割です。

　もう一例は参加者の顔を見て、その人たちの好みの料理を作るコツです。

　２０１１年の秋、私はマドリードの在スペイン日本大使館で、スペイン人のお客様たちをお招きする場で料理を作る機会をいただきました。

　お客様はスペイン人がほとんどです。

　街に到着すると、歩いている人たちの顔や髪、背格好を観察します。

　体の特徴から好きな食べ物、好きな味の傾向を読み取れるからです。

　例えば足が長くてスラリと背が高く、鼻も長いのは北の人でアングロサクソン系統です。長い距離を移動する暮らしをしていたために長距離を走れるように足は長くなり、寒い気候のもとで暮らしていると鼻が長くなって冷たい空気を温めます。こうした見た目の人たちは遊牧をしていたため乳製品の味が好きです。北に行けば行くほど肌の色は白くなります。

　反対に髪が黒く足が短く、肌も色が濃くて鼻もそんなに長くないのは、暖かいジャングルで暮らしている狩猟民族の系統です。森では狩りをし、木の実など採取して、取りまぜて食べて生きてきました。

　森の木を使って火をたいて調理をしたので、焦げ味が好きです。

　マドリードの街を歩いていた人たちは後者の傾向。それに合わせて当日のメニューを考えました。

　日本大使館では13品の料理を作りましたが、私が力を入れたのは「山形芋煮」です。

　山形芋煮は、いろんな種類の食材が入っていることと、しょう油味であることが、狩猟民族の食の好みにドンピシャなのです。

　しょう油の色の黒さはアミノカルボニル反応によるものですが、食材が加熱されて茶色く変色していくときと同じです。焦げ味が好きな民族は大好きな味。

　だしを多めに作って厨房の一番大きな鍋にたくさん用意しましたが、これが大当たり。みんなお代わりしながら食べて、多い人は5杯も食べました。

　２０１２年のダボス会議のＪＡＰＡＮ ＮＩＧＨＴで料理を作った際は、世界のいろんな国から人が集まると予測して、いろいろ選べるように十数種類のピンチョスと東北の郷土料理を作りました。

　するとこのときは、炊きたての白米や、笹かまぼこなど、白い食べ物からなくなっていきました。

　確かにダボス会議は世界中から経済人が集まるわけですが、経済的に豊かなのは緯度の高い地域が多いため、寒い地域の人たちが多かったのです。経済的に豊かな地域の人ほど、まじりっ気のない白い食べ物が好きということが分かりました。

　私は日本ではイタリア料理人の肩書きですが、海外に行くと求められるのは「日本らしい料理」です。

　そば、寿司はもちろん、地元鶴岡、そして山形県の郷土料理は一通り作れるように地元の人に教えてもらって覚えました。

　そこから転じて、後に私は日本で寿司店まで出店することになったわけですが、世界から食で注目される日本を盛り上げるために、和食は今後も極めるつもりです。

顔を見てその人の好きな料理を予測する

黒 （米食べている）	髪色	淡い色 （小麦食べている）
くせ毛 暖かい所で体温を逃すために 隙間を作る	髪質	ストレート 寒い所で体温を逃がさないように 隙間を作らない
短い・鼻の脇に膨らみ 熱い空気を鼻の横の膨らみも 使って熱を発散する	鼻	長くて鼻穴狭い 冷たい空気を長い気道で 温めてから肺に入れる
脚短い （ジャングル走っている）	体型	脚長い （長距離を走っている）
亜熱帯で何でもあるので ごちゃまぜ料理・こげ味 （ミネストローネ・豚汁）	好み	寒いところ・旬があるので 単一のもの・単一の味 （お吸い物、ポタージュ）
炊き込みご飯 焦がししょう油のチャーハン けんちん汁 焦がし砂糖入り芋煮 アナゴ・うなぎの寿司 ミネストローネ	作る料理	炊きたてご飯 カルボナーラ肉うどん 笹かまぼこのクリームソース 白身魚の寿司 チーズ乳製品を使った料理 焦げ味のある料理

殻を破ってくれた二人の師匠
～後藤光雄シェフと日高良実シェフ

私が料理人になろうと決心して東京に出てきたのは18歳。

父の借金問題があって実家を助けることが先決だったので、料理の専門学校にも行かず、海外への修業も行けませんでした。

東京に出てきたばかりの右も左も分からない自分は、たくさんの先輩方、たくさんの上司に料理を一から教えていただき、また育ててもらいました。

そんな中に、3人の恩人がいます。一人は、東京に初めて上京し就職した店で料理長をしていた、保坂信夫シェフです。

まだ精神的に幼い私はホームシックにかかり、仕事も思うようにできなくて、押しつぶされそうな毎日を送っていました。

そんな私にとって保坂シェフは、お兄さんでお父さんのような、心に安心をもらえるあったかい存在でした。

いま私が、自分の弟子たちに対して母性で応じられるのは、このときの保坂シェフが自分の中にいるからです。

そして、料理における恩人で師匠が、後藤光雄シェフと、日高良実シェフです。

フレンチの後藤光雄シェフは現在、パーソナルシェフとして料理教室をしておられます。

日高良実シェフは、東京青山で「アクアパッツァ」というイタリアンレストランを経営されています。

このお二人は、頑固な性格だった私の殻を破ってくれました。

後藤シェフは当時、東京での修業の仕上げをさせていただいた、高級ステーキ店のフレンチのシェフでした。

私が地元を出るときに背負ってきた実家の借金問題という大きな荷物を肩から下ろしてくれて、さらに料理人としての自分自身をどう築くかを教えてくれました。

日高シェフは、私が後藤シェフの店で築き上げた料理に対する考え方

左から、奥田政行シェフ、後藤光雄シェフ、日高良実シェフ。

を壊してくれました。

それもまるで、高く高くと積み上げた積み木を一斉にガッシャンと崩すかのように、衝撃をもって壊してくれたのです。

日高シェフの店ではわずか2週間の研修でしたが、その後、日高シェフも何度か私の地元にお越しくださったり、一緒に講習会で講師を務めたりとご縁が続いており、今でも学ぶことの多い大先輩です。

私がこの3人から受け取ったのは、スピリッツのバトンです。

料理人としてどう食材と向き合うのか、お客様をどのようにもてなすのか。レストランという船の船長として、船員たちをどう導くか。そして料理を自分の中でどう位置づけるのか、私自身がどう生きるべきか。

料理人としてのあり方に戸惑うことが出てくると、私の中に現れるのがこの3人です。

スピリッツのバトンを真正面から向き合って私に渡してくださり、私もしっかりと受け止めた、胸をはってそう言える3人。

いま改めて、過去を振り返りながら、後藤シェフと日高シェフにお話を伺いました。

自分自身のための料理道

——3人でお集まりになることは多いのですか？

後藤　年に2回くらいかな？　そんなにないですよ。

日髙　奥田さんなんて、メールしても返事ないし。返事が来ても、ハイしかないとか。

奥田　あ…イヤイヤ、私、後藤シェフから一期一会と教わって、目の前の方に全力を尽くすので、メールがハイしか打てなくて、ええと、あれでも精一杯なんですぅ…

日髙　奥田さんは、後藤シェフの店で修業を始めたきっかけは、紹介で行ったの？

奥田　はい、そうです。私が入って間もなく、休憩時間にラジオで相撲聞いていたんです。そしたらやめろと言われて。後藤シェフは、一切合切捨てて全て料理に打ち込む、ということを教えてくれ、そこから始まりました。

後藤　最初の印象は記憶にないな。

奥田　自分で自分を振り返れば、こいつ軽いな、だめだな、という自分でしたね　22歳のときでした。

日髙　その時後藤シェフはいくつ？

後藤　33か4でしたね。

奥田　そして面接で、君はお給料は自分で決めていいから希望額を言ってみなさいっていう難しい質問が来るわけですよ。

日髙　いくらでって言ったの？（笑）

後藤　いくらでって言ったの？（笑）

奥田　27万円くらい、って言ったんですよ。

後藤　ええ！　そんなに出した？

奥田　いいえ、出てないです。いま思えば、とんでもない金額言ったなと。何もできないのに。

日髙　はっはっは。

奥田　世の中をまだ知らなかったんです。あまちゃんだったんですよ。それで休憩中にラジオ聞いていたら聞いちゃいけない、漫画読んでいたら日本経済新聞を読みなさい、と。全てが料理道に行くようにとしつけられたんです。

そこで、日本はすべて道だから、武道、剣道、華道と同じように、料理道に行くようにということなんだと、途中で気づくわけです。

日髙　そういう考え方は、そもそも奥田さんにはあったの？

奥田　神道をやっていたので、道徳心は心得ていました。

日髙　じゃあそこで、後藤シェフの言うことに、感ずるものはあったと？

奥田　ストイックな方だなと思いました。

後藤　ふふふ。ちょうど彼は山形から出てきたばかりだと聞いていたので、ピュアだなという印象だったかな。そこ心構えは感じましたよ。最初は意気込みが弱かったけれど、だんだん強くなって行った印象はあります。

奥田　はい（笑）、弱かったです。でもこの店、レベル高いと思って、やばいぞ、本物に出会っちゃったと思いました。

日髙　厨房は何人だったの？

後藤　スタッフが4、5人かな。

日髙　ふむ。シェフ入れて5人くらいと言うことか。

奥田　先輩たちが怒られているのを見ていると、私がそれまでいた店では許されていたことが、後藤シェフの店では許されなくて、ビビりました。ちょっとの指紋でものすごく怒鳴られていました。

日髙　嫌にならなかったの？

奥田　やばいところに入っちゃったと思いました。

日髙　じゃあ、毎日緊張して、精進しようと思ったと？

奥田　はい、全てが百点じゃないとダメなんだと思いました。

日髙　うーん、なるほど。たしかに繊細なところありますよね、後藤シェフは。

後藤　あの頃はね、そういう性格だったんだよね。当時はそれじゃなくちゃいけなかった。

日髙　今もあるよね。

後藤　ははは、今も？　そお？

日髙　（うなづく）

奥田　だから当時は修行僧のような感じでした。料理も、味にはもちろん厳しいですし、盛り付けもそうで、普通はそれくらいなんですけれど、仕込み段階で水槽に鱗が一つ付いているのをこっぴどく怒られたことがありました。

後藤　それは掃除が行き届いていない、ということで怒ったんですね。汚れていたらいけないでしょうと。

奥田　こしょう一つにもそうです。後藤シェフは、コクがあるのにキレがあるという、ビールで言うとスーパードライみたいな味が好きなので、キレ味がないとダメなんですよ。

こしょうも量や振り方が完璧じゃないといけないので、とにかく全てが百点。料理に向かう姿勢までも見られるわけです。

　朝の、後藤シェフが部屋に入ってきた時の、ドアノブの回るスピードを見て、キュルキュル〜って回るか、キュッて回るか、そして「おはようー」と来るのか、「オハヨッ」て来るのかで、その日の気持ちが違うわけですよ。

　そして、コックコートに着替え終わって厨房に入ってくるまでの13分の間に私が、今日の後藤シェフの気持ちを読むんです。

日髙　うんうん、そして?

奥田　入ってくると、モーニングコーヒーを出すんですが、実はこれが大勝負で。

　ランチタイム中に、オーダーに追われると、言われるんです。

「お前、なんでこうなってるか分かるか?」

と聞かれて「わかりません」と答えると、

「今日の俺の気持ちは、これこれこういうわけでこうだから、今日はコーヒーじゃないんだよ。オーダーに追われているのはそのせいだ」

と言われるんです。一瞬なぜコーヒーを出したことと関係あるかと思うわけですが、よく考えると確かにそれって、料理道的には当たってるんですよ。

武道、剣道、華道と同じように料理道に行くようにということなんだと

　今こんなこと言ったら、パワハラとかいけないとか言われてしまうと思いますけど、でもそのときのことが自分の中に残っていて、いまシェフになって自分のおもてなし道に生きているんです。

　やっていることがはちゃめちゃだな、とは思うんですけれど、だんだん染まっていって、そうすると、後藤シェフがドアノブに手をかける瞬間に命をかけて回り方がどうかを見る。すると私も映画のランボーみたいになっていくんですよ。

　毎日それが続くと、後藤シェフが新宿駅に降り立った時の靴の踵のカツーンという音が聞こえ始める。

後藤　ふっふっふ。

日髙　はっはっは。

奥田　で、自分の中では映画のターミネーターに出てくるダダンダンダダンっていう効果音までついて、後藤シェフが店に近づいてくる姿が脳裏に浮かんでこちらに迫ってくる。

　そしたらトイレに入って鏡に向かって「おはようございます」と笑顔の練習をして、よい表情になるまで何回も繰り返して、よし今日はこの筋肉の形で行くぞ、と決めて。後藤シェフがドアノブをキュウと回して入ってきたところに、さっき練習した笑顔で「おはようございますっ」と。

後藤　（上を見上げて）そうだったんでしょうねえ。いま、この場を借りて謝ります。（笑）

奥田　いえ、そのときのことが今、すごく生きているんです。お客様の気配とか、気持ちを読み取ることができて。

後藤　確かに奥田さんは集中力ありましたよ。抜群にあったのは覚えている。

　とにかく、言われたことをやろうという、そこの集中力は抜群にあった。ただ、できるできないは別としてね。やろうという、そこに入り込む集中力は、自分と似ているものがあった。だから頼みやすかった。波長が合うというか。

奥田　そうやって、後藤シェフの気持ちをいつも知ろうとしていたので、今度は癪（しゃく）にさわらない人になるにはどうしたらいいかと考えた。

　観察して、そうか、後藤シェフの

後藤光雄

東京都生まれ。1980年、渡仏しラムロワーズ、セリブリテにて研修。88年、保里堪伊勢丹店にて低温調理遠赤外線を開発。97年、東京広尾で南仏料理ア・ヴォートルサンテを開業。2013年、香港・保里堪にて低温調理遠赤外線を伝授。Personal chef Goto、香港フードアドバイザー、料理教室主宰。

日髙良実

兵庫県生まれ。神戸のアラン・シャペルで修業の後、1983年上京。銀座リストランテ・ハナダにてイタリア料理へ転向。86年、渡伊しエノテカ・ピンキオーリ等14軒で修業。89年、帰国し「リストランテ山﨑」料理長就任。90年、アクアパッツァにて料理長就任。2003年同店オーナーシェフ。

縄張りに入らなきゃいいんだということに気がつくわけです。

後藤　おお！

奥田　後藤シェフの肘の位置を見て、今日のナワバリはここだと分かるようになってきて。

それが分かるようになると、後藤シェフがこしょうを振るというときに、後藤シェフが伸ばした手にペッパーミルをリレーのバトンを渡すように滑り込ませることができるようになる。先読みしてそれができるようになるんです。

私はそこに至る前に、思いっきり怒られた日があって「お前今日、全部百点取らないとダメだぞ、そうしないとクビだ」と言われたんです。そうしたら私バドミントン部の部長だったんですけれど、バドミントンの試合をしている感覚になって。

先読みして、次こうシャトルが飛んでくるな、次はこうだな、と試合と同じ感覚で予測できるようになった。そうして夢中になることを覚えたんです。

夢中になれば対戦相手が考えていることが分かるから、後藤シェフが次何しようとするかが分かる。アングレーズソースの加熱始めたら、網とボウルと氷を横に用意する。肉を焼き始めて手をパッと開いたらミートフォークをパッと渡す。そうすればいいんだと気づいて。

そのときに、やってますよという空気を出すと癪（シャク）にさわるから、やってますよ感を出さないで自然に渡せるようになっていきました。

日髙　それって自分の仕事もやりながらだよね？　講習会のときのスタッフだったらそのために側についているから集中できるけれども、厨房で自分の仕事やりながらだと、なかなか他の人の仕事には集中できないですよ。

奥田　そうやって後藤シェフに、ちゃんと120点取ろうとしていました。

そうすると今度は、一休さんとお殿様みたいになって。お殿様が一休さんに無理難題を言い渡して、一休さんがそれにとんちで答えていくのが面白いんですけれど、後藤シェフがトリッキーな動きをしたりするんです。それに僕が全部対応していったら、そこから僕に対する考え方が変わったみたいで、僕を可愛がってくれるようになったんです。

日髙　それは入社してどれくらい経った頃だった？

みぞおちをぎゅっとつかまれて「ここにコスモがあるんだよ」

奥田　半年ちょっとくらいですかね。本当に面白かったです。いや、そのときは苦しかったんですよ。でも振り返ると一番面白かった。

後藤　大変だったと思いますよ。よくやめないでいたよな、と思います。こちらはやめてもいいと思ってやっていますから、あの頃は基本的に、育てようと思っていませんから。

奥田　ははは。

後藤　やめてもいいから。で、やめない人間だけを育てる。

日髙　昔はそうでしたよね。

後藤　本来ならやめてもおかしくないんですよ。彼は根底に、郷土のご両親の問題も抱えていたから、とにかくやらなくちゃいけない、家のために。

それが、途中から、自分自身のために、に変わったんですよ。

人のためじゃなくて、親兄弟のためとか、郷土のためじゃなくて、自分自身がどうすればいいかという思いに変わってから、人格が変わったんですよね、料理に対する姿勢が。

それが奥田シェフがいま言った、半年過ぎくらいかな。あ、この子大丈夫だなと私も思い始めたんです。

胸の奥の自分だけの宇宙（コスモ）を広げる

奥田　後藤シェフは、仕事が早く終わると、よくカクテル・バーに飲みに連れていってくれました。カクテルバーって、リキュールの味を覚えられるから、お菓子の勉強に役立つんです。お菓子以外にも、配合の妙味とか、ソースの作り方にも。そこに連れてっていただいていて、いつも奢っていただいて。

そのときに毎度、僕の家が大変で、親の借金が1億もあって惨めなんです、という話をしていたら、あるときいきなり「お前いつまでも悲劇のヒロイン気取ってんじゃねえぞ、この野郎」て言われて。さっきまで優しく聞いてくれていたのに、急に別人みたいに。

だけど、そこから私、「あ、そうか、

自分が光らなきゃダメなんだ」と考えられるようになったんです。

後藤　確かに二十代で億単位のお金を借金で背負っていれば、悲劇のヒロインになりますよ。どうすればいいか、明日はどうしよう、って。それは仕事にも出ますよね。それは感じてはいたんですよ。

かと言って、こちらは何をどうしようもできないですからね、肩代わりできるわけないんだし。やるのは、ただ料理人として向き合うしかないんだから。そうじゃないと、お前いつまで経ってもこのままだよと、そうなって欲しくなかった、脱皮して超えて欲しかったんですよ。前向きに行くしかないんだよと。だからそう言ったんだと思います。

奥田　その前にも、優しく教えてくれていたんです。人にはそれぞれコスモがあって、ここ（みぞおちを指して）をぎゅっとつかまれて、「ここにコスモがあるんだよ」と。自分の世界があるから、自分だけの宇宙があるから、それをどこまでも広げていかなければだめだよと、優しく言ってくれていたんです。けれど、ピンときてなかったんです。コスモって言われても、何のことかわからなかった。

だけどそこで「悲劇のヒロインになってんじゃねえ」とべらんめえ口調で言われて、それって人間界の言葉だから、そこで目が覚めたというか。何か分厚い殻が破けた感覚がありました。

そして、以前言われたコスモの意味がようやくわかってきたという。

――コスモとは、どういう意味ですか。

後藤　まあ、自分だけの世界観。料理人で言うなら、独自の料理観ですよね。

それを周りを見て、あんな人がいる、この人はどうだ、と見てコピーしようとするから非常につらくなるのであって、自分の世界観でいけば、中心は自分ですから、考えるのも自分だから、自分の思い通りいけばいいのであって。失敗すればリスクを負うのも自分だし。それが全て。

周りを見て考えちゃうと、周りのせいにしたりだとか、それで失敗したら真似しなきゃよかった、見なきゃよかったとなるじゃないですか。

いくら小さくてもいいんです。自分の世界観でやっていれば、結果はどうであろうと、悔いは残らない。僕も当時そういう気持ちでやっていましたから。

奥田　たぶんシェフは、こいつピンと来てないなと分かったから、ここギュッてつかんでくれたと思う。今でもあのときの感触があります。魂つかまれた感じがした。

後藤　当時は、僕の周りには有名なシェフがいっぱいいましたからね。日高シェフもそうですし、三國清三シェフとか、彼らが海外から帰ってきたばかりで。そういうシェフがいっぱいいて、周りを見ていたらもうやっていけないんです。周りの圧でつぶれちゃうんです、自分が。だから自分の世界観でやっていいんだと、開き直りみたいなもんですよ。だけど二十代半ばの若者がそれを理解するのは難しいですよ。それを理解しようとしていた姿を覚えています。がんばっていましたよ。

再び殻を破ってくれた日高シェフ

――そういう中で3人はどうやってつながっていったんですか？

後藤　僕は当時、遠赤外線料理という非常に理解されづらい料理をしていて、あれは非常に難しくて、壁にぶつかりやすいんですよ。答えが世の中にないの、どこにもコピーがないから。

それで、メカニズムを取り入れなくちゃいけないので、理論に従って作り上げていく料理だったんですね。ですから素材のことを全て知っていないといけないんですね。

で、ちょうどその頃日高シェフが、いろんなイタリアの郷土料理を学ばれて帰ってきたんです。日高シェフは水や素材のことをものすごく大事にされていたので、話してみたら自分と考えが一致して。遠赤外線料理とは真逆の部分でしたが、素材に対する見方や考え方が同じだったんです。そこで、奥ちゃん、日高シェフのところに行ってみたら？と提案したんです。

奥田　その頃の私は、毎日１２０点とっていたんですよ。朝早く行って、まずはデザートの仕事を朝一番に終わらせた。例えば後藤シェフはガトーオペラはこういうイメージで、と言うと、イメージで語られたデザートを味にして表現できるようになっていた。後藤シェフも気に入ってくれて、調理場でも笑顔が見えるようになってきた。

それで、ごほうびという意味合い

だったと思うんです。日高シェフのところに行ってきたら？ と言われて。え！ 行っていいんですか？と。お給料もらっているのに行かせてくださるので、レポートを書くと約束しました。だから日高シェフには水のこととか料理のことを質問攻めにしました。

後藤 そのレポート、よかったですよ。勉強になりました。水のこととか非常に詳しく書いていました。

日高 へえ、すごいね。

後藤 そのレポート、探したけれど、残念ながら見つかりませんでした。

日高 私がイタリア行く前に、後藤シェフとは二人でずいぶん話をしたんですよね。いま話を聞いていて、後藤シェフの横顔があの時の顔になられていたから、懐かしいなあと思って見ていたところです。熱っぽく何時間も話されていました。自分も料理に結構こだわりを持ち始めた頃でしたので、しょっちゅう二人で、朝になるまで飲んで話しましたね。

素材に対するイタリアンとフレンチの考え方や調理の違いの話をしたり、遠赤外線料理の話を聞いたり、とにかく料理の話が尽きませんでしたね。

後藤 うんうん。そうでした。

奥田 後藤シェフは、個室にこもってレシピ作って、奥ちゃん、これでこうしてと言って渡してくるんです。遠赤外線料理もスタッフと一緒に実験を何度も繰り返していて、とても緻密だし勤勉でした。

ここまでしているのに、当時料理人なら誰もが憧れる専門誌の「シェフシリーズ」というのがあったんですが、後藤シェフは出られなくて。

そこに出ていたのが日高シェフで、イタリアの修業中の話や料理が載っているのを見て、どれだけすごい人なんだろうと思っていました。

当時私が習ったイタリアンは、パスタとかで、イカスミソースはすり鉢で作っていた。ミキサーはシェフしか使っちゃだめ、というような店だったので。

イタリアンといえばそういう世界観だったのが、日高シェフの記事を読むととても洗練されていて独創的でした。料理には値段も掲載されていたんですが、こんな金額をイタリアンで付けるんだと驚いて。僕にとってはオリンピック選手みたいな頂点にいる人だったわけです。

そこで、どんなすごいシェフなんだろうと思って日高シェフの店に恐る恐る行ったら、客席に座って、うとうと寝てたんです。

日高 うふふふ。

奥田 で、時間が来て営業が始まって、厨房に入ったら、ちょっとやってみるか？ と言われて、え、やっていいんですか？ と。オリンピックの大舞台で僕のような選手が演技していいんですか？ みたいな。

で、初日から料理をやらせていただきました。

後藤シェフは完璧主義なので、売り切れ起こしたら料理人の恥、だったんです。毎日8人前は完璧に仕込みをして、全部用意する。

ところが日高シェフのもとでは、「豆アジとフェンネルの冷たいフェデリーニ」というオーダーが入ったと思ったら、スタッフがそれを聞いてアジをおろし始めたんです。マジ？ 今からアジおろしはじめるの？ すごい、と思って。オーダーの後に、魚をおろすところから作り始めていた。

冷製ですし、やわらかめにゆでるので、お出しするまでに15分くらいかかるのですが、でもそれで良しと。

それを出したら、「はい、豆アジとフェンネルのパスタはこれで終わりねー」と日高シェフが言って、すごく驚いて。え？ 1人前で終わっていいの？ とびっくりして。売り切れていいんだ、と。

日高 いや、奥田さん、3人前くらいあったんじゃないの。一人前ってことはないよ。

奥田 3人前あったかもしれないんですけれど、なにしろ、オーダーが入ってからおろしていいということと、途中で売り切れていいんだということ、この2つにとてもびっくりした。それまで仕込み命だったのが、全てが真逆で。

後藤 ほんと、真逆だね。

奥田 後藤シェフが、「日高シェフのイチゴにバルサミコかけたの、ちょっとイチゴのまわりが柔らかくなっていたから軽くコンポートしてあるんじゃないかな、あれ何入っているんだろうね」と話しているのを聞いていたので、この機会に作り方を見て盗もうなんて思っていたら、グラニュー糖と年代物のバルサミコだけでした。後藤シェフがあんなに分析していたのに、拍子抜けして。

日高 そんなまた簡単そうに言って（笑）バルサミコは厳選したものを使っていたし、グラニュー糖のタイ

ミングはこだわっていたからね。浸透の加減が重要なので、オーダーが入ってからグラニュー糖をまぶす。そのタイミングは大事ですよね。

奥田　全て、ア・ラ・ミニッツだったわけです。そうすると、だんだん分かってくる。

フレンチはオーダーが入ると、ベースができているのでそれらを組み立てる。野球みたいにそれぞれのポジションから料理が集まって、皿の上で全てが完成するからチームプレーなんです。

それに対して日高シェフの厨房では、オーダーが次々入ってくると、みんながサッカー選手みたいに動き始める。一つの鍋の中で完成させるので、ある意味最後は個人競技なんです。

そして日高シェフは優しくて、「へー、怒らないシェフがいるんだ」と思って。後藤シェフからは毎日怒られていましたから、シェフは怒るものだと思っていたんです。

日高　いや、怒るときは怒りますよ。感情的になるんじゃなくて、気合い入れる意味で怒る。

奥田　日高シェフ、怒ったら怖いですよね、この背丈できたらホントに怖いかも。

なにしろ、日高シェフの店で真逆を知って、目から鱗が落ちる経験をしました。

戻ってからの、仕事に対する考え方が変わりましたし、今の仕事の仕方にも生きています。営業が始まるギリギリまでテレビや雑誌の取材受けて、オーダーが入って一から作り始めることができるのも、この経験のおかげです。

素材のストーリーを知ると意識が集中しておいしくなる

後藤　これ、何十年ぶりに引っ張り出してきたアルバム。若い頃生産者を訪ねて歩いた時のものです。

このときは、意識して生産者を訪ねたというよりか、料理人として、素材を手にした時に、この素材がどうやって作られて、誰が何をして、どんな苦労して、作ったんだろう、という見方をしてしまう。

そのときに、この料理はこうすればおいしくなる、というのは分かっているんですけれど、それ以前の、どういう時間の経過をしてきたかを知ることによって、料理のストーリー、物語が作れる。そのストーリーを食べにきたゲストに話すことによって、食べ手の方も、頭の中に色々イメージが湧くじゃないですか。湧いた上で食べると、味覚も全部変わってくるんですよね。

味覚とは、舌の上だけの判断じゃなくて、頭の中の構成で食べさせる。いろんな角度から攻めるという。

そのためにはまず、生産者から聞く、それが一番大事だなと、自ずと思って、そこから生まれた行動が、休みのたびにふらっと出かけて、生産者をめぐるということでした。

当時は携帯も何もないですから、電車に乗って、風の香りを嗅いで、いい香りがするなと思ったらそこで降りて、海に行って、海水を舐めて、いいミネラルだとか、いい塩分だとかね、そういうことを自分で感じて。じゃあここでちょっと、漁師待とうかな、と。

で、待っていると、だいたいその勘は当たるんですよ。不思議と。小さな漁船で一本釣りの漁師が戻ってきて。そういう出会いがあって、正

味覚とは、舌の上だけの判断じゃなくて頭の中の構成で食べさせる

直に「料理人で素材に会う旅をしているんですけれど、できたらここで水揚げされた魚を使いたいんで、知り合いになってくれませんか」と、素直にそのまま言う。
　だいたいの漁師は、漁協があるので組合を通さないと取引はできないよと。それはその通りなので、もう少し話していると、じゃあ友達になって親戚づきあいなら可能だよ、と。当時はおおらかな時代でしたから。そこからはおまかせで、魚とか肉とか野菜だとかを送ってもらったこともあります。

奥田　その当時の時代的背景は、マルシェと言って、東京の市場に集まったものを使っているのが都人（みやこ）、フレンチをやっている人たちの田舎と違うところ、というような意識があって、東京が食材が集まる所であるという優位性があったんです。そういう時代に後藤シェフは地方に行っていたわけです。

後藤　当時はそんなに自分の足で出向いてと言う話は、他では聞かなかったですね。築地経由で魚を引いてくるのでは、当たり前すぎて。それでは築地で買ったというストーリーしか生まれない。

　もっと苦労して、生活や命をかけて獲ってきた人、作った人がいるんだから、そういうことを肌で感じた上で、料理を作れた方が、もっとお客様に対しての語りができる。そこですよね。

　いまは生産者の情報もインターネットで知ることができますから、当時とは見え方が違ってきていると思いますけれど、基本はやっぱり生産者が絶対的ですよね。作り手が絶対的。

　キッチンの、このまな板の上に、なぜこの食材があるか、と言うこと。その「なぜ」を常に意識していないと。

　これ、私が開いている料理教室でも同じです。集めた食材がなぜどうしてここにあるかを全て説明してから始めます。すると意識が集中して一つにまとまる。そこから料理を始めます。

　まとまった上でアクションを起こすと、味覚もイメージも、違ってくるんですよね。そのひとときの時間もすごく楽しくなるし、おいしくなる。料理ってそういうものだと思うんですよね。目の前のものを通して全てを包み込んでいく。そういう感覚で今も昔もやっています。


日髙　私も自分が修業中の頃は、小さなレストランもホテルも、食材は持ってきてもらうのが当たり前でしたし、むしろいろんな人が競って持ってくるので、そういうのを見ていましたら、産地に行くことはなかったんです。

　東京に出てきて働いていたときには、築地に毎日買い出しに行く担当でしたから、築地に入ってくるのを自分で見て、そこから選んで買えることがいいなと思っていました。

　その後イタリアに行って、自分をかわいがってくれたレストランはみんな、店が休みのときに私を生産者のところに連れて行ってくれたんですよ。それが僕の生産者めぐりの始まりでした。

　チーズ工場に行こうとか、羊を見に行こうとか。アラン・シャペルにいたときは、シャペルさんは地元のミヨネーの生産者をすごく大切にしていたし、フランスやイタリアのレストランはみんなそうだった。

　当時の日本ではまだそういうことをやっていらっしゃる人はそういなかった。

　イタリアから帰ってきて、料理専門誌の「シェフシリーズ」が始まったときに、当時の「あ・た・ごおる」の田辺年男さんが三浦半島の魚を毎朝買いに行っていると知って、ああ日本でもそういうシェフがいるんだなと思った。

　そういう時代が１９９０年ですよ。だからいろんな部分で90年頃から変わってきていますよね。

　そういう流れの先端にいたのが後藤さんで、さらに進化させたのが奥田さんというか。

　奥田さんはまた違うんですよね。自分の店のためにというよりも、地域全体のことを考えてという。庄内の町おこしという観点まで行ったのが奥田さんかなと思います。

後藤　そうですね、そういう意味の先駆者ですよね。だから、いまがあるという。そこはすごいと思います。

日髙　いろんな人が生産地を訪ねるということをやっていますけれど、奥田さんのしているところまでというのはないですね。

料理人を目指す若者たちへのアドバイス

——産地に行くと、料理人の感性は変わりますか?

日髙　いま、うちの若い子たちは、埼玉の有機認証を取得している畑に積極的に行ってます。三浦半島の店では、地元生産者のところに食材を受け取りに行きます。

　厨房にいるよりも知らなかった情報得られるし、行ったところの食材を大事にするようになります。

　反対に行かない子は、冷蔵庫で野菜を全部腐らせちゃったりする。そういうのは本気で怒る。食材に敬意を払わないというのは、一番やっちゃいけないこと。産地に行くと、そんなことは起こらない。

後藤　物語を感じると、大事にするようになるんですよ。

——若い頃、壁をどのように乗り越えましたか?

日髙　イタリアにいた時が一番ピュアだったと思うので、3年という年数でしたが、石の上にも三年と上司から言われて、資金が尽きるのも3年で、どれだけ吸収できるかが勝負でした。

　修業していて、次の店に移るためには、どこかを紹介してもらわないといけない。そのためにはイタリア人の仲間から認められないといけない。だから輪に入って、紹介してもらえるような信頼関係を自ら積極的に作りました。休憩時間まで仕事したら、仲間から総スカンを食らったことがありました。現地の習慣のことも知らないといけません。

　日本人じゃなくて、名前で呼んでもらう。ヨシと呼ばれていたけれど、本当の名前はヨシミだから、そう呼ばれるようにする。そのために自分を表現する。そういうことを意識してやったので、本当に充実した3年間でした。

　あるとき、みんなチップをもらっている、自分にはないと気づいたんです。名前も覚えてもらっていない。

　そこで、自分でピンキオーリさんに直訴しました。次の日に初めて「ヨシミ」と名前を呼ばれて、チップをくれたんです。3万円くらい入っていました。イタリアで生きていくためには自己主張しなければいけないなと知りました。

　そうした経験をその後、他のところでも活かしました。

　後になって、ヨシミの名前をいろんなところで聞くとみんなから言われました。それは足跡を残したなと思います。

——料理人を目指す若者たちにアドバイスはありますか?

日髙　勉強しなさい、ですね。今の子は勉強しなさすぎです。インターネットで何でも調べるから。

　昔は本をよく読んだよね。自分で本で調べて、足を運んで現地にも行ったし。いま授業しても、授業の途中なのにスマホで検索している。あれは、いい部分もあるけれども、勉強とは違う。

後藤　すぐに答えを出そうとしちゃいますよね。

　そういう調べてすぐ出てくるものはね、簡潔だけれども本当は未完成ということを分かっておいてほしい。

　だけど、すぐに答えが出ちゃうものだから、自分の意識の中でその場でもうＯＫとなってしまう。知識として蓄積されるものというより、自分の中で、いくつもの違うとらえ方で物の見方が構成されちゃう。だってスマホで見つけた答えは、それを書いた人の答えなんだから。

　僕らのときは、自分しかないじゃ

表面だけ見て、それが答えだと思っている
スマホの答えは疑ってかからないと

ないですか。一つしかない、それが二にも三にもなって、それらを切り替えて扱っている。器用かもしれないけれど、それは自分の本当の答えなのかと。

奥田　そうそう。授業やっていて、干しエビを乾煎りして焼くと赤い色素が出てくるから、そこにクリーム入れると簡単にアメリケーヌソースができちゃうんだよって説明したんです。乾燥エビだから、和食のだしの取り方と同じ考え方ねって解説をすると、生徒がアメリケーヌソースをスマホで調べて「シェフ、オマール海老って書いてますよ」と言う。オマール海老じゃないからアメリケーヌソースじゃないと。つまり深く考えようとしないんです。表面だけ見て、それが答えだと思っている。スマホの答えは疑ってかからないと。

日高　それから、粘りがないからすぐに心が折れますね。自分たちの時代はそうじゃなかった。

奥田　はい、うちも専門学校卒の優等生を採用すると、だいたい3カ月で辞表が出る。優秀だけれども、怒られた経験がないから、ちょっとつまづいて先輩に叱られると、やめちゃう。だから最近は高校生を採用して部活の延長でやる感覚の中で育てています。

後藤　若い人たちへのアドバイスとしては、僕は、昔も今も変わらない唯一していることがあるんだけれど、これは料理人というより、自分の持っている感性の部分だと思います。

　色、世の中にある色、自然の草花であり、ネオンであり、そうした色というのは料理人にとっても必要な物なんだけれど、それは作られた色より自然な色を見る感覚を常に研ぎ澄ませています。

　街を歩いていても、自然の中にいても、色が綺麗だなと思ったら、必ず立ち止まってその色を分析する。ああこの色とこの色を組み合わせると、こんなに映えるんだ、平坦な何もないところに一輪の花があるとこういう感じで映えるんだ、と気に止まったことを頭の中にインプットさせておく。それを昔からやっていて、今もしています。

　若い時は華道の大原流をやったりもしていました。そういう物の見方。それは料理に出ますよね。サラダなんかにも。自然のものを盛り付けるんだから、風が通らなくちゃいけないという。ぎゅっと押し込んだら風

いろんなことに興味を持つこと
興味を持ったら、一歩踏み出せ

が通らないじゃないですか。葉っぱとか。風が通る状態で育ってきているわけだから、その風が通るという感覚を持って盛り付ける。そうすると、食べやすい、香りも立ちやすい、そういうものも、日常に目にするものから取り入れる。というのはあります。

奥田　そういえば修業時代、後藤シェフからは、見た目が優しく映るようにするには、自然界と同じ比率にしなさい、といつも言われました。

　それと、雨の日はテーブルクロス変えなさいと言われましたね。お皿の上の色のこともすごく言われました。梅雨時ではっきりしない天気の時は、お皿の上ははっきりさせて、お客様を暗い気持ちに同化しないように、と。すごく気にされて指導されました。自然界にある色をお皿に盛りなさいと。

後藤　自然回帰と自然の摂理はよく言っていましたね。

奥田　自然にある緑と赤の比率を賄いでやってみる、とか。おもしろかったし、深かったですね。

　そう、後藤シェフって、直感がまた凄かったんです。

　後藤シェフって、素材を生きていた状態に近づけてから料理するんです。「これが自然回帰だ」と、いつも言われていました。そういうスピリチュアルなことを言われても、私はまだ知らなかったので。今なら分かりますけど。

後藤　僕ってあまり最初から間口広げないタイプなんですけれど。料理人の人脈も作らない、お二方くらいですよ、あとは別に広げない。料理人の友達は正直言って少ない。

　ですけれど、自分の小さいコスモの中で作り上げていくものは根底にあるんですよ。それはなんでもない色のことであり、旅のことであり、それで不自由しないんですよ、料理人として。

　だからいまの若い子に僕が言いたいのは、あの人があんなにすごいことやっているから、僕もこうしよう、これは一つの成功の仕方。でも必ず

自分自身で突き詰めて考えることをさせられた 自分で自分に向き合えと

しも真似やコピーする必要はない、ということです。

　自分の個性、世界観を持って、自分のオリジナリティーを作ればいいんだと。そこで成功すれば日髙シェフや奥田シェフみたいになれるんだから。

　後藤というのはメジャーに興味がなかった、ただ自分の考え方というのは持っていたいから、周りと比較もしないし、相手を認めるけれど、一線を引いて、自分の世界観をつくる。それはこれからの時代に必要なことじゃないかな、若い子には特に。

　インターネットでみんなコピー化されていく、するとみんな一緒になる。いろんな厨房の設備も機器も、どこにでも入っているから、みんな同じような味に仕上がりますよね。スチームコンベクションもどこでもあるから、肉もロゼに焼きあがっちゃう。だから昔の手法を求めない。するとみんな同じになる。

　あと残されるものは何ですか？と言ったら、昔奥田シェフにも言った、コスモの部分、しっかり自分を作り上げること。周りを見なくちゃいけないけれど、必要以上に見るなと。インターネットもそうです。必要なところだけ見て、真似するなと。そこは若い子に伝えたいですね。


日髙　いい話ですね。

　僕が言いたいのは、いろんなことに興味を持つことですね。そして、興味を持ったら、一歩踏み出せということ。

　それは若いうちにしかできないことかもわからない。歳を取ると、動けないところも出てくる。一歩踏み出すと、次のステップにいけるかもしれない。

　僕はイタリアに行く前後、純粋だったと思います。後藤さんとも料理の話をずいぶんしていた。イタリアでも飲みながら料理の話をずっとしていました。好きなんですよね、料理が。

　ともかく、自分が一歩進まないと、次に行って、またその次にどう行くか分かれ道がくるでしょう。そしたらまた一歩、踏み出すことです。


奥田　いまの子たちは、簡単にすいませんという。後藤シェフから私自身も怒られたことなんですけれど、簡単にすいませんと言うな、ということです。

　修業中の私が毎日すいませんと言っていたら、後藤シェフに、お前のすいませんは聞き飽きたと言われて、すいませんと言う言葉は1日一回だけと決められて。そしたら1回目の失敗で、すいません、と言ったらもうその言葉を使えないので、次には「すぐ○○を本で勉強して次は１００点取ります」「○○を気をつけて次からはこうします」と言葉を変えていったんです。そうしていたら、すいませんしか言えなかった自分が、新しい言葉の表現の仕方も覚えて。で、口からとっさに出た言葉でしたが、男に二言はないのでその通りに実行した。

　でもそのうちだんだん謝り方のパターンを使い切っちゃって、悩み始めるんです。次は何て言い訳しようって。

後藤　ははは。

奥田　他に何て言えばいいんだ、と考えたら頭が煮詰まって、そこで気づくんです。

　失敗しなきゃいいんだって。

　よく考えればバカくさい悩みだったわけで。明日は何て言って謝ろうなんて、全て言い訳なんで。でもそれは後藤シェフから自分自身で突き詰めて考えることをさせられたからなんですよ。自分で自分に向き合えと。

　失敗しなきゃいいだけなんだと分かったら、毎日１００点を連続していけるようになりました。

日髙　それをそう受けとって成長したって、はっはっは、それは正解だったねえ！

アル・ケッチァーノを巣立った料理人
～八木橋一洲君

日本は、東京や大阪などの大都市部を除いて、ほとんどの地域が一次産業を基盤に成り立っていますから、その土地の個性を輝かせる役割として大きく貢献できるのが料理人であると私は確信しています。

だからこそ、自分も料理人として生きていますし、日本の未来を明るくしてくれるのも料理人だと思って、次の世代を育てています。

東京に直営店やプロデュース店がありますが、それは山形や庄内の特産品のアンテナショップとしての役割を担うレストランとして経営しています。

もう一つの役割は、社員教育です。地方で作る料理と、都市部で作る料理の違いを学ぶための場所として銀座を選んでいます。アル・ケッチァーノを巣立った後に、どんな場面でも対応できる料理人であるためです。

例えば、山形県鶴岡市のアル・ケッチァーノ本店でお出しする「サザエと小松菜のスープ」と、東京銀座一丁目のヤマガタサンダンデロでお出しする「サザエと小松菜のスープ」では、食材の切り方や味が若干違います。

系列店は、直営店、プロデュース店が日本各地に様々な形態であります。パスタに特化した店、あわせてピザも置いている店、フルコースの店、観光ホテルの中にある店、どの店でもその土地の食材を使うメニューと、アル・ケッチァーノの特色を表すメニューの組み合わせのバランスを考えながら運営しています。

実力のある料理長がいる店は、その人の個性を発揮できるようにしています。本人が考案したレシピを使ったメニュー展開もしています。

料理人が実践のなかで育つ場。独り立ちして生きていけるスキルを学ぶ場。それがアル・ケッチァーノなのです。

私が大切に育てた、一人の料理人を最後に紹介します。

八木橋一洲君といって、現在は北海道の道南にある北斗市で、独立して自分のレストランを経営しています。

店の名前は「北斗芯軒」。ホクトシンケンと読みます。私が命名しました。

開店は期せずして、日本がコロナ禍に突入した矢先でした。

八木橋君は修業中、何回も脱走したことがあります。でもちゃんと帰ってきて、学ぶことをやめませんでした。

他のスタッフと足並みをそろえるのはあまり得意ではありませんでした。

自分の感情をコントロールするのもあまり上手じゃなかった。でも根性はある。そこで早く独立を薦めました。

目標を明確に持っていましたし、実はちょっと甘え上手でもあった。素直に人を頼ることもできるし、何しろ人間が好きなところがいい。自分の考えや思いを言葉で伝えることもできます。地方でがんばれる要素を持ち得ています。

独立して成功するのは、意志の強さがあって、自分のアイデンティティーをしっかりと持った人です。

北海道の希望の星としてがんばってほしい。心から応援しています。

PASTA伊酒屋
北斗芯軒
営業中
DE CECCO
OPEN

PASTA 伊酒屋 北斗芯軒オーナーシェフになった八木橋一洲君（右）。パートナーの木本可南子さんとは私の店で修業中に出会いました。
二人は北海道の希望の星です。彼はインスタグラムとフェイスブックで毎日メニューを挙げているので、見て、食べに行って、
みなさんぜひ応援してください。「北斗芯軒」で検索です。
▶ パスタ伊酒屋 北斗芯軒　予約 0138-84-1362　北海道北斗市久根別 2-3-7　定休日 水曜日（L.O.21:00）

インタビュー

「PASTA居酒屋 北斗芯軒」
オーナーシェフ 八木橋一洲さん

有名シェフたちの姿を見て料理人を目指した

——料理人を目指したきっかけは何でしたか？

小学校3年生だったと思います。自分の暮らしている町が合併して北斗市になったとき、記念イベント会場にフレンチの三國清三シェフが来て、ホッキ貝カレーを作ったんです。それを食べた時に、料理人の仕事というものを初めて意識しました。

率直に言って、そんなカレーを食べたことがなかったんですよ。もともと興味もなかったですし。

おいしいとかそういう感じじゃなくて、ホッキ貝が入っていて、それまで家で食べていたようなとろみが付いていないスープ状で、これがカレーなのか？という驚きの方が大きくて。ただただ衝撃を受けました。

それで僕は、この人はすごい人だと思った。三國さんに、そのときに着ていたジャンパーにサインしてほしいとお願いしたんです。ちなみに、今でもそのジャンパーは大切にしています。僕の北斗芯軒のお店を開店するときに、同じ北海道の方なので、お知らせの手紙を出したら、三國シェフから開店祝いのお花をいただきました。

だけれど当時、まだ小学三年生の僕は、料理人になろうとまでは思っていませんでした。子供なのでそこまで想像できなかったのかもしれません。

そして中学生になって、テレビでたまたま『情熱大陸』という番組を見たんです。そこに出ていたのが奥田シェフだったんです。「この人、ヤべえ」と思いましたね。こんなすごい人が日本にいるんだ、この人は変態だ、と思ったんです。そこで料理人という仕事に初めて興味を持ちました。

高校生になって、進路を決めないといけなくて、料理人になりたいという気持ちがありました。その頃に奥田シェフが函館のバル街にイベントでいらっしゃるらしいと聞いて、直接会ってみたいと思って親と一緒に行きました。

シェフにお会いしたとき、自分は料理人になりたくて、高校を卒業したら専門学校に行こうと思っていると話したんです。するとシェフから、学校なんか行かずにすぐに来なさいと言われ、高校最後の冬休みには、トマムの奥田シェフがプロデュースしていたホテルのレストランに研修として入りました。

そのときに、シェフに手を見せなさいと言われたんです。とっさのことだったので、訳もわからず、手のひらを上にして両手をパッと広げたんです。そしたらシェフが、そんな手の広げ方する人いない、って笑ったんですよ。その手の見せ方は自分をさらけ出せる人の広げ方だ。そんなに自分をさらけ出してくれるなら、夢のお手伝いしてあげる、と言ってくれて、その場でトマムを紹介してくれたんです。

その瞬間は、焦りました。当時ものすごく憧れていたので、ただ単に会えると思って行ったら、話が進んで。僕は普通高校に通っていたので基礎もないしですし、家では切ることぐらいは手伝っていましたけれど、料理を作るということもなかったんです。

——店名が「北斗芯軒」とは、漫画やアニメで耳に馴染んだ響きですよね。

はい。これは奥田シェフが命名してくれました。ちょうど奥田シェフが自分の住んでいる北斗市に来たときだったのですが、僕はかっこいい横文字の名前を以前から考えていたので、それをシェフに伝えたんです。アル・ケッチァーノのアルをもらって、アルベントってどうでしょう、と。そしたらシェフは、そんなのダメだと言い始めて。

そして、ここは北斗市なんだし、君もようやく真剣に料理をするようになったんだから、北斗シンケンだ！と。

僕、大爆笑しました。

そのとき僕、めちゃくちゃ嬉しく

料理人を目指すきっかけをくれた三國シェフのサインです。大切にしています。（八木橋）

なったんです。なぜかというと、料理人の道を意識した三國シェフが来たイベントは、北斗市が出来たときだったので、北斗市の名前が入ることで、三国シェフが来た時のことと繋がってるじゃないか！　と思ったんです。北斗市が始まって、自分の今の気持ちも振り返ればそこから始まっていた。奥田シェフはそのことを知らなかったはずなのに、北斗の名前を店名に入れた。だから、そういう名前になるべくしてなった、と。

　これが実際、よかったんです。まず誰も名前を言い間違えないですね。

　ただ、じいちゃんばあちゃんは、ラーメン屋だと思ってくる人がいましたね（笑）そんなときは、西洋のラーメンですって言って、お席にご案内します。

独立前に見つけた手応え

――独立する前に、同じ北海道の木古内町で仕事をしていましたね？

隣町の木古内の、奥田シェフプロデュースの店で働くことになったとき、どんな食材があるのか全くわからなかったんですよ。木古内って、太平洋と日本海の中間みたいなところなので、太平洋の魚も入ってくるし、日本海の魚も入ってくることを知ったんです。それってすごく面白いと思って、それをもっと知るために、漁港に1カ月くらい毎朝通いました。

　でも一人も知っている人いなかったんです。すれ違う漁師さん、みんな強面で、自分はぜんぜん相手にされなくて。思い切って、木古内にある勤めているレストランで魚仕入れたいんです、って話しかけたら、無視されまして。そこから1時間くらいそこに居たんですけれど、ガン無視されました。

　これはあかん、と思った僕は、ここでの漁法はどんなのがあるんだろうとか、網はどんなのがあるのかとかを本やネットを見て勉強して、それからまた行きました。

　そして、再び漁師さんに、この魚はこういう漁法ですか？というように具体的に質問するようにして、するとこいつ興味あるなと思ってくれて。そうして通い詰めて、やっと仲良くなって、長くお付き合いするようになりました。その方たちからは、今でも魚送ってもらっています。

そのとき、最初に仲良くなった生産者に、カキも欲しいと言うと、カキの生産者を紹介してもらえて。カキの生産者さんに赤皿貝欲しいんですと言うと、赤皿貝の生産者紹介してあげるよ、と生産者がどんどんつなげてくれました。

自分の中で漁師さんと農家さんの二大生産者がいるんですけれど、その方たちからどんどん枝分かれしていって、僕がもともと知らなかった生産者さんがだんだん増えていきました。

あとは奥田シェフとお付き合いのある北海道の有名生産者さんも紹介いただいて、お世話になっています。

最初に仲良くしてくださった漁師さんは、いつもいい魚を送ってくれるんですけれど、こっちで選べないんです。サメが届いたり、エイが丸のままきたり、これで料理してみろっていうふうに送られてきます。それも楽しくて。

あるときはアンコウが送られてきて、さばけるのかお前って言われたけれど、僕は修業時代にアンコウ教えてもらっていたので、魚はほぼ全部さばけるし、猟師さんが鹿持ってきてもアル・ケッチァーノで経験あったので大丈夫でした。

庄内で修業して、いつでも食材の種類が豊富で、どれもおいしいし、庄内ってすごいなと思っていたけれど、地元に帰ってきて気づいたのが、道南も負けないんじゃないかということです。魚の種類が豊富で、カニもエビも近くにあるし、ジビエもあるし、畑のものもいろいろあるし、5分車を走らせれば山菜採れるし、これいけるぞ!アル・ケッチァーノに負けないくらい、いい食材あるぞ!って思っています。

僕がこの辺の料理人に勝てるなと思うのは、知っている生産者の数だと思っています。もう何十人もいます。それはシェフに直接習ったわけではないけれど、当時の西田料理長に連れて歩いてもらって、生産者と関わるやり方を見て、自分も真似して、つながりを大事にしてきた結果なので、これは負けません。

僕は料理するのも楽しいけれど、そうして人と会って食材の良さとか、作り方の奥深さとか知るのが楽しい。

僕は田舎育ちなので、山で食べられるもののことはじいちゃんに教えてもらったし、子供の頃は毎日早く起きて川釣りに行って夏休みの自由研究は川釣りの成果だったし、農家で大根抜きのバイトもしたし。だから田舎がどんなふうか知っている。けれどそれでも庄内の生産者のすごさで衝撃を受けた。だけれど地元に帰ってきたら、知らないことを改めて知ることになって、庄内で感じた衝撃を地元でも味わえるんじゃないかと思ったんです。

地元でこんな作物作っている人いるんだ!という新発見があったときにすごく楽しくなって。本当は木古内で働くことになったときに、2年くらいで辞めて海外に修業に行こうと思っていたんですけれど、木古内でそうやって生産者と関わったり新しい作物を発見したりしているうちにどんどん楽しくなっちゃって。

奥田シェフは、アル・ケッチァーノで「生産者の会」というのをやっているんです。生産者と飲食関係の研究者や学校の先生を呼んで、その人たちだけの食事会をするんですが、それを木古内でやりたいと最初に思い、それが夢でした。

そしてよし、やるぞとなり、生産者は食材を持ってきてくれたら千円で食べ放題飲み放題、と言うのを企画したら、40人しか入らない店に80人くらい来ちゃって(笑)それを4回くらいやりました。夢が一つ叶いました。すごく楽しかったです。

そういうことをしているうちに、僕は自分でお店を持ってみたい、経営してみたいと思い始めて、オーナーシェフになることを目標にしました。

それから生産者さんや業者さんとの繋がりをより強くして、海外に行くことをやめて、どうせ借金してお店を持つなら若いうちがいいと思い、やることを決めました。

生産者さんとの付き合い方をアル・ケッチァーノで学んで、木古内の店で自身で開拓しながら学んで、繋がりを強く持てたのが独立した今に繋がっています。

結局僕は、アル・ケッチァーノのやり方しか学んでいないので、あとは自分で開拓しながら学んで。そう言う意味ではベースはアル・ケッチァーノです。

急転直下の開店

アルケイズムの黒板もありました！
教えを大事にしているね。（奥田）

Pasta set
pasta menu
pasta menu
pasta menu

地元のファンを増やすパスタ。いいメニューを並べています。八木橋君のパスタは味の弾け方やキレ味のセンスがいい。これまでの弟子の中で彼は３本の指に入ります。（奥田）

八木橋君の店を訪ねると、いつもの食材調達を見せてくれた。自分が釣ったイワナで料理。これぞアルケイズムのおもてなし。（奥田）

質の良い食材を扱えるのが地方料理人の醍醐味です。（奥田）

イワナと山ウドのパスタ
「これはアル・ケッチァーノのアユとミョウガのパスタからヒントを得ました。イワナの肝の苦味に山ウドの苦味を合わせて、口休めとしてミニトマトでさっぱりさせます。周りには黒ニンニクとパン粉を散らして土っぽさを出して、魚の香りが苦手な方にも食べてもらえるよう工夫しています」（八木橋）

――独立はどんなふうに果たしましたか？

店の開店が、思いがけない展開でした。店の名前が決まったと思ったら、シェフがいきなり、函館で開かれていた料理学会で発表しちゃったんです。「弟子が北斗市に店を出します。その名も北斗芯軒です」って。2019年の10月です。いつからとか、どんなふうに準備を進めてとか、そういう話はなくて、いきなり発表してしまったものですから、いろんな方に店のこと聞かれて、何も決めてないし、お金もないのに、もうすぐにでも開店しないといけないような状況になってしまって。

でももしあのとき、奥田シェフが学会で僕の店のことを言わなければ、オープンは、独立は決めていたとしてももっと先だったと思います。やれないですよ、お店なんて簡単には。

だけれど師匠が学会で発表して、もしやらなかったらどうするんだ俺は？と。正直学会でバーンと発表されたとき、マジか！と思いました。

僕の両親もまた、僕には、やりたいとか願望では言ってはだめだという教え方でした。やりたいなら、やりますと言いなさいと。

そこで僕は、生産者や知り合いに、お店やりますからよろしくお願いしますと言いまくりました。

当時借金もまだしていなくてお金の目処も立っていないのに、とにかく会う人に言いまくっていたんです。親の教えを守って。

そしたら知り合いが、いい物件があるよと教えてくれたんです。今のこの店なんですけれど、内装がほとんどそのまま使えて、厨房機器はほとんどなかったのでそれらを揃えるためにはやはり借金だと。当時、貯金が200万円くらいあって、親とは50万円貸してくれるという話がついていたので、あと300万円足りないと数字が出てきた。

そんな時に、たまたま飲み屋で知り合った銀行員の方がいて、僕酔っ払って夢を語っていたんです。そしたらその銀行員が、オレお前の夢を手伝ってやるよと言ってくれて。でも最初はお互い冗談だと思っていたんです。僕も本気にしていなかった。けれどまた飲みに行ったらその方に会って、また夢を語って。そんなことが重なるうちに、本当にその方の勧める銀行からお金を借りられることになりました。

厨房機材も、業者さんがすごくよくしてくれて、自分の予算に合わせてくれて。

あとシェフから収支のことで教わったのは、原価が高いものを工夫することで安くお出しするときと、原価が安いものでも自分の料理の腕で付加価値をつけることで高くお出しすることをバランスをとりながらするように、ということでした。そうでなければ最終的に黒字にはならないよと。

オープンは4月3日と決めていたので、とにかくそこに向かって睡眠時間を削ってメニュー作ったり、仕込みをしたりして準備に明け暮れました。

当日は、お花屋さんかと思うくらい、生産者の皆さんからお祝いの花をいただきました。

ですが、コロナが始まって最初の年の4月ですから、お客さん、あまり来なかったんですよ。

でもそれが逆によかったんです。お店がオープンして、これが足りないだとか、こういう問題があるということを対処できました。これでお客さんが押し寄せていたらきっとぐちゃぐちゃでした。でもある程度暇だったので、お店を徐々に作り上げることができました。

コロナ禍で最初の3カ月は忙しくありませんでした。でもそこから口コミで広がっていって、なんとかこれまでやっています。テイクアウトもして、赤字の月はありませんでした。

――お客さんたちの反響はいかがでしたか？

Ristrante
北斗芯軒
命名
奥田政行

学会で発表してすぐに私が書かいた店名の書。裏はビールのポスター。額に入れて店の目立つところに飾ってあった。（奥田）

お客さんは女性が多いですね、特にランチは。あとは地域の常連さんが夜に来て支えてくださっています。毎週来てくれる方でその度にお店の入り口に飾る花を持ってきてくれたり、お誕生日にフルコースの予約を入れてくれたり。本当にいいお客さんばかりで、助けられています。

工夫しているのは、常連さんが来ても、食べたことがないものがあるようにメニューを考えています。常に、こんな料理あるんだと思ってもらえるように心がけています。

コース料理のときは、料理説明は自分でするようにしています。

店には「パスタ伊酒屋」という名前を頭につけていて、居酒屋の雰囲気で気軽に来てもらえる店にしたかったんです。

そこで最初は、高齢者の多い地域なので、居酒屋的な和のメニューや刺身も置いていたけれど、誰も頼まなくて（笑）おばあちゃんとかおじいちゃんが、カルパッチョくださいとか、バーニャカウダひとつと言って、頼んでくれるんです。意外でした。

そっちがいいならちゃんと舵を戻そうと思ってイタリアンに戻しました。地元で「アサリのパスタ」じゃなくて「ボンゴレビアンコ」って言って頼んでくれるじいちゃんばあちゃんが増えたらいいなと思っていたので、すごく嬉しいです。

食材ありきでやっているので、今日の料理おいしかったよって言ってくれたら、ありがとうございますだけで終わらないようにしています。

今日食べたカキは、今の時期が最高なんですとか、食材をお客さんに教えたい。地元で一番美味しいアサリはどこの産地でいつおいしいかとか、生産者さんのことを伝えるようにしています。

果敢に攻めた下積み時代
挫折も奮起も

——独立までの間、アル・ケッチァーノでどんな風に経験を重ねたのでしょう？

最初に高三の冬休みに、奥田シェフがプロデュースしている北海道のリゾートホテルのレストランでアルバイトしました。それが終わっていよいよアル・ケッチァーノに就職することになり、どの店に行きたいかという話になり、僕は迷わずアル・ケッチァーノ本店の厨房を希望しました。

シェフからは、え？ 本店？ 君が？ と言われました。まわりは専門学校卒ばかりで基礎を学んできた年上ばかりだった一方で、僕は何もできない高校卒業したてでしたから。それでもシェフに頼み込んで、なんとか本店の厨房の配属にしてもらいました。

最初の一年目は、本当に厳しかったですね。

当時のアル・ケッチァーノのメンバーが、ほぼ皆が料理長クラスの仕事ができる人たちで揃っていました。そこに経験のない僕が入ったわけです。

まず厨房の動きについていけなかった。皿を棚から出す、戻ってきた皿を洗う、それだけで怒られまくっていました。

少しずつ仕事を覚えて、なんとかゴールデンウィークを超えたところで、人事異動があって、せっかく少し仕事を覚えたけれど、僕より仕事ができる先輩が来て僕の仕事を奪っていくんです。調理場は仕事ができる人が勝ちですから。僕は自分が潰れそうになっているのが自分でもわかって、シェフもそれを知っていて、その後、東京に配属されたり、北海道のリゾートホテルにもう一度行って厨房を離れてホールの仕事をしたり、さらにはアル・ケッチァーノグループ以外の店に長期研修に出たりして、キャリア的には行きつ戻りつしていました。

そんな中で帯広のエルパソという放牧豚を使っているレストランに派遣されたとき、エルパソが楽しくて、アル・ケッチァーノをもうやめようと思いました。シェフに電話して、やめますと言ったら、奥田シェフにバカヤロウと怒られて、シェフがその足でエルパソまで僕を迎えに来ました。

そのとき僕の頭には、親の言葉が浮かんできました。「迷ったときは、厳しい方に行け」と。それに倣（なら）うなら当然アル・ケッチァーノを選択するわけです。でも、アル・ケッチァーノは厳しすぎるぞと思って（笑）一瞬、ひるみました。

だけれどやっぱり考え直して、どうせ厳しい修業の場所に戻るなら、修業の最初にお世話になった西田料理長の下でやりたいと思って、エルパソにやってきた奥田シェフに、本店じゃないとアル・ケッチァーノには戻らないと言いました。奥田シェフにはふざけるなって言われましたけれど、頑として本店じゃなければアル・ケッチァーノには戻りませんと言い張った。

　そしたらその場で西田料理長に電話して。電話の向こうで西田さんが大声で何か言っているのが聞こえましたけれど、シェフはブチって電話切って、君4月から本店になったから、と言ってくれました。

先輩へのリスペクト

——どうしてそこまで本店にこだわったのですか?


　西田料理長、1年目の春に僕にすごく厳しかったんですけれど、厳しい中にも愛がある方で。だからどうしても戻るなら西田さんの下がよかったんです。

　そこから2年目の1年間は、最高潮に楽しかった。メンバーは一部入れ替わっていたけれど、やはり僕以外は全員料理長クラスでした。

　でも北海道で魚のさばき方覚えたり、仕込みを覚えたりできていたので、今度は厨房の回転のなかで、自分が邪魔になっていないという感覚がありました。心地よく流れの中に入れた。そこでこれが仕事が楽しいということなんだと知りました。料理自体はまだ前菜を手伝うくらいしかできていませんでしたけれど、夜、仕事終わってから西田さんから電話が来て、おまえ明日から、アル・ケッチァーノのパスタ場だからと言われたんです。

　僕そのとき、それまでの5週間で、まかないでパスタを作り続けていたんです。そうしたら、味のラインが良くなってきたからパスタ場やれって。

　電話しながら、もうその場で泣きました。オレ、憧れのアル・ケッチァーノの本店で、パスタ作れるの!?って。

　そこから2カ月間、パスタ場を担当しました。だけど西田さんも鬼で、どんどんパスタの種類を増やしていったんです。ランチのパスタはお客様が選べるようになっていて、初めは3種類くらいだったんですが、どんどん増えて12種類になりました。

　先輩たちのパスタを食べてだいぶ、勉強しました。先輩によってあるんですよ、得意なのが。ボンゴレビアンコなら吉田さんだよねとか、プッタネスカとかトマト系は博さんが得意だとか。自分が食べた中でダントツに旨くて僕自身が好きな味は、

厨房には、教え込んだゆで論パスタのためのゆで鍋、ゆすぎ鍋、アルミパンがありました。日本再生のための三種の神器!(奥田)

100パーセント西田料理長でした。

奥田シェフの料理自体が、もともとの食材そのままに近いんですけれど。なんと言うか、料理された料理じゃないというか、雑念がないというか。この食べ物ってもともとこうだよね、という発見ができるのがアル・ケッチァーノの素晴らしいところだと思うんですけれど、西田さんのパスタはそこに行っている。一体感があって、何も尖らない。なのに旨味がぎゅっとくる。そしてオイルによって柔らかさを感じる。いつ食べてもすごかった。

自分がパスタ場を任されたとき、西田さんに、味のラインが自分と似ていない人には任せたくないと言われたんです。そう言って僕を選んでくれた。

けれど自分は2カ月間やらせてもらって、食材の多さとパスタ場に求められるスピードについていけなくて、回しきれなくてパスタ場を離れることになりました。そのときに、頭がよくて体がそこについていける人じゃないと回せないと思いました。

西田さんのおかげで料理を続けることができました。言葉遣いも教えてもらいました。俺って言うな、私か自分、せめて僕と言えと。てめえが俺とかいうんじゃねえと怒られました。それは生産者の前で失礼のないように立ち居振る舞いをしなさい、ということだと後になって気がつくわけです。厳しかったけれど、愛がありました。

アル・ケッチァーノではその後、ジビエをさばかせてもらって、いろんな動物の解体を覚えました。

そのとき僕、二十歳になるところだったんですけれど、西田さんがお前に誕生日プレゼントくれてやると言って、でっかい段ボールを持ってきたんです。なんだろうと思ってワクワクしながらパカって開けたら、タヌキが入っていて。

うそでしょ⁉って思いましたが、その時に初めてタヌキをさばかせてもらいました。誰もさばき方教えてくれなくて。西田さんからは、お前、2日かかってもいいから、腐らせないようにだけしろと言われて。

でもそれがよかった。それまで鳥の毛をむしるのとか嫌だったんですけれど、このタヌキをさばいたことで、何も怖くなくなって、それからウサギ、キツネ、カモ、キジ、シカ、何でもさばけるようになりました。その年の冬は、アル・ケッチァーノの全店舗の中で自分が一番ジビエをさばいていましたね。

このことが、次に勤務した東京の支店で、肉焼きを教えてもらえることにつながりました。

東京スカイツリーに隣接していたビルの当時シェフがプロデュースしていた「ラ・ソラシド」という店に異動したんですが、羊の入荷がある日は料理長が必ずシフトで入っていたんです。その時は料理長しか羊を解体できなかったので。塊で届く羊を見て、僕さばけますと料理長に進言してやらせてもらっていたら、羊さばけるなら教えてやると言って、パスタ場とかを飛び級して、いきなり肉焼きを教えてもらえました。そして料理長が休みの日には肉焼きも担当させてもらうことができました。

――修業中、奥田シェフからはどんなことを教わりましたか?

修業中でも普段は、シェフの横に立てることはないんです。シェフは全国の系列店を回っているし、自分がいる店に帰ってきたとしても、自分だけと話をするなんていうことも、たいていはできない。でもあるときイベントで、隣で仕事ができるチャンスがありました。

僕は当時、アル・ケッチァーノ本店で前菜場の担当でした。イベントで、当時の料理長から習った盛り付けで、前菜を仕上げていたんです。

そしたら奥田シェフに、「君は何を考えてこれを盛り付けているんだ?」と聞かれたんです。心の中で、何も考えてねえよと思ったんですけれど。そのときはただ言われた通りにやっていただけなので。

そしたら、楽しんで仕事してる?とシェフは聞いてきたんです。そこで自分は楽しいとか楽しくないで仕事なんかできるか、とまた内心思って。当時まだガキだったし、自分が楽しんで仕事ができるなんて思いもしなかったので、なにしろ本店ではまだまだ先輩に叱られながら、張り詰めた中で仕事していましたから。

そんなときにシェフから、楽しいか聞かれて、答えられずにいたら、盛り付けにも意味があって、君の気持ちが入った方が面白いよ、という話をしてくれたんです。そのときに、絵を描きなさいと言われました。皿をキャンバスだと思って、そこに描きなさいと。

それならばと、そのとき南国の果物を使ったカッペリーニだったので、その果物の皮を使って椰子の木をイメージした盛り付けをしたら、すごく褒めてくれて、そういう自分の考えがあることが大事と言ってくれました。料理っていうのは、遊び心がないと料理が面白くないし、君自身も面白くないでしょ、と言われました。

あと学んだのは、奥田シェフはサービス精神がすごいので、どこのイベントに行っても、これもあれも料理してあげようという。そういう人柄の良さです。おごらず、偉そうな感じを出さずに、その辺のおばちゃんも話しかけられるような雰囲気を作れる方なので。有名なのに話しかけやすいという人はなかなかいないかなと思います。他の有名なシェフは近づけない雰囲気がありますもん。

自分の中のアルケイズムでいうと、生産者と一緒にやっていく、というのが僕の中では一番大きな学んだところなので、基本的にうちで使う魚は全部、漁師さんからの直送だし、農家さんからもらうものでほとんど作っているので、物々交換したりとか、生産者のみなさんと密に関わるのは大切にしています。

農家さんからあげるよと言われて頂くことも多いんですけれど、うちで焼いたパンでお返ししたり、他の人からいただいた牛肉でお返ししたりとか、そういうのをしながら会話する機会を増やして。一番大切にしているのはそこです。他の店ではあまり習わないところ。

自分も人と会って話をするのが楽しくて好きなんです。この土地は、自分より年上の人が多いので、習うことも多いし、勉強になります。

弟子が独立してがんばっている姿を見られるのは最高に嬉しい。（奥田）

――脱走したこともあったそうですね？

はい、ありました。ラ・ソラシドで働いていた頃、忘れもしない隅田川の花火大会の日です。

そのとき、派遣の人が間違って皿に並べていた食材を僕が直していたら、それを僕がやったと勘違いされて奥田シェフから怒られたんです。自分じゃないことを説明しようとしたら、人のせいにするなって。その日は、そういう理不尽に怒られることが重なったんです。それで、やってられるかと思って、店を飛び出して家に帰りました。電話も出なかったんです。

そしたらピンポンとインターホンが鳴って、奥田ですって。店に戻れと言われたけれど、絶対戻らないと言い張って。

そのとき、ご飯に連れ出されたんです。食べながらシェフから、客商売をしていると、理不尽なことがいっぱいあるからという話をされました。

本店にいたときは、辞めたいと思ったことは何回もありました。店の裏が寮なので、部屋に戻ってもすぐに連れ戻されるから、バレないところがいいと思って、寮の屋根の上に登って星を見てました。すぐにバレましたけれど。

深夜、シェフはお客さんのいなくなった店のテーブル全てに書類を広げて仕事をするんです。シェフと直接話せるチャンスってそうそうないので、夜になってシェフ以外に誰もいなくなったのを見計らって、シェフに料理のことを聞いたり、人生観を聞いたりしました。いつでも必ず面白い話を聞かせてくれるので、将来の僕はどうすればいいかという相談をいつもしていました。

当時シェフは、本を書いていて、食材の丸いカレンダーをずっと書いていた。この人何やってるんだろう？と思いながらそれを見ていました。それで、何でそんなことしてるんですか？と子供のような質問ばかりしていました。でもちゃんと全て答えてくれて、返ってくる答えはいつでも論理的でした。

あの時聞いた、100円均一の皿から始めたとか、山で採ってきた野ニンジンの葉っぱをイタリアンパセリの代わりに使ったとか、生産者と物々交換した話とか、そういうのが全部、まさにいまお店をやり始めて生きるているんですよ。あの時聞いていたようにやらないと大変な時期って、やっぱりあるんだと改めて思いました。

僕、もともと山菜採りも、海や川での釣りも好きだったんですけれど、アルケッチァーノで仕事の中にそれらがあるのを知って、料理人という職業についたら、趣味じゃなくて仕事になるんだと気がついて、こんな楽しいことはないぞと。それで料理人になって今があります。僕の趣味が生きる、生き方のスタイルです。

毎日の自分に安住しない

——これからの展望はありますか？

今の課題は、毎日の自分に安住しないことですね。同じパスタばかり出さないで、新しい料理を提案していって、スイッチをきちんと切り替えながら進まないと。お店が生きてないと、ダメなんだと思います。お店が死んでいると、お客さまも来なくなるし、すぐに売上に現れます。

おいしいと言ってくれるのは嬉しいんですが、そのおいしさってどれくらいのものかと言えば、わからないですよね。果たして自分の料理はこれでいいのか、と思うことがあります。でもそれをやり続けなければいけないというのもわかっている。

そんなときは、アル・ケッチァーノにいたときのことを思い出します。

奥田シェフは、本店に来ると、その日朝から組んでいたフルコースのメニューを全部変えちゃうんですよ。

まず、シェフが本店に帰ってくると、西田さんとか、長くいる先輩がそれに気がつくんです。

厨房で仕込みしていると、ぼそっと「シェフ来たんじゃない」って言うんです。予告なんかないですし、誰かがそこに知らせを入れたわけでも、帰ってきたのが分かる音がしたわけでもないのに。

本当ですか？って聞いて、じゃあ見てこいよと言われて行くと、本当に奥田シェフが店の外にいるんですよ。すごくびっくりして。

で、厨房に入ってくるじゃないですか。そこから壁に貼ってあるコースのメニューを見て、全皿を変えるんです。当然、仕込みもやりなおしです。もうスタートの1時間前とかなんですよ。でもそれをやる。内心、今からこの量仕込むのか、と思うけれど、先輩たちはもうそれで動き始める。

もう、人も料理も躍動感出まくりですよ。全員で飛び跳ねてますよ、そういうときの厨房は。

だから奥田シェフが今日はいるとなると、厨房みんなで、行くぞー！という感じになる。楽しかったですね、みんなが一体になって。よっしゃー、あの人来たから、あの人の波に乗ろうぜ！みたいな。

そういうときは、自分にも勢いがないとシェフの波に潰されちゃうから、自分を奮い立たせて、あのでっかい波にみんなで乗ろう、と。本店はそういうのが、すっごく楽しかったです。

人間という生き物をどんなときも変わらず好きでいたい。

父の貫けなかった思いの続きを私はしているのかもしれません。父はそれまで繁盛していたドライブインを今で言うオーベルジュのような宿泊施設にすることを思い描いていました。

人が集って、おいしいものを食べて、日常を語りながら、笑い合っている。ただそれだけでいいと思うのです。

日本を根底から変えるきっかけは、政治でも経済でもなく、ましてや親切な誰かが変えてくれるわけでもない。既にある原石に、一人一人が気づくかどうかだけです。私から見たら、どの県も、どの市町村も、原石がたくさん転がっています。気付かずにいるだけなのです。

私はいったん、日常が全て奪われて何もなくなる経験をし、自分の手で拾える幸せを集めるところからやり直しました。私にできたくらいですから、どの方にもできると思います。

日常の小さなことの中に、幸せの本質があるから。

コロナ禍を経て、地方回帰の流れができました。Ｕターンだけでなく、都会に生まれ育った人が地方に移住する動きも加速しているところです。地方再生のチャンス到来ですが、そんなふうに人がシャッフルすると、混乱も軋轢も同時に生まれます。

集まって、ぶつかって、うまくいかなくて崩れて。そんなことがいま、日本中のあちこちで起きているに違いありません。私の関わる小さなコミュニティーだけでも毎日いろいろ小さな事件が起こっていますから、日本中でコロナ禍の混乱からの新たな価値観が築かれようとしているはずです。

集まり、ぶつかり、いったん崩れますが、それはまとまりの始まり。

それは起きて当たり前なことなのです。それが宇宙の摂理だから。

人は、人とぶつかり合うことでいったん崩壊し、そこから共鳴できる新たな価値観が生まれ、共感して安心し満たされる。料理人の３人の恩人と、私の偉大な父喜行が、私を崩し、料理人として形作ってくれました。

私はといえば、これまで何十人もの弟子とともに仕事をしてきましたが、私が何か役に立っているだろうかという思いが常にあります。

よそに移った子、独立した子、飲食業を去ってしまった子、様々いますが、自分と向き合うことから逃げない子が、これからの日本を元気にしてくれるリーダーになっていくだろうと思っています。

その粒子を大切にしたいのです。

仕組みはそれからです。今回の本では、普段思っていることを一つ一つ解説しました。弟子のピンチや挑戦にも言及しました。臆せず語ってくれてありがとう。誰かの励みになることを願ってやみません。

日本を元気にしてくれる粒子たちが、きっと、「世界一おいしい国、日本」の食文化を守り続けてくれるでしょう。

日本再生という大それたことを自分は実現できたわけではありません。残りの人生の限りある時間をどう使うかの決意表明と、仲間を募りたいという思いでこの本を書きました。

料理が私を救ってくれたので、料理とともにこれからも歩んで行きます。

奥田政行

奥田政行　プロフィール

1969年12月	山形県鶴岡市生まれ 地元高校を卒業後に上京し、イタリア料理、フランス料理、純フランス菓子、イタリアンジェラートを修業。帰郷後、ホテル、農家レストランにて料理長を歴任。
2000年	在来作物など旬の地元産食材を使った現在の店「アル・ケッチァーノ」を鶴岡市に独立開業。地産地消を掲げて地域活動に取り組む。 店舗営業の傍ら、2003年から3年間、酒田調理師専門学校において食材論講師を務める。 同じく講師として、浜松光産業創成大学院大学、鈴鹿医療科学大学、新潟食料農業大学大学院で客員教授として若手の育成に取り組む。全日本・食学会理事。

【国内活動】

2004年	山形県庄内支庁より、庄内の食材を全国に広める「食の都庄内」親善大使に任命される。
2009年	東京銀座の山形県アンテナショップ2階に「ヤマガタサンダンデロ」をオープン。
2009年	鶴岡市農業発展奨励賞受賞
2010年	第1回辻静雄食文化賞受賞
2010年	第1回農林水産省料理マスターズ受賞
2011年	『くらしの知恵』（奥田政行と訪ねる日本の四季）連載開始
2012年	山形県産業賞受賞
2012年	山形新聞3P賞「平和賞」受賞
2015年	鶴岡市市政功労賞受賞
2015年	『地方再生のレシピ』発行（現在、6度目の重版中）
2018年	農水省地産地消優良表彰
2020年	文化庁長官表彰
2021年	日本酒造組合 酒サムライ任命

【海外活動】

2016年	ミラノ世界野菜料理コンテスト The Vegetarian Chance 2016 3位入賞
2017年	『食べもの時鑑』グルマン世界料理本大賞 食の遺産部門グランプリ受賞
2022年	『パスタの新しいゆで方 ゆで論』グルマン世界料理本大賞 シングルサブジェクト部門グランプリ、イノベーティブ部門2位受賞

【海外フェア】

2012年	スイス ダボス会議「JAPAN NIGHT」総料理監修 その他アメリカ、ベトナム、フランス、イタリア、ハンガリー、中国、台湾など各国のホテルおよびレストランにてフェアを行う。

【海外博覧会】

アメリカ／ナパバレー、スペイン／サンセバスチャン、韓国／麗水（ヨス）、中国／煙台（ヤンタイ）、ギリシャ／クレタ島

【謁見】

2012年	ローマ法王ベネディクト16世／東北の食材を献上
2012年	ダライ・ラマ14世／つや姫を食していただく
2016年	天皇皇后両陛下に「第36回全国豊かな海づくり大会」においてメッセージ発表

日本再生のレシピ（にっぽんさいせい） 地方再生のレシピ2（ちほうさいせい）

発行日　2023年3月25日　第1刷発行

著　者　奥田 政行

イラスト　ミヤザキ ケンスケ
伊東 ぢゅん子
写　真　長谷川 潤
デザイン　沖 直美

取　材　加藤 真紀子
編　集　小泉 泰紀
編集協力　髙木 佐江子
校　正　武藤 寿隆

発行人　嶋田 正人
発行所　株式会社共同通信社（K.K.Kyodo News）
〒105-7208　東京都港区東新橋1-7-1　汐留メディアタワー8階
印刷所　大日本印刷株式会社

ISBN978-4-7641-0739-7　C0095　※定価はカバーに表示してあります。

乱丁・落丁本は郵送料小社負担でお取り換えいたします。

誰にも染まらず
誰にも惑わされず
自分が正しいと思った事を
正しいと思ったやり方で
日々起こる事は宇宙の営み
からすればほんの小さな事
でもそこに喜びが生まれたなら
それは何にも替え難い程
大きな事

奥田政行